GIUSEPPE DI GRAZIA wurde in Catania, Italien, geboren.
Er arbeitet seit dem Jahr 2000 für den *stern*:
Von 2007 bis 2013 war er als Amerika-Korrespondent
in New York und von 2014 bis 2018
als stellvertretender Chefredakteur tätig.
2015 entwickelte er das True-Crime-Magazin *stern Crime*,
dessen Redaktionsleiter er seitdem ist.
2010 gewann er mit zwei weiteren Kollegen
den Henri-Nannen-Preis in der Sparte Dokumentation.
Der Kriminalfall, der ihn bis heute am meisten beschäftigt,
ist der des Long-Island-Killers, zu dem er während
seiner Zeit in New York viel recherchierte
und der bis heute nicht aufgeklärt ist.

Besuchen Sie uns auf www.penguin-verlag.de und Facebook.

Giuseppe di Grazia (Hrsg.)

stern Crime

WAHRE
VERBRECHEN

16
spektakuläre
Fälle

PENGUIN VERLAG

Sollte diese Publikation Links auf Webseiten Dritter enthalten,
so übernehmen wir für deren Inhalte keine Haftung,
da wir uns diese nicht zu eigen machen, sondern lediglich
auf deren Stand zum Zeitpunkt der Erstveröffentlichung verweisen.

Penguin Random House Verlagsgruppe FSC® N001967

1. Auflage 2021
Copyright © 2021 by Penguin Verlag, München,
in der Penguin Random House Verlagsgruppe GmbH,
Neumarkter Straße 28, 81673 München
und ® Lizenz der Marke stern Crime durch Gruner + Jahr GmbH
Alle Rechte vorbehalten.
Umschlaggestaltung: bürosüd, München
Umschlagmotiv: www.buerosued.de
Satz: Leingärtner, Nabburg
Druck und Bindung: GGP Media GmbH, Pößneck
Printed in Germany
ISBN 978-3-328-10795-8
www.penguin-verlag.de

Inhaltsverzeichnis

Vorwort

Wahre Verbrechen haben den *stern* schon immer bewegt. Geschichten über Opfer und Täter, über Recht und Gerechtigkeit gehören seit Jahrzehnten zur DNA unseres Magazins. 2015 gründeten wir *stern Crime,* damit wir uns mehr Zeit und Raum nehmen können, als dies im *stern* möglich wäre, um diese Geschichten ausführlich zu erzählen, um viele Fragen zu stellen, um viele Antworten zu suchen.

Kriminalfälle interessieren, ja faszinieren die Leserinnen und Leser, diese Geschichten lassen sie und auch uns oft nicht los. Wir interessieren uns für das, was geschah, für die Vorgeschichte und die Motive, wir interessieren uns für die Menschen, die darin verwickelt sind. Wir wollen wissen, warum es zu den Verbrechen kam und wie sie aufgeklärt wurden. Ihre Gewalt stößt uns ab, ihre Opfer wecken unser Mitgefühl, die Täter manchmal auch.

Das Böse, das Abweichende ist unheimlich, manchmal auch tatsächlich bedrohlich, aber genau das treibt uns an, es erklärbar zu machen. Warum zum Beispiel sind manche Frauen und Männer imstande zu morden, einfach nur aus Verlangen, ohne jegliche Hemmung, ganz frei von Schuldgefühlen?

Unsere Autorinnen und Autoren begegnen auf ihren Recherchen oft Kriminalpsychologen und Gutachtern, die sich mit dieser Frage befassen. Die Wissenschaftler sprechen nicht von Dämonen, Monstern und auch nicht vom »Bösen«, sondern von frühkindlichen Störungen und dysfunktionalen Hirnregionen. Jedes Mal aufs Neue hat diese Perspektive auf das Abnorme etwas Erhellendes, und dennoch bleibt es verstörend.

Ermittler und Spezialisten helfen uns, das auf den ersten Blick Unbegreifliche begreiflich zu machen. Nur wer untersucht, nachforscht und nachfragt, sich auf die Taten und die betroffenen Menschen einlässt, kann Kriminalfälle richtig verstehen, sodass mehr bleibt als das Empfinden von Unerklärlichkeit.

In einer unserer Geschichten erzählen wir zum Beispiel von einem der brutalsten Verbrecher Deutschlands mit genau diesem nüchternen Blick des Forschers. Der Psychiater Norbert Nedopil hat den Serienmörder Volker Eckert in langen Gesprächen exploriert. Die Begegnung zwischen Professor und Mörder ist eine spannende Ermittlung, an deren Beginn nicht die Frage steht, wer der Mörder ist, sondern warum dieser Mann zum Mörder wurde. Sie ist eine Spurensuche im Gehirn eines Menschen, dessen Motive pervers und dessen Taten schrecklich sind. Und für die es dennoch eine Erklärung gibt.

Manche unserer Geschichten sind längst nicht zu Ende, wenn die eigentliche Tat vorbei ist. Manche verfolgen uns, über Monate, manche jahrelang. Wie der Fall »Mirco«, die Geschichte eines verschwundenen Kindes, die Geschichte einer quälend langen Suche, die Geschichte einer Ermittlung. 145 Tage dauerte sie, wir haben sie mithilfe der Polizei rekonstruiert.

Verbrechen berühren etwas ganz tief in uns, weil sie Grenzerfahrungen sind. Bei einigen Fällen fragen wir uns, wie wir selbst gehandelt hätten. Es gibt nicht so etwas wie ein Verbrecher-Gen, zum Täter kann jeder von uns werden, in jedem braven Inneren gibt es unvermutete Abgründe.

Wenn ein Verbrechen geschieht, wird immer auch Vertrauen zerstört. Das Vertrauen darauf, dass die Menschen gut sind. Dass wir in unserer Gesellschaft sicher sind. Oder dass unser Leben nicht von einem Moment auf den anderen ins Chaos gestürzt wird. Zwar wissen wir im Grunde, dass das Gefühl der Sicherheit nur eine Illusion ist. Aber wir brauchen sie, damit wir uns nicht ohnmächtig dem Schicksal ausgeliefert fühlen.

Unsere Autorinnen und Autoren treffen immer wieder Gesprächspartner, denen diese Illusion genommen und deren Vertrauen zerstört wurde. Sei es, weil ihnen selbst ein Verbrechen widerfahren ist oder weil sie durch ein Verbrechen jemanden verloren haben. Manchen von ihnen gelingt es, zu trauern und zu akzeptieren, manche erstarren, manche verzweifeln, andere werden rastlos, sogar rasend. Eines haben sie aber meist gemein: Das zerstörte Vertrauen lässt sich nicht mehr komplett reparieren. Die Familie und Freunde der 2006 ermordeten Frauke Liebs haben uns solche Einblicke in mehreren Gesprächen gewährt.

Es gibt allerdings etwas, das das Leiden in solchen Fällen ein wenig lindern kann: Gerechtigkeit. Die Gewissheit, dass der Mensch, der ihnen das angetan hat, nicht ungestraft davonkommt. Wir haben Regeln, wenn es um Fragen wie Schuld und Strafe geht. Auch wenn es dabei für uns kaum auszuhalten ist, dass zwischen Recht und Gerechtigkeit manchmal ein Gegensatz besteht, obwohl wir wissen müssten, dass es Gerechtigkeit nicht immer geben kann.

Der Gerichtsprozess ist nur eine Art, wie wir mit Verbrechen umgehen. Moral und Religion sind andere. Und auch journalistische Geschichten darüber gehören dazu. Diese dürfen erzählt werden. Sie dürfen uns erschrecken, sie dürfen uns nachdenklich machen, zornig, einsichtig, sie dürfen uns auch unterhalten. Sie erzählen viel über uns selbst. Für uns Anlass, 16 unserer besten Texte nun in unserem ersten *stern-Crime*-Buch zu veröffentlichen.

Giuseppe di Grazia, Redaktionsleiter von stern Crime

Der Mittagsmörder

Er überfällt Banken und Geschäfte, immer zur gleichen Zeit. Die Menschen fürchten ihn, denn er tötet, ohne zu zögern. Er muss dafür büßen, länger als jeder andere

von FELIX HUTT

Nach neunundvierzig Jahren, acht Monaten und fünfundzwanzig Tagen im Gefängnis darf Klaus G. gehen. Es ist der 26. Februar 2015, acht Uhr morgens. Reif liegt auf den Feldern um die JVA Straubing. G. ist vierundsiebzig Jahre alt, er hat weiße Haare, hört schlecht und braucht eine Brille. Mit dem jungen Mann, der die einhundert Meter unter zwölf Sekunden sprinten konnte, hat er nichts mehr gemein. Mit dem Mörder will er nichts mehr gemein haben.

»Ich habe für meine Schuld bezahlt«, sagt er, »aber dreißig Jahre Knast hätten auch gereicht.«

Kein Häftling in Deutschland saß länger ununterbrochen ein und kam frei. Wenn G. von seinem Rekord erzählt, klingt er stolz. Es ist das erste Mal, dass er mit einem Journalisten über sein Leben redet. Er will es erklären, aber ihm fehlt die Fähigkeit, sich distanziert zu betrachten, zu reflektieren. G. brachte Anfang der 60er-Jahre in und nahe Nürnberg fünf Menschen bei Überfällen um. Einen weiteren Doppelmord gestand er, widerrief das Geständnis aber. Er beging seine Taten mittags. Die Jagd nach dem Mittagsmörder beschäftigte Ermittler der Kriminalpolizei Nürnberg, des Bundeskriminalamts in Wiesbaden und

11

von Interpol. Die Menschen in Franken lebten über mehrere Jahre in Angst vor dem nächsten Überfall. Der Mittagsmörder zögerte nicht. Er schoss sofort und traf. »Der Fall des Klaus G. imponiert insofern, als er kriminologisch als Serienmörder einzuordnen ist, der aber ungewöhnlicherweise nicht sexuell motiviert war, sondern die Taten jeweils im Rahmen von Raubüberfällen beging«, schrieb Hans-Ludwig Kröber, ehemaliger Direktor des Instituts für Forensische Psychiatrie an der Berliner Charité, vor fünf Jahren in einem Gutachten über G.

Als G. an dem Donnerstagmorgen im Februar 2015 seine Zelle verlässt, denkt er nicht an das, was er das letzte halbe Jahrhundert verpasst hat. An die Familie, die er nicht gegründet hat. An Armstrongs Mondlandung, Deutschlands Fußballweltmeisterschaften, den Mauerfall. An die Weihnachten, an denen keine Post kam. An die verlorenen Sommer, die er, der Naturfreund, hinter dem vergitterten Fenster von Zelle 69 auf Station A2 im zweiten Stock von Haus 1 betrachten musste. G. denkt: »Ätsch! Jetzt geht nichts mehr, ihr Bazis, ich bin gleich weg.«

G. hat in den Tagen zuvor sein Leben in zehn Umzugskartons verstaut. Er hat die Sophia Loren und seine Ölgemälde vom Rhein von der Wand genommen. Er hat seine Sportschuhe eingepackt, seine Violine, die Aktenordner, den Umschlag mit den Fotos. G. hinterlässt seine Zelle, 3,80 Meter lang, 2,90 Meter breit, wie er sie vorgefunden hat. Leer.

Er bekommt an der Gefängniskasse sein Überbrückungsgeld ausgezahlt, 1300 Euro, verabschiedet sich von der Abteilungsleiterin und der schwarzhaarigen Sozialarbeiterin mit dem südländischen Aussehen. G. schaut lieber blonde Frauen an, aber die ist nett. Im Hof wartet der Leiter des Heims, in dem G. von nun an leben wird. Sie packen die Kartons in den Kombi. G. steigt ein, winkt kurz, dann verlassen sie durch das Südtor die JVA Straubing. »Was in diesen Augenblicken in mir vorging, das kann ich gar nicht berichten«, sagt er. Niemand wartet auf ihn. Seine Eltern sind tot, sein Bruder will nichts von ihm wissen. G.s erster Wunsch in Freiheit: »Ich möchte eine Sinalco trinken.«

Konrad Adenauer ist Bundeskanzler und der Kassettenrekorder noch nicht erfunden, als Klaus G. seine zweite Bank überfallen will. Er ist zweiundzwanzig Jahre alt und wohnt bei seiner Mutter in Hersbruck bei Nürnberg. Bei seinem ersten Überfall am 13. Juli 1961 auf die Sparkasse in Leinburg hat er 3280 Mark erbeutet. Niemand ist zu Schaden gekommen. G. hat sich von dem Geld einen VW Käfer gekauft. Der Banküberfall erscheint ihm eine leichte Form des Gelderwerbs zu sein. »Von Anfang an hat mir vorgeschwebt, die Leute zu berauben, aber nicht am laufenden Band zu töten«, sagt G.

Er fährt am 10. September 1962 gegen zehn Uhr mit seinem grauen VW Käfer, Kennzeichen IN-M 258, nach Ottensoos, ein Dorf, zehn Kilometer von Hersbruck entfernt. Für seine Überfälle wählt er Sparkassen in kleinen Orten östlich von Nürnberg, nicht weiter als eine halbe Stunde von Hersbruck. Er frühstückt mit seiner Mutter, isst mit ihr zu Abend und mordet zu Mittag. Er kennt die Wälder und Feldwege. Rast mit seinem Moped oft durchs Gehölz, macht Schießübungen, wo ihn niemand sehen und hören kann.

Er steigt am Bahnhof auf ein Motorrad, das er für den Überfall gestohlen hat. Er ist froh, dass es nicht regnet. In einem Wald montiert er ein falsches Kennzeichen. Er zieht seinen Lumberjack aus, eine olivfarbene Windbluse und darüber eine braune Jacke an. Nach einer halben Stunde erreicht er Ochenbruck.

Er hat die Sparkasse in Ochenbruck ausgekundschaftet, die Fluchtroute geplant. Wenn ihn die Polizei verfolgen sollte, will er in den Wald, wohin sie mit ihren Autos nicht kann. G. trägt in einem Brusthalfter eine Walther PPK, in seiner Aktentasche eine Walther P38. Er wartet vor dem Möbelgeschäft nebenan, bis er sicher ist, dass keine Kunden in der Bank sind. G. betritt gegen 12 Uhr den Schalterraum. Er legt dem Bankangestellten Erich H. einen Geldschein zum Wechseln auf den Tresen. Als der sich umdreht, um das Wechselgeld zu holen, zieht G. seine Waffe: »Treten Sie zurück, wehren Sie sich nicht!«, ruft er. Angeblich gehorcht H. nicht. G. schießt dreimal auf ihn. H. stirbt an einem Herz-, einem Kopf- und einem Bauchdurchschuss. G. steckt die 3060 Mark, die auf dem Zahltisch liegen, in seine Aktentasche und verschwindet. Außer ihm gibt es keine Zeugen. G. beschreibt den Mord so:

Er zögerte kurz, und dann erschien auf einmal ein hinterhältiges Lächeln auf seinem Gesicht. Gleichzeitig langte er mit seiner rechten Hand zu einem Fach des Schaltertischs. Für mich nicht einsehbar. Ich vermutete, dass er dort eine Pistole liegen habe und sie ergreifen würde. In diesem Moment war ich total verunsichert. Wenn ich bei ihm tatsächlich eine Pistole sehen würde, war es bei dem Anblick bereits zu spät für mich. Im selben Augenblick würde bereits auf mich geschossen werden. Ich zögerte nicht länger und gab auf mein Gegenüber aus zwei Metern einen Schuss ab. Ich traf. Aber vor lauter Nervosität drückte ich ein weiteres Mal ab, und auch dieses Geschoss traf. Ich sah, wie die beiden Schüsse dem Mann wehtaten, der aber nicht zusammenbrach. Dass ich einen dritten Schuss abgab, bekam ich gar nicht mit. Auf einmal brach der Sparkassenangestellte zusammen. Der Vorfall tat mir leid. Aber andererseits vermochte ich diesen Mann nicht zu verstehen. Was soll man den Leuten denn noch vor die Nase halten, damit sie klein beigeben?

Im Mai 2015, zwei Monate nach seiner Entlassung, beginnt Klaus G. seine Biografie zu schreiben (aus jenem Manuskript stammen die kursiven Einschübe in diesem Text). Er fühlt sich wohl in dem Heim in Oberbayern, einer christlichen Einrichtung, die ehemalige Straftäter und Menschen beherbergt, die allein nicht klarkommen. Er ist hier nicht der Mittagsmörder,

sondern der Klausi, der mit der vierjährigen Tochter einer Mit-
bewohnerin spielt. Abends schaut er Volksmusiksendungen, am
liebsten mag er Uta Bresan und Maxi Arland. »›Tatort‹ gucke
ich nie, das ist mir zu unrealistisch. Dass sich da zwei gegen-
überstehen, die Pistolen aufeinander richten und reden, das gibt
es nicht. Im echten Leben gewinnt der, der zuerst schießt«, sagt
G. Vom Balkon seines fünfzehn Quadratmeter großen Zimmers
kann er die Berge sehen. Im Winter bewundert er die Schnee-
felder, nachts den Großen Wagen. Im Gefängnis wurden die
Zellenfenster mit gelbem Licht bestrahlt, wenn es dunkel wurde,
damit die Wärter sehen konnten, wenn ein Häftling an den
Gittern sägte. Die Sterne hat G. vermisst. Er schreibt jeden Tag
eine Seite auf seiner Schreibmaschine, einer Triumph Gabriele
35, die ihm seine Mutter vor zwölf Jahren ins Gefängnis gebracht hat. Nach einer Seite ist er erschöpft. Er heftet die Blätter in einen blauen Herlitz-Ordner. Im Dezember 2015, kurz
vor Weihnachten, ist er fertig. »Meine Verbrechen und die
Haft – Klaus G.« schreibt er auf den Umschlag, mit Bleistift,
damit er den Titel noch ausradieren und ändern kann.

Auf den 120 Seiten des Manuskripts rechtfertigt, aber entschuldigt er sich nicht. Er will sich in die Gesellschaft reintegrie-
ren, aber argumentiert sich ins Abseits. G. beschreibt nach einem
halben Jahrhundert seine Taten ohne Empathie. Er schildert
seine Morde als logische Folge von missglückten Abläufen, die
nicht anders zu bewältigen waren als mit der Knarre. »Ich treffe
noch heute eine Streichholzschachtel auf zwanzig Meter«, rühmt
sich G. und fordert im nächsten Satz Vergebung. In den Be-
gegnungen mit ihm muss man die Irrationalität seiner Aussagen
und seines Wesens hinnehmen. Widerspruch schätzt der Wider-
sprüchliche nicht besonders.

G. sieht sich nicht als Mörder. Die Morde sind ihm passiert.
Sein Leben passiert ihm. Hätte ihm die Mutter die Beziehung

mit dem ersten Mädchen nicht kaputtgemacht, weil es ihr nicht gebildet genug schien. Hätte sie ihn doch Revierförster werden lassen. Hätten sich die bösen Mächte nicht gegen ihn verschworen – dann hätte er nie eine kriminelle Karriere beginnen müssen. G. gibt die Verantwortung für sein Leben an die Umstände ab, die nicht schlechter sind als für andere junge Männer im Nachkriegsdeutschland. Er biegt sich seine Vergangenheit so zurecht, dass sie ihm plausibel erscheint. Nur so kann er sie ertragen.

»Es war Zufall, dass ich die Überfälle mittags beging«, sagt G. heute. In den Vernehmungen hatte er noch ausgesagt, dass die Alarmsirenen der Sparkassen mittags kein Aufsehen erregt hätten, da die Arbeiter sie für die Mittagssirenen gehalten haben, die den Beginn ihrer Pause signalisierten. Das habe er bedacht.

Ein paar Wochen nach dem Überfall auf die Sparkasse in Ochenbruck schreibt sich G. an der Wirtschaftshochschule in Nürnberg ein. Er zieht in eine möblierte Wohnung in Nürnberg. Die Wochenenden verbringt er bei seiner Mutter in Hersbruck. Er hofft, dass er ihren Erwartungen mit dem Studium gerecht wird. »Ich war ihr damals viel zu ergeben. Heute würde ich ihr eine runterhauen und sagen, lass mich in Ruhe, ich werde Förster. Aber damals gehorchte man eben als junger Mann«, sagt G.

G. weiß, dass es nach dem Mord schwer wird, ein bürgerliches Leben aufzubauen. »Die Vorlesungen besuchte ich, aber ich studierte nur mit halber Kraft. Vom kriminellen Treiben hatte ich mich keineswegs gelöst. Und wie jeder einsehen wird, ist es wichtiger, dass man bei der Begehung von Straftaten nicht erwischt wird, als dass man gute Noten schreibt.« Von dem Geld aus dem Überfall kauft sich G. wieder einen neuen VW Käfer. Doch der muss ihm zu oft repariert werden. Er bestellt am 17. November 1962 in einem Autohaus einen Ford 17M TS.

Kaufpreis 8550 Mark, Auslieferung im März. Aber so viel Geld hat G. nicht.

Am 30. November 1962 fährt er mit einem gestohlenen VW, Kennzeichen LAU-P 243, nach Neuhaus, etwa fünfundzwanzig Kilometer nördlich von Hersbruck. Er parkt das Auto um kurz vor 12 Uhr in der Nähe der Sparkasse, lässt den Motor laufen. Er versteckt sich hinter einem Holzhaufen und beobachtet den Eingang. G. trägt einen dunklen Lumberjack mit grauem Strickkragen. Er hat seine Haare nass gemacht und nach hinten gekämmt, um den Eindruck zu erwecken, er sei dunkelhaarig. Er hat seine beiden Pistolen dabei, geladen und entsichert. Wenn er von ihnen Gebrauch machen muss, dann will er die Walther P38 benutzen, eine Selbstladepistole, die sich bei Schießübungen bewährt hat.

G. geht in die Sparkasse. Es läuft nicht nach Plan. Der Bankangestellte Helmut H. ist nicht allein. Er bedient eine Kundin. Zwei weitere Kunden betreten die Bank. G. ist an der Reihe. Er wird an den Schalter gerufen. Hat die Wahl. Entweder zieht er den Überfall durch. Oder er verschwindet, und der Ford bleibt ein Traum. Er öffnet seine Jacke, zieht die Walther P38. »Treten Sie zurück!«, ruft er Helmut H. zu, der ihm gerade Wechselgeld hinlegen will. »Niemand rührt etwas an!«, schreit er die Kunden an.

»Ich habe Pech gehabt«, sagt G., »wenn die Bankdirektoren damals schon ihren Angestellten eingebläut hätten, sich bei einem Überfall nicht zu wehren, das Geld einfach auszuhändigen, dann hätte ich nicht zum Mörder werden müssen. Heute kann jeder Hippie oder Nieselpriem eine Bank überfallen. Dafür haben wir früher die Vorarbeit geleistet und das mit Gefängnis bezahlt.«

Sie kommen seiner Aufforderung nach. Nur Oskar S., ein Bote, geht an den Schaltertisch und greift in seinen Mantel. Er scheint die Situation nicht zu verstehen. G. schießt dreimal, zwei Schüsse treffen. S. verblutet, das ergibt die Obduktion, an einem Brustdurchschuss und einem Schuss durch Kinn und Hals. G. entkommt mit 5610 Mark. Er kauft sich ein Gewehr für 518 Mark und zahlt 4000 Mark bei der Lieferung des Ford an.

Die Ratenzahlungen für das Auto setzen ihn bald erneut unter Druck. Er möchte mit seinem Ford Fräuleins beeindrucken, nicht ständig an seine Schulden denken müssen. Mit seinem nächsten Überfall will G. sich neue Waffen und Geld beschaffen. Doch er will keine Überraschungen mehr. Keine widerspenstigen Bankangestellten. Keine Kunden, die ihm im Weg stehen. Er wählt das Waffengeschäft Hannwacker, einen Familienbetrieb in der Allersbergerstraße in Nürnberg. Er hat dort schon Waffen gekauft, kennt die Räumlichkeiten, weiß, wann wenig Betrieb ist.

Am 29. März 1963 betritt er gegen 12 Uhr den Ladenraum. Niemand da. Die Hannwackers machen wohl Mittag. Er schüttet das Geld aus der Kasse, die unter dem Tresen steht, in seine Aktentasche. Greift sich Waffen aus der Auslage und wirft sie dazu. Plötzlich kommt Karola Hannwacker aus dem hinteren Teil des Geschäfts. Die 58-jährige Besitzerin sieht G., schreit »Helmut, Helmut!«. Ihr Sohn Helmut Hannwacker läuft aus der Werkstatt über den Hof auf G. zu. Der richtet seine Walther PPK auf ihn. Hannwacker bleibt nicht stehen. G. schießt. Der Schuss streift Hannwackers linken Oberarm. Er stürzt sich auf G., sie ringen, die Pistole fällt zu Boden. Karola Hannwacker hebt sie auf, richtet sie auf G. Sie sagt nichts. Schießt nicht, weil die Männer sich schlagen und drehen, sie ihren Sohn treffen könnte. G. greift nach der anderen Pistole, der Walther P38, die aus der Aktentasche gerutscht ist und auf dem Boden liegt. Er schießt sofort auf Karola Hannwacker. Drei Schüsse. Alle treffen. Sie sackt zusammen, die Pistole gleitet ihr aus der Hand. Ihr Sohn

Helmut löst sich von G. und will nach der Waffe greifen. G. schießt auf Hannwackers Bauch. Er bricht neben seiner Mutter zusammen. Das reicht G. noch nicht. Was dann folgt, ist schwer erträglich. Er beschreibt es ein halbes Jahrhundert später so:

Mit Mühe hatte ich gesiegt. Beinahe wäre ich draufgegangen! Ohne noch viel zu zögern, schickte ich mich an, das Waffengeschäft zu verlassen. Plötzlich fuhr es mir durch den Kopf: Ich hatte meinen Hut mit dem Firmenschild Christoph Rösel, Hersbruck, verloren. Der Hut würde unweigerlich auf meine Fährte führen. Rasch ging ich zurück. Ein Blick – beide Angeschossenen waren dem Tod geweiht. Helmut ächzte. Um die beiden von ihrem Leiden zu erlösen, verpasste ich beiden Personen jeweils einen Kopfschuss. Darauf verließ ich endgültig das Waffengeschäft. Natürlich mit meinem Hut.

G. wird über die Jahrzehnte im Gefängnis von renommierten Gutachtern untersucht, darunter Norbert Nedopil und Hans-Ludwig Kröber. Kröber bescheinigt ihm im Mai 2010 – nach fünfundvierzig Jahren Haft – »die völlige Empathielosigkeit gegenüber seinen Opfern und auch den Zuhörern seiner Erklärungsversuche«. Er diagnostiziert eine »schizoide Persönlichkeitsstörung (F60.1) mit »Zügen der paranoiden Persönlichkeitsstörung (F60.0)«.

Für G. liegt die Erklärung für seine Taten vor allem bei seiner Mutter. Sie hat ihm die Freundin und den Beruf verboten. Sie hat ihn unter Druck gesetzt. Er wächst in einer Arbeitersiedlung auf, ist aber am liebsten in der Natur. Allein. Sein Vater Erwin kam 1945 nicht aus Russland zurück. Seine Mutter floh mit ihren Söhnen aus Frankfurt an der Oder nach Bayern.

Sie arbeitet als Sekretärin. »Ihre Hausmannskost ist schmackhaft, aber ihre Knödel hätten besser sein können«, sagt G. Wer es sich leisten kann, stellt einen Schaub-Lorenz-Fernseher ins Wohnzimmer, Modell Weltecho T4290, auch für Schwarz-Weiß-Empfang von Farbfernsehsendungen eingerichtet.

G. hat im zweiten Anlauf das Abitur bestanden. Er möchte Revierförster werden, aber seine Mutter besteht auf ein Studium. »Die Förster werden oft von Wilderern erschossen«, sagt sie. Aus ihrem Klaus soll etwas Anständiges werden. Ein Akademiker. G. hat keine Freundin, bekommt vierzig Mark Taschengeld im Monat. Er will kein Akademiker sein. Sein Bruder Peter ist zwei Jahre älter, verheiratet und Volksschullehrer. Seine Mutter ist stolz auf ihn.

G. entwickelt sich in der Pubertät zum Einzelgänger, ohne dass jemand genau sagen kann, warum. Er auch nicht. Die Noten sind okay, er hat einen Intelligenzquotienten von 102. Er redet wenig, drängt nicht nach vorn. Schulkameraden fällt seine eigenartige Lache auf, er blinzelt beim Lachen und zuckt mit dem Gesicht. Seine Radikalität. Läuft etwas gegen ihn, ist gleich die ganze Menschheit schuld. Kommt ihm einer blöd, gibt's ein paar aufs Maul. G. ist 1,80 Meter groß, durchtrainiert, geht keiner Rauferei aus dem Weg. Sein Bruder weiß sich einmal nur mit einem Küchenmesser gegen ihn zu wehren. Und dann ist da sein Interesse an Schusswaffen. Er liest die Zeitschrift *Kriminalwelt*. Spielt im Kopf Banküberfälle durch. Mit vierzehn Jahren besorgt er sich sein erstes Luftgewehr. Er kauft und stiehlt Waffen und Munition, sperrt sie in seinem Zimmer in einen Schrank, für den nur er den Schlüssel hat. Ihn fasziniert, dass man mit Waffen aus der Ferne etwas bewirken kann, ohne jemandem zu nahe kommen zu müssen.

Als ich wieder in der Herrnackerstraße in meinem möblierten Zimmer zurück war, vermochte ich das Geschehene noch gar nicht richtig zu fassen. Ich ging auf die Straße hinaus ein wenig spazieren. Erst jetzt stellte ich fest, dass ich mir bei dem Handgemenge meine Hose zerrissen hatte, und ging schleunigst wieder heim. Was ich aber auch bemerkte, in Nürnberg auf so einer Straße gab es ziemlich viel Polizeipräsenz. Es musste damit gerechnet werden, dass so gut wie alle Straßen, auf denen man Nürnberg verließ, von der Polizei kontrolliert wurden. – Und ich war bereits in Sicherheit! Auch an den anderen Tagen nach der Tat war die Polizei am »Routieren«! Wie ich später hörte, zu dieser Zeit war die Polizei Tag und Nacht im Einsatz und suchte fieberhaft den Täter.

»Der Mittagsmörder hat wieder zugeschlagen!« titeln die Nürnberger Zeitungen. Zwei weitere Morde zur Mittagszeit, mitten in Nürnberg. Das ist zu viel. Wer ist dieser Mann? Wieso ist er nicht zu fassen? Zwischen den Morden in Ochenbruck, Neuhaus und Nürnberg gibt es einen Zusammenhang, den Täter, da ist man sich sicher. Franken fürchtet sich vor dem Mittagsmörder, vor dem Mann, der ohne zu zögern schießt. Beim bayerischen LKA in München und beim BKA in Wiesbaden werden die Hülsen und Projektile von den drei Tatorten untersucht. Interpol ist eingeschaltet. Jäger und Waffenscheinbesitzer werden vorgeladen. Aber der Gesuchte bleibt ein Phantom. Wer kommt auch darauf, dass ein Student, der die meiste Zeit bei seiner Mutter lebt, der Mittagsmörder sein könnte?

G. taucht in keiner Verbrecherkartei auf. Die gezeichneten Bilder auf den Fahndungsplakaten geben ihn nicht wieder. Die Belohnung zur Ergreifung des Mittagsmörders wird von 4000 Mark auf 17 000 Mark erhöht. Trotzdem kommen keine brauchbaren Hinweise. Einmal werden alle männlichen Einwohner aus Lauf, Hersbruck und Röthenbach/Pegnitz überprüft. Doch die Ermittler verpassen den Mann hinter Spurenblatt 802. G. pendelt zwischen Nürnberg und Hersbruck. Er ist nicht erreichbar. Die Suche wird verschoben, es gibt Wichtigeres zu tun.

In den Wochen nach der Untat im Waffengeschäft, die zwei Menschen das Leben gekostet hatte, kam ich mit mir selber nicht mehr zurecht. So etwas hatte ich doch nicht gewollt, dass ich einen Menschen nach dem anderen umbrachte. Von Anfang an hatte es mir vorgeschwebt, die Leute zu berauben, aber nicht am laufenden Band zu töten. Weil ich künftig nichts mehr anstellen wollte, hätte man auch sagen können: Aha – jetzt hat er den »Moralischen« bekommen. Oder er hat die Schnauze voll gehabt bei lauter prekären Situationen, bei denen er stark gefährdet war. In gewisser Weise richtig. Doch andererseits nicht voll zutreffend. Viele Leute würden auch die Frage stellen: Warum hat er sich damals nicht selber gestellt? Diese Frage stellte sich für mich nicht. So stark schlug mir nicht das Gewissen. Und außerdem sagte ich mir (altbekannter Spruch): Nur die allerdümmsten Kälber wählen sich ihren Metzger selber.

G. schafft es, den Fahndungsdruck zu verdrängen. Wenn ihm etwas nicht nützt, schiebt er es beiseite. Das hilft ihm später im Gefängnis. »Weg, weg damit, das bringt doch nichts«, sagt er, wenn man ihn fragt, ob er damals Angst hatte. Ob er in der Haft eine Frau vermisst hat. Sex. Liebe.

G. will Schluss machen. Keine Überfälle mehr. Keine Toten. Er liest und hört, dass nach dem Mittagsmörder gefahndet wird. Das macht ihm keine Angst. Er will sich ändern, weil er in ein Mädchen verliebt ist. Sie heißt Markusine. Er nennt sie Sine. Sie ist brünett, nicht blond, also nicht perfekt, aber besitzt viele gute Eigenschaften. Seine Mutter hat sie mit nach Hause gebracht. Er will sie heiraten. Sine sagt, schön und gut, aber womit willst du für uns sorgen? Dafür braucht er Geld. Er meldet sich im Sommer 1964 bei der Bundeswehr. Während Deutschland nach ihm sucht, begibt G. sich in den Dienst am Vaterland.

Einordnen. Unterordnen. Gehorchen. Teil einer Gemeinschaft sein – G. gefällt es nicht bei der Bundeswehr. »Ich bin kein Komisshengst«, sagt er. Aber er hält durch. Er will es schaffen, für Sine. Er glaubt, dass dies seine letzte Chance ist, die richtige Abzweigung zu nehmen. Dass er die zu diesem Zeitpunkt schon lange verpasst hat, ist ihm noch nicht einmal heute, im

Sommer 2016, klar. G. glaubt an das Gute, wann immer es kommen mag.

Er ist vom Herbst 1964 an als Pionier bei dem Schweren-Pionier-Bataillon in Koblenz-Metternich stationiert. Seine Kompanie muss vor allem Rheinbrücken instand halten. Ihn beeindruckt die Landschaft in St. Goar. Die Burg, das bunte Laub, in der Natur fühlt sich G. am wohlsten. Die Suche nach dem Mittagsmörder blendet er aus. Jedes zweite Wochenende fährt er nach Hause zu seiner Mutter. Er sieht Sine. Fühlt sich von ihren Erwartungen auch unter Druck gesetzt. Wenn er den Fahnenjunker-Lehrgang nicht schaffe, dann sei es aus, sagt sie. Im Januar 1965 wird er in eine Kaserne nach München-Freimann versetzt. Weit weg von seiner geliebten Landschaft am Rhein, die er später viele Male in Öl malen wird, weil er Sehnsucht nach ihr hat. Die Beziehung zu Sine zerbricht. G. desertiert und mietet sich unter dem Namen Saalmann erst eine Wohnung in Fürth, dann in Nürnberg. Er bricht den Kontakt zu seiner Mutter ab. Er akzeptiert, dass der Verbrecher in ihm gewonnen hat. Dass ihm der Weg zurück verwehrt bleiben wird. G. will trotzdem kein großes Ding mehr drehen. Keinen Raub. Keinen Mord. Er will seinen Lebensunterhalt damit verdienen, Geld aus Handtaschen zu stehlen.

Eines Abends, als es bereits dunkel war, schlich ich lautlos mit Turnschuhen einer jungen Frau hinterher. Weit und breit niemand anders. Ein Schlag mit der Faust auf den Hinterkopf. Die junge Frau lag am Boden, und ich lief mit ihrer Handtasche davon. Leider war nicht allzu viel Geld in der Handtasche.

Sollten sie ihn erwischen, würde er sich wehren. Er verlässt das Haus nicht unbewaffnet. Besser schießen als die Polizisten kann er allemal. Lieber tot als Zuchthaus.

Am Nachmittag des 1. Juni 1965 fährt G. mit einem gestohlenen VW nach Nürnberg. Er parkt das Auto in der Altstadt. G.

will in Kaufhäusern nach Handtaschen suchen, die sich einfach stehlen lassen. Er hat seine Pistolen dabei, in seiner Aktentasche trägt er einen Totschläger und Feuerwerkskörper mit sich. Für einen Mann, der nie etwas Böses wollte, der immer in alles nur irgendwie reingerutscht ist, ist G. außergewöhnlich gut bewaffnet. Bei Hertie klaut er die Handtasche einer Kundin, findet im Geldbeutel aber nur elf Mark. Dreihundert Mark übersieht er.

Um 16.45 Uhr sieht er im ersten Obergeschoss des Kaufhauses Brenninkmeyer auf dem Boden eine braune Tasche stehen. Ihre Besitzerin schaut sich nach einem neuen Mantel um. G. hebt die Tasche auf und läuft die Treppe hinunter Richtung Ausgang. »Der Mann hat meine Tasche, haltet ihn auf!«, schreit die Frau. G. läuft die Treppe hinunter, reißt die Tür zum Verkaufsraum im Erdgeschoss auf und rennt Richtung Ausgang. Er ist schnell. Sehr schnell. Sie bekommen ihn erst nicht zu fassen. Ein Kunde will ihn aufhalten. G. schießt. Die Kugel bleibt in der Brieftasche des Kunden auf Brusthöhe stecken. Das rettet ihm sein Leben.

Der Hausmeister des Kaufhauses rennt G. hinterher. Er erreicht ihn von hinten, reißt ihn herum. G. schießt fünfmal. Auf Brusthöhe, aus nächster Nähe. Der Hausmeister ist sofort tot.

Passanten stürzen sich auf G., schlagen ihn, aber er schafft es, sich zu befreien. Geht rückwärts zur Tür, bedroht die Verfolger mit seiner Pistole.

Der Schlitten stand nach hinten. Also hatte ich alle Patronen verschossen. Doch ich bemerkte, dass alle Umstehenden vor der Waffe großen Respekt hatten und nicht auf mich zukamen. Mein Gehirn funktionierte wieder. Mir war bewusst, dass ich stets ein schneller Sprinter gewesen war. So wollte ich den Leuten einfach davonlaufen. Rasch eilte ich zum Ausgang und erreichte die Färberstraße. Ich lief weg. In Richtung auf mein Auto hin. Doch was ich nicht wusste, war, dass ich bei dem Handgemenge einen tiefen Schnitt an meinem linken Oberschenkel von einer zerbrochenen Glasplatte erhalten hatte. Zudem war ich erschöpft und aus der Puste. Die Leute, die mich verfolgten, holten mich ein, schlugen auf mich ein, sogar mit einem Regenschirm. Ich bekam Kopfverletzungen, während mich eine ganze Schar von Schlägern umgab. In geduckter Position holte ich aus meiner Aktentasche eine 6,35er-Pistole hervor, eine Duo Z. Umgehend schoss ich auf einen meiner Bedränger. Sogleich lief ich allein weiter, war aber nicht ganz klar im Kopf. Wusste nur halb, was ich tat. Plötzlich sprang mich von hinten ein kräftiger Mann an, weitere kamen hinzu. Es waren sogar zwei Polizisten dabei. Ich wurde festgenommen. Ein Achter schloss sich um meine Handgelenke. Und ich war zu meiner fürchterlichen Bestürzung auf einmal gefangen.

Frühsommer 2016. G. sitzt auf der Terrasse eines Hotels über dem Tegernsee. Er sagt: »Ich muss dringend bei Google anrufen.« Er will sich beschweren. Wer im Internet nach »Mittagsmörder« sucht, stößt auf zwei Morde, die er nicht begangen haben will. »Es waren fünf, nicht sieben Morde, für die ich verurteilt wurde«, sagt G., »eine Unverschämtheit ist das!« Wenn sie das nicht ändern, werde er einen Anwalt beauftragen.

Am 22. April 1960 überfällt ein Mann in Nürnberg eine alte Frau in ihrer Wohnung, um sie zu berauben. Als die Untermieter, ein Paar, ihr zu Hilfe kommen wollen, erschießt der Täter die beiden. G. gesteht nach seiner Verhaftung den Doppelmord. Später widerruft er sein Geständnis. »Ich stand nach meiner Verhaftung völlig neben mir. Die wollten mir diesen ungelösten Fall unterschieben, ich habe das Geständnis unüberlegt unterschrieben«, sagt er.

Der Prozess gegen Klaus G. dauert drei Wochen. Seine Mutter Annemarie tritt als Zeugin auf, aber sie kann nichts für ihn tun. G. wird im Saal 600 des Schwurgerichts Nürnberg vorgeführt wie ein wildes Tier. Die Fotografen halten drauf. Die Menschen warten auf seine juristische Hinrichtung. Am 27. Juli 1967 wird das Urteil gesprochen. Es ist still, als Richter Karl Kristl Klaus G. wegen fünffachen Mordes zu lebenslangem Zuchthaus verurteilt. Die bürgerlichen Ehrenrechte werden ihm auf Lebenszeit aberkannt.

»Ich habe die ersten fünfzehn Jahre im Gefängnis nur an Flucht gedacht«, sagt G. Erst als er älter wird, können ihn die Sozialarbeiter überzeugen, dass er nur eine Chance hat rauszukommen, wenn er sich gut benimmt. Wenn die Gutachten für ihn sprechen. Aber G. wird immer wieder bescheinigt, dass er gefährlich ist. Seine Toleranzschwelle ist so niedrig, dass es ihm nicht gelingt darzustellen, wie er draußen mit Rückschlägen klarkäme. Außer mit Gewalt.

»Ich versuche das Straubing in mir abzulegen«, sagt G. und meint die Sozialisation des Gefängnisses. Wo er sich wehren musste, wenn ihm etwas nicht passte. Manchmal wird er in der S-Bahn angerempelt, dann muss er sich zusammenreißen. G. mag es nicht gern unter Menschen.

G. wandert gern, fährt mit dem Rad in die Berge. Er holt das Draußensein nach, die Natur hat er mehr vermisst als die Geselligkeit. G. steht jeden Morgen um 6.40 Uhr auf und geht vom Heim in die kleine Kirche, wo ein Pfarrer im Ruhestand die Frühmesse abhält. Sie beginnt um sieben Uhr. Meist kommen nur ein paar Gläubige. Manchmal ist G. allein. Er sitzt in der ersten Reihe. Am Ende der Messe liest G. etwas vor. Den Text bekommt er vom Pfarrer. Am liebsten liest G. aus dem Alten Testament. Die Morgen- und Abendandacht gehören zu den Auflagen im Heim. Er fand lange keinen Bezug zur Religion. Im Gefängnis hat sich das geändert. »Ich bin fromm, und die Kirche gibt mir etwas«, sagt er.

Das Prinzip der Vergebung hat es ihm besonders angetan. G. glaubt, dass er für seine Schuld bezahlt hat. Wären die anderen so christlich, wie sie immer tun, dann müssten sie doch auch ihm eine zweite Chance geben, sagt er.

Die Familien der Opfer hat er nie kontaktiert, das habe keinen Sinn, nach all der Zeit. Wenn er nach Hersbruck fährt, ins Pegnitztal, wo er sich zu Hause fühlt, spaziert er durch den Ort und freut sich, dass ihn niemand erkennt. Er fühlt sich wie Klaus G., nicht wie der Mittagsmörder. Er trinkt ein Bier oder zwei. Viel habe er bisher seiner Leber ja nicht zugemutet, sagt G. Er kontaktiert die Menschen, die er von früher kennt. Versucht, sich ein bisschen von seinem Leben zurückzuholen, aber es hat nicht auf ihn gewartet. Ein Mädchen, das ihm gefiel und heute Großmutter ist, empfängt ihn. Die meisten lehnen ihn ab.

G. geht auch zum Haus seines Bruders Peter. Seine Vergebung würde ihm viel bedeuten. Er möchte ihn noch einmal sprechen. Aber Peter N. will nicht. Er hat nach den Morden einen anderen Nachnamen angenommen, weil er sich so geschämt hat. Nicht einmal dem Pfarrer ist eine Vermittlung gelungen. Klaus G. steht vor dem Haus, schaut über den Zaun, aber er sieht seinen Bruder nicht. Er klingelt nicht und geht wieder.

Die Witwe

Sie gibt ihren Männern alles. Sie nimmt ihnen nur eines.
Der Fall Estibaliz C.

von ANETTE LACHE

»Kein noch so gruseliger Film kann
so gruselig sein wie das,
was ich getan habe«
»Meine zwei Leben«, Estibaliz C.

Die Frau, die diese Worte schreiben wird, ist eine zarte Person. Mit großen Augen wie Penélope Cruz und einem mädchenhaften Körper. Sie liebt Pfefferminzeis, diesen kühlen, scharfen Geschmack. Und sie mag starke Männer, groß und älter als sie. So stark wie Gerhard*. Zumindest hat sie mal gedacht, dass Gerhard das ist. Und nun sitzt Gerhard vor ihr auf dem Schreibtischstuhl. Zwei Tage sitzt er schon auf dem Stuhl. Sie kann ihn nicht ewig dort sitzen lassen.

Gerhard

Ein Hüne mit feinem blondem Haar. Männlich war er in ihren Augen, mit seinen 1,95 Metern und den 110 Kilo. Ein starker Mann, der einem sagen konnte, wo es langgeht. Er würde sie vor allem Bösen dieser Welt beschützen, daran hatte sie fest geglaubt.

Estibaliz C. war sehr verliebt. Dass sie intelligenter war als er, hatte sie nicht gestört. Dass er Hare-Krishna-Anhänger war, sie spanische Katholikin, auch nicht. Genauso wenig, dass er bis zur Hochzeitsnacht nicht mit ihr schlafen wollte. Das ist romantisch, hatte sie sich gesagt. Auch wenn sie sich eigentlich schon lange so unglaublich nach einem Kind gesehnt hatte.

Aber irgendwann waren die Gedanken wieder da.

Estibaliz C. kannte diese Gedanken schon von früher. Bei Matteo*, ihrer Jugendliebe, waren sie auch schon da gewesen. Matteo, ein großer, attraktiver Typ mit tollen braunen Augen. Wie schön könnte es sein, sein Kind unter dem Herzen zu tragen, dazu eine Hochzeit in Weiß und eine gemeinsame Wohnung, so hatte sie damals gedacht, mit zweiundzwanzig. Aber er wollte nicht einmal eine feste Beziehung. Matteo war eine Enttäuschung, dennoch hatte sie sich weiter mit ihm getroffen. Denn das wollte er durchaus, und sie kann nun mal keinem Mann widersprechen, geschweige denn sich von ihm trennen. Und da hatten die Gedanken zu kreisen begonnen.

Es war immer das Gleiche: Erst waren da nur Ideen, dann wurden die Gedanken Schritt für Schritt konkreter – und schließlich zu einem Plan.

Was wäre, wenn es Matteo nicht mehr gäbe? Was, wenn Matteo sterben würde? Was, wenn sie die Bremsschläuche seines Autos durchschneiden würde? Oder wenn sie die Gasheizung manipulierte? Eines Tages war sie dann in seine Garage gegangen, um zu schauen, ob diese videoüberwacht sei. Hatte sich einen Nachschlüssel für seine Wohnung machen lassen. Doch dann schickte ihr Vater sie nach Süddeutschland, weil sie in Spanien nach dem Volkswirtschaftsstudium keinen Job gefunden hatte. Und wenn ihr Vater etwas sagte, hatte man zu folgen.

In Süddeutschland traf Estibaliz C. dann gleich Gerhard. Sie war dreiundzwanzig, er sechsunddreißig, als sie sich 2001 kennenlernten. Sie arbeitete nach ihrem Studium als Au-pair, er in einem Versandhandel für Räucherstäbchen. Eigentlich war sie gar nicht sofort in Gerhard verliebt. Aber die Liebe wuchs schnell, als sie die Bewunderung in seinen Augen sah. Er sagte immer, wie schön sie sei. Er gab ihr, wonach sie regelrecht süchtig war: Aufmerksamkeit, Bestätigung.

Und sie gab ihm dafür, soviel sie konnte. Mi amor, sagte sie zu ihm, wenn sie zu ihm aufschaute, und er konnte sein Glück kaum fassen. Noch nie zuvor hatte er eine so schöne Freundin gehabt. Sie war so zierlich, so anschmiegsam, so anlehnungsbedürftig. Diese Frau himmelte ihn an. Tat, was er sagte, trug die Kleider, wie er es wollte. Widersprach nie. Nach sieben Monaten waren sie schon verheiratet.

Aber alles wurde anders, nachdem sie nach Berlin gezogen waren, in Gerhards Heimatstadt. Gerhard wurde so anders. Seit der Hochzeit konnte sie nun endlich mit ihm schlafen. Die Pille wollte sie nur so lange nehmen, bis ihr Deutsch perfekt war und sie eine Arbeit als Volkswirtin fand. Und bis auch Gerhard einen Job hatte. Doch der meldete sich arbeitslos. Während er zu Hause auf dem Sofa saß, schuftete sie als Kellnerin in einer Eisdiele. Gerhard nörgelte über ihr Essen, lästerte über ihren Akzent, sagte, sie sei zu dünn. So schilderte es Estibaliz C. zumindest später. Es muss nicht stimmen, aber man kann ihr glauben: Sie war enttäuscht.

Und es war ja nicht nur Gerhard. Im Eissalon verwechselte sie nun immer öfter die Bestellungen. Der Chef schimpfte. Sie fand, dass er sie ausnutzte, zu wenig zahlte. Wie immer sagte sie nichts.

Die Gedanken kamen. Was, wenn es die Eisdiele nicht mehr gäbe? Sie ging ins Internet. Sie googelte: Kabelbrand.

Doch dann keimte Hoffnung auf. Das Paar zog im Frühjahr 2005 nach Wien. Es gründete einen eigenen Eissalon, »Venus«, im zwölften Bezirk, ein Arbeiterviertel. Estibaliz C. machte den verrauchten Laden hübsch, dekorierte ihn mit Deckchen und Bildern. Die Nachbarn mochten die junge Frau, die immer fesch gekleidet und viel fleißiger als ihr Ehemann war. Mädchenhaft, lieb war sie, manchmal aber auch energisch, wenn es ums Geschäft ging.

Der Eissalon warf nicht viel ab, das Lager, das sie im Haus nebenan gemietet hatten, nutzten sie gleichzeitig als Büro und Wohnung, ein Raum für zwei Menschen. Gerhard fing wieder an zu mäkeln. Ihre kindliche Schusseligkeit, ihre Hilflosigkeit nervten ihn. Seine merkwürdigen Hare-Krishna-Freunde nervten sie. Und auch der Waffentick, den er entwickelt hatte, sogar eine kleine Sammlung besaß er. Und da war vor allem seine Dominanz. Er wollte ihr sogar vorschreiben, ob sie mit kaltem oder warmem Wasser abzuwaschen habe. Sie hasste an ihm, was sie einst angezogen hatte. Aber sie sagte nichts. Sie kaufte sich kurze Röcke und Push-up-BHs, um ihm besser zu gefallen. Sie wollte Gerhard eigentlich nicht mehr, aber sie wollte ein Kind, unbedingt. Und Gerhard? Wollte auch das nicht wirklich.

Schon waren die Gedanken wieder da.

Könnte Gerhard nicht einfach sterben? Irgendwie?

Es war der Sommer 2007, und Estibaliz C. hatte sich mittlerweile neu verliebt, in Jürgen*, einen Handelsvertreter für Eismaschinen. Jürgen würde sie retten aus dieser enttäuschenden Beziehung. Gerhard stimmte nun sogar der Scheidung zu. Doch auch Jürgen wollte kein Kind mit ihr, sie sei zu jung, sagte er, und nach fünf Monaten der Liebe ließ er sich nicht mehr blicken. Er war auf einmal aus ihrem Leben verschwunden.

Estibaliz C. suchte sich schnell Ersatz im Internet. Sie fand Simon*, ein Traum von einem Mann: 1,85 Meter groß, zwölf Jahre älter als sie, Akademiker, hochintelligent. Sie zog sofort zu ihm in den zweiten Bezirk, ihre alte Wohnung nutzte sie nur noch als Büro. Dort war noch immer Gerhard. Trotz der Trennung arbeitete er weiter in der Eisdiele, übernachtete weiter in der Wohnung. Ihm gehörte die Hälfte der »Venus«, und sie konnte ihn nicht auszahlen. Wie eine Zecke hing er in ihrem Leben.

Hatte Gerhard nicht eine Pistole im Regal liegen?

Da sitzt Gerhard also nun auf dem Schreibtischstuhl. Zwei Tage schon. Wieder hatten sie gestritten. Abschaum habe er sie genannt, wird sie später behaupten. Als er sich wieder an den Computer setzte, griff sie nach der zierlichen Beretta, Kaliber 22, die Gerhard in der Wohnung herumliegen hatte. Zwei Schüsse feuerte sie auf seinen Hinterkopf ab, aus weniger als zwanzig Zentimeter Entfernung. Gerhard kippte auf die Computertastatur. Sie hielt nun die Waffe gegen seine rechte Schläfe und drückte noch einmal ab. Als kein Blut mehr aus den Wunden kam, wusste sie: Gerhard ist sie los.

Estibaliz C. ließ ihn auf seinem Schreibtischstuhl sitzen und ging in die »Venus«. Bis gegen 19 Uhr verkaufte sie selbst gemachtes Eis in Waffeltüten. Dann ging sie zurück in die Wohnung, beschloss dort aber, erst einmal zu Simon zu fahren.

Eine Angestellte wird später aussagen, ihre Chefin sei an jenem Tag wie immer gewesen. Am nächsten Tag geht sie nur kurz in die Wohnung und deckt Gerhards Kopf ab.

Die Linzer Psychiaterin und Chefärztin Adelheid Kastner wird bei Estibaliz C. eine »kombinierte Persönlichkeitsstörung mit abhängigen, narzisstischen, histrionischen und dissozialen Komponenten« diagnostizieren. Der Kern ihrer Störung liege – neben dem fehlenden Selbstwertgefühl – in einer ausgeprägten Beziehungsstörung, die es Estibaliz C. unmöglich mache, sich in der direkten Konfrontation gegenüber Männern zu positionieren – oder gar durchzusetzen. Insbesondere mangele es ihr an der Fähigkeit, eine Beziehung auch mal gegen den Willen des Partners zu beenden. Der Ausweg aus diesem Dilemma sei für sie die Elimination des »Hindernisses«. Und sie verfahre dabei extrem angstfrei und kaltblütig.

Estibaliz C., allen nur als zierliches, hilfs- und anlehnungsbedürftiges Persönchen bekannt, macht sich mit einem bemerkenswerten Pragmatismus ans Werk.

Wohin mit Gerhard? Zwei Tage sitzt er schon hier. Er ist fast zwei Meter groß und adipös. Den Körper mit Alkohol übergießen und anzünden? Einen Versuch ist es wert. Doch Gerhard brennt nicht. Er qualmt bloß fürchterlich. Bis in den Flur zieht der Rauch. Als die Feuerwehr klingelt, öffnet Estibaliz C. die Tür nur einen Spalt breit und berichtet von einem Malheur beim Kochen. Die angekokelte Leiche, die hinter ihr auf dem Stuhl sitzt, sieht niemand. Sie übergießt Gerhard mit Wasser. Aber nun vermischt sich das Wasser mit dem Blut. Sie fährt erst mal wieder zu Simon, und als sie das nächste Mal das Haus betritt, schlägt ihr schon im Treppenhaus heftiger Verwesungsgeruch entgegen. Es ist in Wien schon ziemlich warm für den April.

Was tun gegen den Geruch? Estibaliz C. beschließt, den toten Gerhard in der Tiefkühltruhe neben dem Computertisch einzufrieren. Aber wie kommt er dort hinein? Sie geht in einen Baumarkt und kauft einen kleinen Hydraulikheber. Doch er bricht unter dem Gewicht zusammen. Zurück in den Baumarkt. Aber auch mit einem stabileren Modell gelingt es ihr nicht. Nun kauft sie eine Kettensäge und lässt sich vom Verkäufer in aller Ruhe deren Handhabung erklären. Der wünscht ihr zum Abschied einen Schutzengel.

Fünf Tage nach dem Mord streift sich Estibaliz C. Gummihandschuhe über. In einen Menschen zu schneiden, sei der »blanke Horror«, schreibt sie später in einer Art Autobiografie. »Die knirschenden Geräusche beim Zerteilen, wenn das Sägeblatt die Knochen erreicht, das viele Blut, der Gestank« hätten sie immer wieder gezwungen, »mit dem Arbeiten« aufzuhören. Immer wieder muss sie an die frische Luft. Aber irgendwann sind alle Teile in der Tiefkühltruhe.

Was tun mit dem Verwesungsgeruch in den Möbeln und den Tapeten? Eine Nachbarin hat schon gefragt, ob sie Fisch zubereite. Estibaliz C. greift zu Raumspray. Und das Blut, das Fettgewebe und die winzigen Fleischreste, die beim Zerteilen über den gesamten Raum verteilt wurden? Sie putzt und putzt. Jeden Tag nach der Arbeit geht sie in die Wohnung. Wochenlang, den ganzen Sommer über.

Gerhards Familie geht indessen davon aus, dass er wieder in Deutschland sei oder in einer Sekte in Indien. Dass er sich nicht meldet, wundert sie nicht, der Kontakt war nie besonders eng. In Wien erzählt Estibaliz C., er sei abgehauen. Sie selbst arbeitet tagsüber weiter in der »Venus«. Nachts ist sie bei Simon.

Simon ist ein Sensibelchen, sogar ein wenig hypochondrisch, aber sie hat ja Freude daran, für ihre Männer da zu sein. Vielleicht ist er nicht so stark wie Gerhard, aber klug und einfühlsam. Bei ihm fühlt sie sich geborgen. Schon am Abend nach den Schüssen hatte sie sich an ihn geschmiegt. Sie durfte ein wenig weinen und musste ihm nicht mal sagen, warum.

Ja, mit Simon hätte sie gern ein Kind.

Doch im Herbst taucht das nächste Problem auf: Estibaliz C. muss die Wohnung räumen, weil das Haus grundsaniert werden soll. Wieder die Frage: Wohin mit Gerhard? Sie macht sich schlau: Im Keller unter dem Eissalon gibt es ein ungenutztes Abteil, Nummer 6. Diesmal lässt sie sich im Baumarkt das Grundrezept für Beton erklären. Zu Hause zieht sie Handschuhe an und öffnet die Kühltruhe. Sie packt die Leichenteile in Müllsäcke und trägt sie nach und nach in einem Eimer in das Kellerabteil. Dort legt sie die Säcke in Blumentöpfe oder in die kleinen ausrangierten Eisbehältnisse aus ihrer Eisvitrine und übergießt sie mit Beton.

Der Kopf und ein Teil des Torsos sind allerdings auf dem Boden der Tiefkühltruhe festgefroren. Sie beschließt, den ganzen Kasten mit Beton aufzufüllen. Anschließend bezirzt sie einen Bekannten, ihr die Truhe in den Keller zu tragen. Er bringt einen Freund mit. Die Männer stellen neugierige Fragen, weil die Truhe extrem schwer ist. Der behinderte Sohn eines Bekannten habe Beton in die Truhe gefüllt, erklärt ihnen Estibaliz. Sie wolle das Beweisstück aufbewahren und möglicherweise auf Schadensersatz klagen. Sie wirkt so unbeholfen und süß, dass die Männer ihr glauben. Und damit ist Gerhard endgültig aus ihrem Leben.

Jürgen

September 2010. Jürgen liegt im Krankenhaus. Der Darm.

Jürgen war zurückgekehrt. Damals, vor zweieinhalb Jahren, war er nach fünf Monaten verschwunden. Der Mann, der Estibaliz so verzaubert hatte. Wie schön sie doch sei, hatte ihr der Handelsvertreter für Eismaschinen damals gesagt, als er sie in der »Venus« besucht hatte, da hatte es mit Gerhard schon gekriselt. Und dabei hatte er ihr tief in die Augen geschaut. Er hatte ihr Modeschmuck und Blumen mitgebracht. Jürgen war charmant, redegewandt, hilfsbereit. Ein Macher und Vollblutkaufmann. Vierundvierzig Jahre alt, 1,90 Meter groß, schlank, sehr markante, sehr männliche Gesichtszüge. Was andere vielleicht als Machogehabe empfinden würden, fand sie stark und selbstbewusst. Sie war am Boden zerstört, als er damals gegangen war. Aber nun stand er plötzlich wieder vor ihr in der »Venus«. Auf einen wie ihn hatte sie sehnsüchtig gewartet.

Von Simon hatte sie sich getrennt, Anfang 2009, weil auch er keine Familie mit ihr gründen wollte. Wieder war sie enttäuscht, wieder fühlte sie sich missbraucht. Doch diesmal kam sie aus der Beziehung heraus, ohne sich behaupten zu müssen. Simon klammerte nicht, er ließ sie einfach gehen. Und bald hatte Estibaliz C. wieder Sternderl in den Augen vor Glück. Jürgen war zurück!

Sie haben eine Wohnung im Viertel bezogen, zwei Zimmer, 63 Quadratmeter, 400 Euro kalt. Estibaliz C. hat ihr Aussehen nach seinen Vorstellungen verändert. Vollere Lippen, weniger Falten, strafferer Körper. Sie hat auf dem Hometrainer ihren Po trainiert und sich Botox und Hyaluronsäure spritzen lassen, auch wenn sie damit ihrer Meinung nach erst einmal vier Wochen lang nuttig ausgesehen hat. Und sie trägt ihr ehemals dunkles Haar jetzt honigblond.

Jürgen ist in den Eissalon eingestiegen, mehr als 100 000 Euro hat er in neue Geräte und eine Renovierung investiert. Der Eissalon heißt inzwischen »Schleckeria« und ist feiner geworden, es gibt nun auch Tee, Gebäck und Pfefferminzeis. Jürgen packt mit an. Die Nachbarn erleben ihn zwar als laut, aber auch als fleißig und charmant. Ein Frauentyp. Und einer mit viel Ahnung vom Eisgeschäft. Tatsächlich läuft der Laden besser.

Aber jetzt hat Jürgen Durchfall. Es geht ihm so dreckig, dass er ins Spital muss. Am Vortag hat »Esti« Kartoffelgulasch für ihn gekocht. Zuvor hat sie gegoogelt: nach Giftpflanzen, Giftgehalt und Tod. Sie hat auch Pflanzensamen bestellt. Später wird sie aussagen, sie habe sich selbst das Leben nehmen wollen.

Die Gedanken sind wiedergekommen. Sie seien einfach so mächtig, dass sie ihnen ausgeliefert sei, wird Estibaliz C. später behaupten. Sie wird mutmaßen, dass sie wohl mit ihrer Kindheit zu tun haben, die sie selbst wie folgt beschreibt: Sie war fünf, als ihre Eltern mit ihr von Mexiko-Stadt nach Barcelona zogen. Sie war immer ein braves, stilles Kind, ein anderes durfte sie nie sein. In Mexiko hatte die Familie in einem großen Haus mit Garten gelebt und zur Mittelschicht gehört. Der Vater schrieb dort für große Magazine. In Spanien hingegen musste er für Frauenzeitschriften und Esoterikblätter über paranormale Phänomene, Inkas und Azteken schreiben, um die Familie durchzubringen. Er war sehr frustriert. Es musste absolute Ruhe herrschen in der kleinen Wohnung, sonst beschimpfte er die Mutter. Estibaliz' Vater war sehr dominant. Und ihre Mutter ordnete sich stets seinen Wünschen unter. Die Frau, die meinte, völlig unattraktiv zu sein, war dem Vater unendlich dankbar, dass er sie überhaupt geheiratet hatte. Unterwürfigkeit wurde Estibaliz von klein auf vorgelebt.

Auch traumatisiert sei sie, sagt Estibaliz C. Das Haus der Familie sei in Mexiko von Soldaten gestürmt worden, weil der Vater regierungskritische Artikel geschrieben habe. Zudem hätten Männer dreimal versucht, sie zu entführen. Später in Spanien sei sie auch mehrmals vergewaltigt worden, wobei sie sich nie getraut habe, auch nur Nein zu sagen.

Was an ihren Schilderungen wahr ist, können auch Psychiater nicht wirklich beurteilen. Aber so geht die Geschichte, die Estibaliz C. von sich erzählt: Männer sind die Herrscher, sie muss ihnen untertan sein. Sie tun ihr furchtbares Leid an, aber sie darf sich nicht wehren. Sie ist ein hilfloses, gefangenes Opfer.

Einen Ausweg habe sie seit ihrer Kindheit nur in der Welt ihrer Fantasie gesehen. Und dazu habe schon immer ein Mann gehört, der sie rettet. Und ein Kind, für das sie das wichtigste Wesen auf der Welt sein würde. In ihren Gedanken und Tagträumen habe sie sich vorgestellt, wie schön das Leben sein könnte, ein Mann, ein Kind. Aber genauso habe zu den Fantasien auch eine andere Vorstellung gehört: dass sie störende und enttäuschende Menschen einfach aus ihrem Leben verschwinden lässt.

Jürgen wird aus dem Spital entlassen. Die Ärzte haben ihn wieder hingekriegt. Aber keiner kann sagen, was die Ursache seines bedrohlichen Brechdurchfalls gewesen ist. Estibaliz C. wird später abstreiten, dass sie ihn vergiftet habe. Und tatsächlich wird man keine verdächtigen Spuren in seinem Magen finden.

Allerdings hat auch Jürgen sie enttäuscht. Er hatte nach seiner Rückkehr gesagt, dass auch er nun ein Kind mit ihr wolle. Und Estibaliz hatte ihm geglaubt. Wie oft hat sie sich schön für ihn gemacht, seine Lieblingsspeisen gekocht, sich bemüht, es ihm noch mehr recht zu machen. Doch Jürgen zog sich immer weiter zurück, sie langweilte ihn mit ihrer Untertänigkeit. Er will Frauen erobern, keine, die sich ihm unterwerfen. Er hat offenbar bereits solche Frauen gefunden. Die SMS, die Estibaliz C. in seinem Handy entdeckt hat, sind eindeutig.

Und jetzt kreisen wieder die Gedanken.

Im Oktober erzählt Estibaliz C. einer Freundin, sie überlege, mit Jürgen in die Berge zu fahren und ihn dort in den Abgrund zu schubsen – und es wie einen Unfall aussehen zu lassen. Alternativ denke sie darüber nach, ihn zu erschießen oder zu erstechen. Vorher müsse er aber eine Lebensversicherung zu ihren Gunsten abschließen.

Esti macht Spaß, denkt die Freundin.

Am 15. Oktober liest Estibaliz C. online einen Artikel: »Killing Is Easier than You Thought«.

Am 16. Oktober googelt sie »Vermisste« und »Testament«.

Mitte November geht Jürgen für ein paar Tage auf Dienstreise. Estibaliz C. besorgt sich eine neue Kettensäge im Baumarkt. Sie wählt das Modell, das sie schon mal gekauft hat. In einem Baustoffhandel lässt sie sich abermals erklären, wie man Beton am besten anrührt. Der Kundenbetreuer rät ihr, eine Bohrmaschine mit einem Quirl zu verwenden. Unter dem Namen

»Maria Gonzalez« erwirbt Estibaliz C. zwölf Säcke »Baumit Speed-Estrich«, er soll ihr am nächsten Tag in die »Schleckeria« geliefert werden. Betondichtmittel, ein Wendelrührset, eine Schlagbohrmaschine nimmt sie gleich mit.

Anschließend geht sie in den Keller. Dort liegt noch Gerhards alte Beretta.

Wien, in der Nacht vom 21. auf den 22. November 2010. Am Abend geht das Paar Punsch trinken im Museumsquartier. Jürgen ist gut drauf, er trinkt viel Glühwein und schaut anderen Frauen nach. Estibaliz C. ist eifersüchtig. Gegen 23 Uhr sind sie wieder zu Hause, diskutieren über die Spannungen zwischen ihnen. Jürgen gibt schließlich zu fremdzugehen, will sich aber definitiv nicht trennen.

Estibaliz C. wartet, bis er eingeschlafen ist. Dann kleidet sie das komplette Schlafzimmer mit Handwerkerfolie aus und schießt. Viermal feuert sie auf seinen Hinterkopf und auf seine Schläfe. Keiner der Nachbarn ruft die Polizei. Das Mietshaus liegt nicht in der feinsten Gegend.

Estibaliz C. übernachtet auf der Couch. Am nächsten Morgen erledigt sie zunächst die Büroarbeiten im Eissalon, dann kauft sie neue Schutzfolie und zerstückelt die Leiche. Die Teile packt sie in Plastiksäcke und den Torso in einen Trolley. Anschließend fährt sie alles mit dem Auto zum Eissalon und lagert die Tüten in einer leeren Gefriertruhe im Hinterraum der »Schleckeria«. Diesmal geht alles ganz schnell, die wenigen Spuren sind flott weggewischt. Für das Einbetonieren reicht die Zeit allerdings nicht mehr. Denn Estibaliz C. will am Abend ausgehen.

Roland

Roland R., 1,90 Meter groß, vierzehn Jahre älter als sie, hat angerufen, als sie gerade Jürgen zerlegt. Der Kaufmann arbeitet in einem Großhandel für Speiseeisprodukte als Verkaufsleiter. Schon seit dem Sommer flirtet sie mit ihm. Er ist eher ein ruhiger, weicher Typ, kein wirklicher Macho. Aber er hat diese adelige Nase, diese ausdrucksvollen Augenbrauen, diese eleganten Hände. Er riecht gut und hat eine tiefe, kräftige Stimme.

Sie gehen ins Café »Cobenzl«. Estibaliz C. ist fröhlich und aufgedreht an diesem Abend.

Stück für Stück betoniert sie Jürgen in den folgenden Tagen in Mörtelwannen und Tröge ein. Die Behältnisse lässt sie zum Aushärten erst einmal im Eissalon stehen, die »Schleckeria« hat Winterpause. Sie telefoniert mit ihrem Bruder und spielt ihm am Telefon die arme Verlassene vor. Er ist so besorgt, dass er von Barcelona nach Wien fliegt. Estibaliz weint erst, dann lässt sie ihn die Tröge und Wannen in den Keller tragen. Schlamperte Handwerker hätten sie stehen lassen. Später verteilt sie noch Katzenstreu auf den Gefäßen. Falls es irgendwann doch riechen sollte.

Dann trifft sie weitere Vorkehrungen. Anders als bei Gerhard ist Jürgens Familie beunruhigt, stellt Fragen. Um den Verdacht von sich abzulenken, erstattet Estibaliz C. nach wenigen Tagen Vermisstenanzeige. Immer wieder fragt sie bei der Polizei nach, ob es denn immer noch keine Spur gebe. Als ein Polizist sie zu Hause besucht, sagt sie, er dürfe gern in ihren Keller gehen und nach der Leiche schauen. Der hält das für einen Witz.

Roland ist hin und weg von dieser Frau, die nun regelmäßig mit ihm ausgeht. Auf der einen Seite ist sie fragil und mädchenhaft, auf der anderen Seite eine richtige Geschäftsfrau. Und sie braucht ihn, sie braucht Trost. Jürgen habe sie einfach sitzen lassen, klagt sie. Roland heitert sie auf.

Er besucht mit ihr das Musical »Riverside«. Sie gehen tanzen. »Lady, Lady, Lady« wird ihr gemeinsames Lieblingslied. Im Dezember 2010 werden sie ein Paar, in einem Hotel unweit des Flughafens, drei Sterne, Schallschutzfenster. Nun will Estibaliz C., dass Roland so schnell wie möglich zu ihr zieht. In einem Reihenhaus im Grünen möchte sie mit ihm wohnen und Beete anlegen. Und ein Kind wünscht sie sich von ihm.

Am 6. Juni 2011 schickt der Besitzer des Friseursalons neben der »Schleckeria« wegen eines Wasserschadens einen Installateur in das Kellerabteil unter seinem Salon. Es ist das Abteil mit der Nummer 6. Niemand weiß, wem es gehört. Er bohrt das Schloss auf. Im Abteil entdeckt er zwei Repetiergewehre der Marke Ceská Zbrojovka. Er ruft zwei Bekannte hinzu. Gemeinsam finden sie eine Damenhandtasche mit einer Pistole: Marke Beretta, Kaliber 22. Dann kratzt einer von ihnen mit einer kleinen Schaufel etwas Mörtel von der Oberfläche eines der sonderbaren Behältnisse, die dort unten herumstehen.

Estibaliz C. und Roland R. sitzen ein paar Hundert Meter weiter in ihrer Wohnung beim Abendessen. Sie hat sich für ihn hübsch gemacht und für ihn gekocht, es gibt Geschnetzeltes.

Im Keller kommt die Ecke einer Plastiktüte zum Vorschein. Es riecht plötzlich seltsam. Ein hinzugerufener Polizist legt die Tüte mit einem Schraubenzieher frei. Ein Unterschenkel mit Fuß befindet sich darin. Über allem wabert leichter Verwesungsgeruch.

Als Estibaliz C. am nächsten Morgen in die »Schleckeria« kommt, berichtet ihr ein Nachbar von dem Gruselfund im Keller. Wortlos und kreidebleich flieht sie vorbei an den parkenden Polizeiautos. Sie organisiert ihre Flucht aus dem Stand heraus. Sie bittet ihre Putzfrau telefonisch, ihr die schwarze Geldtasche und das Sparbuch aus dem Eissalon zu holen. Einen Stammkunden, den sie zufällig trifft, überredet sie, ihr den Reisepass aus ihrer Wohnung zu bringen. Ihr Freund habe Stress mit der Polizei, sie traue sich nicht mehr heim. Der Mann besorgt ihr auch ein gebrauchtes Siemens-Handy mit einer Prepaidkarte. Jeder glaubt ihr alles.

Sie hebt ihre gesamten Ersparnisse ab: 10 000 Euro. Im Taxi fährt sie zum Flughafen. Sie will nach Mexiko. Während der Fahrt setzt sie auf einem Notizblatt ein Schreiben auf, in dem sie Roland R. den Eissalon überschreibt und ihm versichert, dass sie ihn über alles liebe. Doch dann meldet sie sich über ihr Handy noch einmal bei ihm. Er rast zum Flughafen und will eine Erklärung. Sie sagt ihm nur, dass man ihr etwas anhängen wolle. Er begreift nichts und fährt wieder zurück in die Firma.

Was, wenn schon nach ihr gefahndet wird? Estibaliz C. entscheidet sich gegen den Flug. Sie will mit dem Taxi nach Italien. Dem Fahrer sagt sie, dass sie dort einen Auftritt mit einer Flamencogruppe habe. 750 Euro zahlt sie ihm. Sie übernachtet in einem Albergo.

Inzwischen hat die Polizei festgestellt, dass die Spanierin ein halbes Jahr zuvor ihren Lebensgefährten als vermisst gemeldet hat. Nachbarn haben erzählt, dass auch ihr erster Ehemann wie vom Erdboden verschluckt sei. Und die Spurensicherer haben in ihrer Wohnung Blutreste gefunden. Nun wird europaweit nach Estibaliz C. gefahndet.

Am nächsten Tag nimmt sie den Bus nach Udine. Dort lernt sie vor einem Schnellimbiss den Straßenkünstler Ivan kennen, einen großen und schlanken Mann. Der 33-Jährige nimmt sie bei sich auf. Weil sie so schutzbedürftig wirkte, wird er später sagen. Zwei Tage wohnt Estibaliz C. bei ihm, putzt die Wohnung, kocht vegetarische Pasta für ihn, sie plaudern. Als Ivan mitbekommt, dass sie im Internet immer wieder nach Informationen über einen Doppelmord in Wien sucht, ruft er die Polizei.

Roland kann es erst nicht glauben, was über seine Esti in den Zeitungen steht: Sie ist in Udine festgenommen worden, und sie hat zwei Morde gestanden. Ein paar Wochen zuvor hatten sie noch in einem Wirtshaus bei Scholle und Steak zusammengesessen. Sie hatte verkündet, dass sie schwanger sei, und gefragt: »Willst du mich heiraten?« Er hatte etwas hölzern geantwortet: »Ja, kein Problem.« Es war etwas schnell gegangen, aber irgendwie hatte er sich auch gefreut. Und nun soll die Frau, die sein Kind trägt, eine Mörderin sein?

Er ist überzeugt, dass sie krank sei, dass sie eine »ängstliche Frau mit einem großen Herzen« sei, wie er später in einem Interview sagt. Dass es etwas Fremdes in ihr gebe, ein zweites Ich, das all das getan habe. Jürgen und Gerhard hätten sie einfach schäbig behandelt. Er kann sich nicht vorstellen, dass sie ihm etwas antun könnte.

Sie kann es.

Doch vorerst sitzt Estibaliz in Wien-Josefstadt in U-Haft. In ihrer Arrestzelle liest sie Babybücher. Endlich kann Roland sie wieder regelmäßig sehen, wenn auch nur durch eine Glasscheibe. Sie freut sich sehr auf das Kind. Er sagt: »Wir sind eine Familie.« Sie sagt: »Mi amor, danke.«

Am 10. Januar 2012 bringt Estibaliz C. gegen Mitternacht ihren Sohn im Kaiser-Franz-Josef-Spital zur Welt. Viktor* ist fünfzig Zentimeter groß und 3200 Gramm schwer. Als Estibaliz C. nach dem Kaiserschnitt aus der Narkose erwacht, ist ihr Sohn schon weggebracht worden. Er liegt auf der Säuglingsstation eines anderen Spitals, weil man ihn einer möglichen Gefahr durch seine Mutter erst gar nicht aussetzen will. Roland kümmert sich fortan um den Jungen, gemeinsam mit seiner Schwiegermutter, die aus Spanien angereist ist. Erst drei Wochen nach der Geburt darf Estibaliz C. ihr Kind zum ersten Mal sehen, streng bewacht. Roland ist jedes Mal gerührt, wenn er sie mit

Viktor sieht. Ende März 2012 geben Estibaliz und er sich im Verhörraum der Strafanstalt das Jawort.

Am 19. Dezember 2012 schreitet Estibaliz C. im Blitzlichtgewitter zur Anklagebank des Landgerichts Wien, begleitet von den bekanntesten Anwälten Wiens, Rudolf Mayer, der schon Josef Fritzl verteidigt hat, und Werner Tomanek, der auch die Hells Angels vertritt. Sie trägt ein hochgeschlossenes graues Kleid, kleine Perlenohrringe und farblosen Lipgloss. Roland R. hat ihr das Kleid gekauft.

»Lassen Sie sich nicht täuschen«, warnt die Staatsanwältin die Geschworenen. Die Angeklagte sei eine »eiskalte und brandgefährliche« Frau. Estibaliz C. bekennt sich schuldig und beschreibt ihre Taten bis ins kleinste Detail. Sie könne sie nicht schönreden, erklärt sie. »Ich hatte die Hoffnung verloren, dass er mich gehen lässt«, sagt sie über den Mord an Jürgen. »Er hatte ja in den Eisladen investiert.« Sie habe keinen anderen Ausweg gesehen, als ihn zu töten. »Das ist, wie wenn man ein Plastiksackerl über dem Kopf hat. Da muss man raus.« Aber sie bereue sehr.

Ruhig und präzise zeichnet die psychiatrische Gutachterin Adelheid Kastner ein psychologisches Bild von Estibaliz C., das einer sehr intelligenten Frau, die emotional blind für andere sei. Einer Narzisstin mit einem »ausgeprägten manipulativen, teilweise auch weibchenhaften Verhalten«, die das für absolut setzt, was sie will. Ihre schwere Persönlichkeitsstörung habe ihren Entscheidungsspielraum gewiss eingeengt, aber Estibaliz C. hätte dennoch »auch anders können, als ihr Handeln nur nach ihren Bedürfnissen zu richten«. Sie sei zurechnungsfähig gewesen, sie habe nicht an psychotischen Wahnvorstellungen gelitten. Niemand anders als Estibaliz C. selbst habe am Steuer gesessen bei ihren Taten. Kastner spricht der Spanierin allerdings ab, in der Lage zu sein, ein Kind zu erziehen.

Schließlich fällen die Geschworenen das Urteil: lebenslange

Haft und Maßnahmenvollzug, das heißt die unbefristete Unterbringung in einem Trakt für zurechnungsfähige, geistig abnorme Rechtsbrecher. Estibaliz C. nimmt es regungslos zur Kenntnis, sie sagt nur: »Ich habe verstanden.«

Hunderte von Seiten schreibt sie Roland in den folgenden Monaten in ihrer kindlichen Schrift: »Te quiero, Roland.« – »Ich liebe dich.« Viktor wird zu Estibaliz' Eltern nach Spanien gebracht. Roland fliegt regelmäßig dorthin. Estibaliz sagt ihm, dass sie gewiss eines Tages entlassen werde, von ihrer »Krankheit« werde sie dann geheilt sein, und dann wolle sie mit ihm und Viktor in einem Bauernhaus in Katalonien leben. Alle, die Estibaliz für einen schlechten, gefährlichen Menschen halten, kennen sie nicht wirklich, denkt er. Er sieht doch, wie dieses zarte Wesen selbst im Gefängnis andere verzaubert, Anwälte, Journalisten, Verleger, die sie unterstützen, ihr Geschenke bringen, Botengänge für sie erledigen. Sie schreibt ihre Autobiografie. Filmproduktionsfirmen interessieren sich für den Stoff. Estibaliz wünscht sich Jennifer Lopez in der Hauptrolle.

Aber dann beginnt Roland Fragen zu stellen. Darf man die intimen Geschichten der Männer ausbreiten, die man selbst ermordet hat? Darf damit Geld verdient werden? Bereut sie wirklich? Ist das seine Esti?

Die Gutachterin Kastner hatte vor Gericht ausgeführt, es sei keinesfalls auszuschließen, dass Estibaliz C. wieder töten würde, wenn künftige Beziehungspartner »den an sie gestellten Anforderungen nach emotionaler Befriedigung und weitreichender emotionaler Versorgung nicht entsprechen« und den Weg für andere nicht frei machten. Estibaliz C. hatte der Psychiaterin zuvor gesagt, dass sie nicht garantieren könne, Roland R. unter ähnlichen Umständen nicht auch etwas anzutun. Kastner bezifferte die statistische Wahrscheinlichkeit, dass Estibaliz C. in den nächsten zehn Jahren eine neue Straftat mit schweren Folgen begehe, mit hohen einunddreißig Prozent. Roland R. wollte es anfangs nicht glauben.

Bald würde er es glauben.

Im September 2015, so schildert es Roland R., hat Estibaliz C. die Ehe vollkommen überraschend für beendet erklärt. Sie sagte: »Ich will dich nicht mehr sehen.« Und: »Mi amor, ich bin menschlich sehr von dir enttäuscht.« Dass er ihre Buch- und Filmprojekte kritisiert hat, habe sie nicht ertragen können. Er stehe ihr im Weg.

Seit Oktober 2015 hat er seinen Sohn Viktor nicht mehr gesehen. Die Großmutter informiert ihn nicht mehr, wenn sie mit dem Jungen in Österreich ist. In einem Brief an die Gefängnisleitung schreibt Estibaliz C., dass Roland R. gedroht habe, den Sohn zu entführen. Zuvor hatte es Streit darüber gegeben, ob Viktor Weihnachten bei Roland verbringen darf und auf welche Schule er gehen soll. Die Ermittlungen gegen Roland werden zwar eingestellt, aber seither traut er sich nicht mehr nach Spanien. Zu Weihnachten schickt er einen Brief und ein Päckchen mit Buntstiften für seinen Sohn nach Spanien. Das Päckchen kommt ungeöffnet zurück.

Schließlich will die Großmutter im Auftrag ihrer Tochter die Vormundschaft für Viktor. Mit allen Rechten. Roland R. solle auf das Sorgerecht verzichten, was für ihn unvorstellbar ist. Die Großmutter reicht Klage »auf einstweilige Maßnahmen« ein. Das zuständige spanische Gericht schreibt Roland R., dass das elterliche Sorgerecht ausgesetzt werde.

Die Großmutter werde zum Vormund des Kindes bestimmt. Angehört vor Gericht wurde Roland R. nicht. Er sagt, er sei sehr naiv gewesen. »Estibaliz ist unglaublich intelligent. Sie ist uns allen überlegen.« Er habe sie einfach unterschätzt.

»Aber immerhin lebe ich noch«, sagt Roland R.

Epilog

Estibaliz C. und Roland R. wurden 2018 geschieden. Roland R. hat seinen Sohn bis heute nicht wiedergesehen. C. wurde 2017 aus dem Frauengefängnis in das Forensische Zentrum Asten verlegt, eine Anstalt für psychisch abnorme Rechtsbrecher, ausgelegt auf Langzeitrehabilitation. Dort verlobte sie sich heimlich mit einem Mithäftling. Als dieser des Handels mit Kinderpornografie verdächtigt wurde, trennte sie sich von ihm. Ihrem Verleger hat Estibaliz C. lange Interviews für ein weiteres Buch über ihre Taten gegeben. Darin hat sie gestanden, dass sie versucht hatte, Jürgen langsam zu vergiften, bevor sie zur Waffe griff.

* Namen von der Redaktion geändert

145 Tage

Dies ist die Geschichte einer Ermittlung. Die Geschichte einer quälend langen Suche. Die Geschichte eines verschwundenen Kindes

von FRAUKE HUNFELD

Sie haben ihn.

Jetzt also haben sie ihn endlich. Sie hatten fast die Hoffnung verloren.

145 Tage haben sie ihn gesucht. Mit Drohnen und Tornados, mit Hunden und Hundertschaften, mit Computern und Flugblättern, mit Profiling und Plakaten, mit elektronisch gestützten Fallanalysen und forensischen Geräusche-Analytikern, mit Fleiß, mit Geduld.

Der Sommer war gegangen, Mircos letzter Sommer. Die Blätter wurden bunt. Der Winter kam, Mirco blieb verschwunden. Advent ohne Mirco, Weihnachten ohne Mirco. Ein neues Jahr begann, Mirco war immer noch weg. Jetzt endlich Glück. Das kleine bisschen, das man braucht. Jetzt endlich Gewissheit. Jetzt endlich die Tränen. Das Glück der Tüchtigen. Die Gewissheit der Fakten. Die Tränen der Verzweiflung.

Sie haben Mirco gefunden. Aber Mirco, zehn Jahre, aus Grefrath, ist tot.

Er sieht ihn erst aus der Ferne. Eine vornübergebeugte Gestalt. Feuchtkalte Luft auf der Haut, feuchtkalte Wut im Herzen. Der Mann, der sie an diesem Januartag zu Mirco führen soll, ist groß und schwerfällig. Kriminalhauptkommissar Ingo Thiel,

Leiter der »Soko Mirco«, hat mit seinen Leuten ausgemacht, dass er zurückbleiben wird. Dass er abwartet, so schwer es ihm auch fällt, nach 145 mal 24 Stunden mit diesem Mann ohne Gesicht in seinem Kopf. Nur die beiden Vernehmer begleiten Olaf H. dorthin, wo er die Leiche des zehnjährigen Mirco abgelegt haben will. Sie setzen auf diesen emotionalen Moment, nur eine kleine Chance, aber sie wollen sie nicht vergeben: Manchmal rührt der Anblick einer Kinderleiche selbst den, der sie auf dem Gewissen hat. Manchmal öffnet sich ein kleines Türchen in eine Seele, in einen Kopf, dahin, wo die Gefühle sitzen, die Ängste, die Sehnsucht, der Hass. Manchmal bekommt man in solchen Momenten einen Hinweis, einen Grund, irgendetwas, das man nie wieder bekommt. Das ist es, was sie die ganzen vergangenen Monate gemacht haben: sich winzige Chancen erarbeiten. Und keine vergeben.

Sie hatten dieses Gebiet nicht abgesucht. Irgendwo mussten sie Grenzen ziehen – lokal, personell, psychisch. Es waren willkürliche Grenzen, das wussten sie. Warum suchen 1000 Mann das Kind und nicht 1004? Warum überfliegen sie 50 Quadratkilometer und nicht 55? Warum nur bis zur Autobahn und nicht darüber hinaus?

Dies ist die Geschichte einer Ermittlung. Die Geschichte der größten Sonderkommission in Deutschland, die je ein verschwundenes Kind gesucht hat. Die Geschichte von Männern und Frauen, die alles gegeben haben und wenig bekommen. Gewissheit. Die Überreste eines ermordeten Kindes. Den mutmaßlichen Täter, einen Mann von nebenan. Und viele Fragen, die bis heute nicht geklärt sind.

Es ist der erste Freitag im September 2010, als Mirco verschwindet, und es riecht noch nach Sommer in Grefrath. Wochenende, endlich. Mirco besucht mit dem Fahrrad einen Schulfreund. Sie gehen ins Kino. Um 19 Uhr ruft seine Mutter auf seinem Handy an. Er hört es nicht. Oder er will es nicht hören. Mirco und sein Freund Maik toben an einer Skaterbahn herum. Um Viertel vor neun muss Maik nach Hause. Mirco begleitet den Kumpel zur Bushaltestelle, dann radelt er heimwärts.

Mirco, zehn Jahre. Blond, schlank, fröhlich, vernarrt in Landmaschinen und seit ein paar Wochen stolzer Besitzer eines grünen Fahrrads, gekauft von seinem Ersparten. Mirco, zweitjüngstes von vier Geschwistern, Sohn von Sandra und Reinhard Schlitter, Schüler, Pferde-Fan. Mirco ist ein Kind wie jedes andere. Für die, die ihn kannten und liebten, ist er einzigartig.

An Tag 1 gibt es noch Hoffnung. Polizisten durchkämmen mit Suchhunden die Felder und Wiesen um Grefrath. Lautsprecherwagen fahren durch die Dörfer. Die meisten Kinder, die kurzzeitig vermisst werden, tauchen innerhalb der ersten vierundzwanzig Stunden wieder auf. Vielleicht hat Mirco sich eine Bude im Wald gebaut. Ein Geheimversteck. Vielleicht hatte er Streit mit den Eltern. Die Zeit vergessen, bei einem Kumpel geschlafen, ein Abenteuer gesucht, Tom Sawyer gespielt … Noch gibt es tausend Möglichkeiten, tausend Erklärungen, tausend Hoffnungen.

Am späten Nachmittag meldet sich ein Mann bei der Polizei, der die Lautsprecherdurchsagen gehört hat. Er hat an der Mühlhausener Straße kurz vor Grefrath ein grünes Kinderfahrrad mitgenommen. Auf die Beamten wirkt er nicht mal besonders zerknirscht. Offenbar laufen immer noch nicht genug Kriminalfilme im Fernsehen, als dass ein erwachsener Mann an einer Landstraße ein hingeworfenes, fast nagelneues Kinderfahrrad findet und sich nicht fragt, was hier wohl geschehen sein könnte. Stattdessen das Rad einpackt, es zu Hause mit einem Hochdruckreiniger behandelt (und damit alle Spuren vernichtet) und sich über sein Finderglück freut.

Noch ein Kilometer und Mirco wäre zu Hause gewesen. Flaches Land, weites Feld. Niederrhein. Eine Treckerzufahrt, die aufs Feld führt. Einhundert Meter weiter das Ortsschild von Grefrath, Kreis Viersen, 15 000 Einwohner. Am Abend dieses 4. September steht Ingo Thiel das erste Mal an dieser Stelle, um die in den folgenden Monaten sein gesamtes Leben kreisen wird. Der sogenannte Abgreifort. Was ist nur passiert?

Noch in der Nacht werden Hundertschaften der Bereitschaftspolizei, die nach einem kräftezehrenden Demo-Samstag in Dortmund auf dem Weg nach Hause sind, nach Grefrath umgeleitet. Die Soko Mirco wird gegründet. Thiel wird sie leiten, mit seinem langjährigen Stellvertreter Mario Eckartz, genannt Ecki, an seiner Seite. Sie sind ein gutes Team, und das schon seit Jahren, keine Konkurrenten, sondern Freunde. Eckartz hat eigentlich beim Zoll gelernt, hat sich um die deutsch-holländische Grenze gekümmert, aber die wurde dann ja abgeschafft. Ingo Thiel ist ein Gladbacher Jung, wie man hier sagt, sechsundvierzig Jahre alt, Borussia-Fan, zwei Kinder, ein Sohn in Mircos Alter. Einer, der sich von der Pike auf hochgearbeitet hat. Mit siebzehn runter von der Schule und rein in den Polizeidienst. Einer, der die Sprache der Straße spricht, seit über zwanzig Jahren Ermittler für Tötungsdelikte. Einer, der selbstbewusst genug ist, um nach Hilfe zu fragen, wenn er sie braucht. Ein Mannschaftskapitän, wenn man so will, einer, dem egal ist, wer das Tor schießt. Hauptsache, die Mannschaft gewinnt.

Thiel fordert Experten aus Fachkommissariaten der ganzen Gegend an: Sitte, Sexualdelikte, Fahndung, Jugendkriminalität, Vermisste. Kriminaltechniker, Fallanalytiker, Computerexperten, Datenanalysten. Er braucht Frager, Vernehmer, Auswerter. Er braucht einen Pressemann.

Wenn man gar nichts hat, sucht man nach allem. Nach dem Kind. Nach seinen Sachen. Nach einem Täter. Nach Zeugen.

Nach Hinweisen. Nach irgendetwas, von dem man nicht mal weiß, was es ist. Dreihundert Mann durchkämmen von Sonntagmorgen an die Gegend. Die Felder, auf denen der Mais mannshoch steht, die Wege, die Wälder. Sie tragen Atemschutzmasken wegen der Pestizide, und die Sonne brennt auf ihre Köpfe. Sie suchen unter Brücken, im Gestrüpp, sie waten durch Flüsse und Bäche. Die Freiwillige Feuerwehr Grefrath hilft mit schwerem Gerät. Hubschrauber kreisen. Die Bauern brechen die Ernte ab und ziehen ihre Maschinen auf die Höfe zurück.

Befragerteams klingeln an jeder Tür, die an Mircos mutmaßlichem Heimweg liegt. Wem ist etwas aufgefallen? An der Skateranlage? Im Kino? Hat jemand Mirco angesprochen? Ist jemand dem Kind gefolgt? Jeder Passant wird gefragt. Flyer werden verteilt. Familie, Freunde, Kollegen vernommen.

Ein Mantrailer, ein Suchhund, der auch nach Tagen noch Hautpartikel riechen kann, die jeder Mensch verliert, nimmt unweit des Fahrrad-Fundortes eine Fährte auf. Er läuft zu einem Dreiseithof, bricht dort ab. Was bedeutet das? Noch am selben Abend drehen zweihundert Polizisten den gesamten Hof auf links. Sie finden: nichts.

Im Radio wird nach ihm gesucht, Regionalsendungen zeigen sein Bild, die Zeitungen veröffentlichen Suchmeldungen. Gesucht wird auch jeder, der eine Beobachtung gemacht hat. Die Telefone sind durchgehend besetzt.

Sie stellen eine Tafel auf an dem Ort, an dem Mircos Fahrrad gefunden wurde: Bilder von Mirco, Bilder seines Fahrrads. Jeder soll alles sagen, was er gesehen hat. Niemand soll denken: Das wissen die schon. Keiner soll glauben: Das können die nicht gebrauchen.

Sie besorgen die Kleidung, die Mirco trug, noch einmal. Eine Schaufensterpuppe wird damit ausgestattet, die so groß ist und auf erschreckende Weise so aussieht wie Mirco. Sie wollen nicht nur die Hirne der Menschen erreichen. Sie wollen in ihre Herzen. Und sie wollen den Täter in Panik versetzen. Sie hoffen, dass er Fehler macht. Sie schicken ihm eine Botschaft: Wir werden dich finden. Jeder Hinweis wird aufgenommen. In den Computer eingepflegt, so präzise formuliert, dass die Software ihn jederzeit automatisch neuen Spuren zuordnen kann. Jede Schnittmenge muss auf Knopfdruck abrufbar sein. Nichts darf verloren gehen.

Reinhard Schlitter, Mircos Vater, begreift erst ganz am Schluss seiner Befragung, was die Ermittler von ihm wollen. Dass er allein ins Präsidium gebracht wurde, hat ihm noch eingeleuchtet. All die Fragen nach Mircos Tagesablauf und nach seinem, nach dem Zustand der Ehe, dem Verhältnis zu seinem Sohn, all diese teils intimen Fragen nach allen möglichen persönlichen Lebensumständen erträgt er mit Fassung. Er muss nicht alles verstehen, er will nur, dass sie ihm Mirco zurückbringen. Wenn es hilft, dass er sein Innerstes nach außen kehrt, dann tut er das. Aber dann, als sie wissen wollen, wer bezeugen kann, dass er am Abend, als Mirco nicht nach Hause kam, vor dem Computer saß, versunken in ein technisches Problem, da begreift er. Und ihm wird schlecht. Sie verdächtigen ihn.

Sie müssen das tun. Sie schenken sich nichts und ihm auch nicht. Niemand kann das bezeugen. Seine Frau und die Kinder schliefen schon. Er war allein. Die Logdaten seines Computers fallen ihm erst nach Schrecksekunden wieder ein. Die Eltern sind raus.

Ein Anwohner meldet sich. Er hat am Freitagabend gegen zehn einen dunklen Kombi bemerkt, der dort parkte, wo Mircos Fahrrad zurückblieb. Nur eine Stunde später meldet sich ein Handballspieler der TSG Grefrath. Er ist nach dem Training an jener Stelle vorbeigekommen, und er hat ein schwankendes Fahrradlicht bemerkt. »Vielleicht ein Betrunkener«, habe er gedacht und das Tempo gedrosselt. Aber dann stellte er fest, dass dem Betrunkenen schon jemand »hilft«. Denn an der Treckerspur habe ein VW Passat Kombi B6 gestanden.

Wieder und wieder wird der junge Sportler vernommen. Wie kann man bei den Lichtverhältnissen so genaue Angaben machen? Aussagepsychologen klopfen ihn ab. Wieder und wieder werden ihm Autos mit ähnlichen Rückfronten vorgeführt, im Hellen, im Dunkeln. Die Polizisten versetzen ihn sogar in Hypnose. Vielleicht hat er noch etwas gesehen, das in seinem Unterbewussten verborgen liegt. Aber ihm fällt nichts mehr ein. Dafür ist er ein Auto-Freak. Ein Topzeuge. Ein Riesending.

Jetzt haben sie den Wagen. Eine Tatzeit. Einen groben Ablauf. Viele Fragen, erste Schlüsse: Eine Entführung an diesem Ort an einem Freitagabend ist hoch riskant. Warum macht einer das? Einhundert Meter weiter ist eine Tankstelle. Der Schichtwechsel nahe gelegener Fabriken stand unmittelbar bevor. Mirco war nur zufällig um diese Zeit unterwegs.

Der Täter muss unter großem Tatdruck gestanden haben, sagen die Fallanalytiker. Die Entführung war wahrscheinlich nicht geplant. Das Passat-Modell ist ein typisches Vertreter-Auto. Ist der Mann, der Mirco vom Fahrrad gerissen hat, ein Vertriebsmitarbeiter oder Außendienstler?

Am Tag 4 ruft eine Frau an: Ihre Mutter habe vor drei Tagen auf einem Parkplatz wenige Kilometer vom Abgreifort eine graue Jogginghose gefunden und sie mitgenommen. Sie habe gedacht, die könne dem Enkel passen. Auf dem Waschzettel stand »Mirco«. Die Ermittler schlucken. Aber sie sagen nichts. Werden nicht zornig. Sie bedanken sich. Das ist es doch, was sie gewollt haben. Immer freundlich bleiben, immer dankbar sein. Niemandem darf etwas peinlich sein. Sonst besteht die Gefahr, dass irgendjemand aus Peinlichkeit einen wertvollen Hinweis nicht gibt.

Ein Suchtrupp findet am Parkplatz auch Mircos blutverschmiertes T-Shirt und seine Socken. Später etwas entfernt noch seine Boxershorts mit den Mickymäusen drauf. Die Ermittler wissen nicht, ob sie sich freuen sollen oder weinen: Die Kleidungsstücke bringen sie einen Quantensprung voran. Denn wo Kleidung ist, sind Fremdfasern. Und die können viel erzählen. Aber die Hoffnung, den Jungen lebend wiederzusehen, schwindet. Am Samstag finden Spaziergänger an der L 39 einen von Mircos Turnschuhen. Es wird Zeit, mit Mircos Eltern zu reden.

An einem Sonntagabend zwei Wochen nach Mircos Verschwinden stehen Ingo Thiel und sein Partner Ecki das erste Mal vor dem Haus der Schlitters. Die Familie wird von Opferschützern betreut, aber die Soko-Leiter wollen die Eltern persönlich darauf vorbereiten, dass sie ihr Kind höchstwahrscheinlich nicht lebend zurückbekommen werden. Sie sollen es von ihnen erfahren und nicht von anderen.

Am Ende des Gesprächs geht Thiel in Mircos Zimmer. Sein kleines Reich, mit Bildern an der Wand: Trecker. Mähdrescher. Erntefahrzeuge. Mirco war oft mit dem Rad auf umliegenden Höfen unterwegs und sah bei der Arbeit zu. Könnte das Verbrechen damit zusammenhängen? Ist dort irgendjemand auf ihn aufmerksam geworden?

Sie haben jetzt ein ungefähres Bewegungsmuster des Täters. Der Mann, der Mirco hat, fuhr in nördlicher Richtung und hat sich nach und nach der Kleidungsstücke entledigt. Wo hat er Mirco abgelegt? Schwer verletzt oder schon tot?

Das Bewegungsprofil verrät noch mehr: Ein Fremder wäre über die Autobahn verschwunden. Der Täter hat Ortskenntnisse. Es ist einer von hier. »Das ist das unbeliebteste Täterprofil«, sagt Thiel. »Niemand hört gern: Der Täter ist unter euch. Niemand verdächtigt gern seine Nachbarn, seine Freunde.

Und niemand lebt gern mit der Angst, dass morgen wieder ein Kind verschwinden kann.«

Am Tag 14 überfliegen zwei Bundeswehrtornados des Aufklärungsgeschwaders 51 mit Wärmebildkameras Grefrath und Umgebung. Ein Studie Münchner Rechtsmediziner hat ergeben, dass aufgrund von Bakterienaktivität ortbare Hotspots in toten Körpern zehn bis fünfzehn Tage nach dem Tod ihre Höchsttemperatur erreichen: knapp neunzig Grad. Wenn das Kind schon am Tag seiner Entführung sterben musste, dann könnte man es so vielleicht finden. Doch die Kameras orten nur Tierleichen und ein paar aufgeheizte Hochstand-Dächer.

Der Einsatz ist aber nicht umsonst. Nach zwei Wochen ebbt die erste Welle des öffentlichen Interesses ab. Aber die Flieger waren nicht zu überhören, und sie zeigten allen: Es geht weiter. Wir lassen nichts unversucht. Es ist uns egal, wie lange es dauert. Es ist uns egal, was es kostet.

Ununterbrochen klingeln die Hinweis-Telefone. Leute kommen persönlich vorbei. Manche bringen auch nur Essen. Kinder laufen mit kleinen Blöcken durch die Gegend und schreiben Listen mit Kennzeichen von allen Passat Kombis, die sie sehen. Es melden sich auch Spinner. Manche wollen Geld für ihre Hinweise, manche empfangen Botschaften aus einer anderen Dimension, manche wollen dem Nachbarn eine reinwürgen. Jeder wird ernst genommen.

Es gibt die sogenannten Selbstprofiler. Meist ältere Herren mit Hang zur Selbstüberschätzung und viel Freizeit, die sich von Mordkommission zu Mordkommission telefonieren, alle Artikel lesen und dann kluge Ratschläge geben. »Und wenn du auf ihre Dossiers nicht reagierst, zeigen die dich an«, sagt Thiel. Nicht, dass ihm etwas geschieht, aber es kostet Zeit.

Eine Nonne der Abtei Mariendonk hat zur Tatzeit einen Schrei gehört. Schwester Hildegard, 79, ist überhaupt nicht hysterisch und bestens sortiert. Die Soko bestellt Angelika Braun, eine Professorin für forensische Phonetik nach Grefrath. Polizisten postieren sich und stellen den Schrei nach, die Professorin schreibt ein Gutachten, in dem sie die Lage der Schallquelle verortet. Doch die Spürhunde finden nichts.

Es gibt Hinweise auf einen Sonderling, der tagsüber durch Maisfelder streift und nachts in seinem Fiat schläft. Die Ermittler finden bei ihm unverständliche Notizen und 50 000 Euro in bar, die er mit sich herumträgt. Das ist nicht verboten. Die Notizen ergeben nichts Sachdienliches. Mit Mircos Verschwinden hat der Mann nichts zu tun. Eine alte Dame in Düsseldorf hat gehört, wie ihre Nachbarn sich laut wegen des Mordes an einem Jungen gestritten haben. Als ein Einsatzteam die Nachbarn besucht, stellt sich heraus, dass sie einen Film geguckt haben.

Ein Arbeiter einer Kunststofffabrik gerät ins Visier. Ein erwachsener Bekannter der Schlitters. Ein Lehrer macht sich verdächtig oder wird vielmehr verdächtig gemacht, von Hinweisgebern. 95 Prozent der Hinweise führen zu nichts. Leider weiß man vorher nicht, welche 95 Prozent. Was man aber weiß: wie wichtig die Unschuldsvermutung ist. Und wie wichtig Diskretion. Wenn morgen in der Zeitung stünde: Mircos Judolehrer verhört, dann ist womöglich ein Leben zerstört. Das kriegt man nie wieder aus der Welt.

Die Soko umfasst nun mehr als achtzig Leute. Beamte durchwühlen kubikmeterweise Müll von öffentlichen Parkplätzen, wilden Deponien und Containern. Täglich rücken elf Zweierteams zur weiteren Befragung aus. Ein Privatmann stellt eine selbst konstruierte Drohne zur Verfügung, mit der alle Felder im fraglichen Gebiet abgeflogen werden. 2500 Fundstücke werden sichergestellt – Kleidung, Elektronik, Sexspielzeug, Tierkadaver, Matratzen, Hausrat –, aber nichts, was eine Spur zu Mirco darstellt.

Rund um die Tatzeit werden per Radarfalle alle Autofahrer um den Abgreifort herum überprüft. Geräte zur Kennzeichenerfassung registrieren pro Tag bis zu 7000 Fahrzeugfronten: Wer fährt in welchem Rhythmus durch diese Gegend? Wer ist freitagabends oft hier?

Computerexperten beginnen, das Material auszuwerten, es mit Datenbanken über vergleichbare Fälle abzugleichen, es neu zu kombinieren.

Die Mühen der Ebene. Es gibt Tage, da passiert nichts. Nichts außer mühsamer Kleinarbeit. Spuren einpflegen im Spurenprogramm Case, Hinweise systematisieren, auf Karten starren, grübeln. Manchmal machen sich Gefühle von Sinnlosigkeit breit. Was sollen sie denn nun noch tun? Wonach suchen? Worauf warten?

Nach fünf Wochen wird die flächendeckende Suche nach Mirco Schlitter eingestellt. Die Maisfelder werden zur Ernte freigegeben. Die Bauern jagen ihre riesigen Erntemaschinen auf die Felder. Es wird höchste Zeit.

Kaum noch einer glaubt, dass man Mirco lebend findet. Aber eine Resthoffnung bleibt. Sie denken an Natascha Kampusch, das Mädchen, das sich acht Jahre nach seiner Entführung lebend aus seinem Verlies befreien konnte. Aber vermutlich kann sie jetzt nur noch der Täter zu dem Kind führen.

Wen suchen sie? Die Fallanalytiker, im Fernsehen Profiler genannt, präsentieren ihre Theorien. Sie sind Wissenschaftler, keine Zauberer wie jene in den Krimis. An jede Spur und jeden Hinweis haben sie ihre ganz eigenen Fragen: Warum hat der mutmaßliche Täter etwas getan? Warum so und nicht anders? Und was verrät das über ihn?

Warum hat er sein Opfer entkleidet? Warum hat er seine Tat einhundert Meter vor einem Ortseingang begangen, wo die Gefahr, gesehen zu werden, sehr hoch war? Warum hat er die

Kleidung, mögliche Spurenträger, so hektisch entsorgt? Hatte er einen Plan für die Tat? Hatte er einen Plan für danach?

Nach allem, was zusammengetragen wurde, suchen sie einen Mann, zwischen dreißig und fünfundfünfzig. Einen Mann mit Ortskenntnis, der hier wohnt, der hier mal gewohnt hat, der beruflich hier zu tun hat. Einen Mann, mittlere Angestelltenebene, der sich vielleicht schon einen Dienstwagen erarbeitet hat, im Vertrieb oder im technischen Support tätig. Dass er sein Opfer irgendwo in einem Gebäude versteckt, ist unwahrscheinlich, denn dann hätte er auch die Kleidung dorthin mitgenommen. Einen Mann, der wahrscheinlich nicht allein lebt und deswegen schnell alles loswerden musste. Möglicherweise ist er verheiratet, hat selbst Kinder. Einen Mann, der seine Tat nicht sorgfältig geplant hat, unter hohem Druck stand, die Tat begehen »musste«. Sie suchen einen Mann, der vielleicht nach der Tat durch erhöhten Alkoholkonsum auffiel, durch besondere Aktivität oder weil er sich zurückzog. Der auf einmal bestimmte Straßen und Wege mied. Jemanden, der sein Auto plötzlich nicht mehr mochte, der sein Fahrzeug auffällig reinigte, verkaufte oder als gestohlen meldete.

Welcher Tag, welche Spur, welche Idee die Wende bringt, weiß man immer erst hinterher. Nach dem fünftausendsten Hinweis stellt sich Euphorie so schnell nicht mehr ein. Nach dem sechsten Verdächtigen überwiegt die Skepsis die Hoffnung. Nach dem x-ten Anruf aus dem Labor wird das Einpflegen der Ergebnisse Routine.

Und doch: Dass die Faserspuren der Jogginghose sie weiterführen würden, das war ihnen sofort klar. Jetzt meldet sich das Labor. Ja. Es gibt Fremdfasern. Feuerfest. Orange. Ist ein Feuerwehrmann der Täter?

Irrtum. Die Faserspuren der Jogginghose liefern den Hinweis auf eine Polstervariante des VW Passat Kombi, Modell B6. Endlich.

Endlich wissen sie, was sie suchen. Volkswagen liefert Fahrgestellnummern von 155 000 Fahrzeugen. Das Kraftfahrtbundesamt übermittelt die Kennzeichen und Daten von jenen 105 000 Wagen, die in Deutschland angemeldet wurden. Auch an die Niederlande, deren Grenze zehn Kilometer entfernt liegt, geht ein Rechtshilfeersuchen. »Irgendwo da drin ist unser Mann«, sagt Ingo Thiel seinen Leuten. »Wir müssen ihn nur noch da rausholen.«

»Nur«. Nicht witzig. Es gibt siebenundzwanzig Stellen, an denen der Fahrer oder Insassen mit den Teilen oder Polstern eines Fahrzeugs in Berührung kommen können und dort Spuren hinterlassen. Es müssten theoretisch allein in den deutschen Passats 105 000-mal siebenundzwanzig Stellen mit dünner Folie abgeklebt und Faserproben entnommen werden, um eine DNA-Spur von Mirco zu suchen. Nur.

Sie würden Jahre brauchen. Also müssen sie filtern: Halter aus der Region haben Priorität. Und Halter, die regelmäßig in der Region unterwegs sind. Die Liste der Verkehrsvergehen wird durchforstet, um zu sehen, welcher Auswärtige hier geblitzt wurde oder einen Strafzettel bekommen hat. Alle Aufnahmen von Passat Kombis aus der Umgebung werden besorgt: in Tankstellen, Parkhäusern, Waschanlagen. Aus den ungefähr 4000 Passats des Kreises müssen an den jeweils siebenundzwanzig Stellen Faserproben entnommen werden. Teams klingeln bei Leuten, verrichten die Fleißarbeit mit dem Klebeset. Fast alle verhalten sich kooperativ. Geben den Ermittlern die Schlüssel, warten, manche kochen ihnen noch einen Kaffee. »Gerade mal drei oder vier Leute machten von ihrem Recht Gebrauch, den Test zu verweigern«, sagt Thiel. »Merkwürdigerweise allesamt Lehrer, die an Schulen hier im Kreis unterrichten.«

Am 12. November wird Mircos Handy an der Wackertapp-Mühle an der L 39 nördlich von Grefrath gefunden. Das Gerät hatte sich am 3. September um 23.18 Uhr abgemeldet. Zehn Wochen sind vergangen. Ob das Telefon ausgeschaltet wurde oder sich ausgeloggt hat oder der Akku leer war, ist nicht mehr zu ermitteln. Der Fund passt zur Route des Täters. Ist Mirco irgendwo hier?

Das Gebiet um die Mühle wird erneut durchsucht. Teile des Suchteams tragen Taucheranzüge, die Gegend ist sumpfig, die Männer versinken teilweise bis zur Hüfte im Morast. »Gibt das Moor das Geheimnis um Mirco jetzt frei?«, so eine Zeitung. Das Moor denkt nicht daran. Keine Spur von Mirco.

Bei einer erneuten Überprüfung aller Mitarbeiter der Kunststofffabrik, die um den Tatzeitpunkt Schichtwechsel hatten, stellt sich im Dezember heraus, dass einer der Arbeiter seinen Dienst nicht angetreten hat, obwohl er eingestempelt war. Ein perfekt konstruiertes Alibi?

Der Mann wird nicht wichtig werden, aber das wissen sie noch nicht.

Man muss lernen, mit Enttäuschungen zu leben, mit Rückschlägen, man muss Geduld haben, fest an etwas glauben und genauso stark zweifeln. Man muss immer auch das Gegenteil von allem in Erwägung ziehen. Man muss Tausende Ideen haben, Tausende Spuren. Irgendwann wird die entscheidende dabei sein.

Sie kleben und kleben. Draußen sammeln alle verfügbaren Kräfte weiter Faserspuren, drinnen grübeln die »Hacker«, so nennen sie ihre Computeranalysten, über sinnvolle Möglichkeiten, die riesigen Datenmengen weiter zu reduzieren. Und einer von ihnen, genannt Siggi, hat die entscheidende Idee: Er nimmt sich noch einmal die Daten der Mobilfunkstationen vor. Er schaut, welche Handynummern am 3. September an der Funkzelle beim Abgreifort eingeloggt waren. Dann schaut er, welche von ihnen auch mit den anderen Sendemasten verbunden waren, dort, wo die Kleidungsstücke gefunden wurden. Er sucht, welche Nummer an jenem Abend in den Funkzellen eingeloggt war, die mit dem mutmaßlichen Bewegungsprofil des Täters übereinstimmen. Und er findet genau eine Nummer. Siggi zwingt sich durchzuatmen. Das muss alles nichts heißen. Funkzellen haben eine große Reichweite.

Sie fragen bei der Bundesnetzagentur, auf wen die Nummer angemeldet ist. Die Agentur antwortet: Inhaber des Handys ist die Telekom selbst. Sie fragen die Telekom. Antwort: Nutzer ist ein Mitarbeiter des Unternehmens. Die Soko will den Namen. Sofort. Die Telekom will einen richterlichen Beschluss. Es ist Freitag. Panik. Was, wenn der Mann gewarnt wird. Das Profiling ergab, dass der Täter unter großem Druck stand, als er Mirco angriff. Und: Vermutlich ist er kein Ersttäter.

Am Montag kommt der richterliche Beschluss. Die Telekom faxt den Namen des Nutzers: Es ist ein Außendienstmitarbeiter, fünfundvierzig Jahre alt, verheiratet, drei Kinder, wohnhaft in Schwalmtal, zwanzig Kilometer von Grefrath entfernt.

Olaf H. hat einen silbernen Passat Kombi B6 mit Münsteraner Kennzeichen. Genauer: hatte. Er hat den Leasingwagen direkt nach Beginn der Großfahndung zurückgegeben. Nachts wirken auch silberne Fahrzeuge dunkel.

Jetzt nur die Ruhe bewahren. Keinen Fehler machen. An Olaf H. können sie erst heran, wenn sie den Passat haben. Wenn sie absolut sicher sind.

Ein Händler aus Luxemburg hat das Auto übernommen. Er hat es an einen Russen verkauft. Der wollte es so nicht haben, die Polster hatten Flecken. Der Händler nahm den Wagen vorübergehend zurück. Aber jetzt ist er gerade in den Urlaub geflogen, nach Bali.

Aber der Mann ist hilfsbereit. Eine Woche später kommt er aus Bali zurück. Am Montag in der Früh rollt er mit seinem Passat

über die deutsch-luxemburgische Grenze, damit die Spurensicherer ohne zeitraubendes Rechtshilfeersuchen die siebenundzwanzig Faserproben nehmen können.

Treffer. Mircos DNA. Es ist »ihr« Auto.

In den Morgenstunden des 26. Januar wird Mircos Mörder
festgenommen.

Thiel bleibt abseits stehen. Er sieht ihn nur aus der Ferne.
Die vornübergebeugte Gestalt. Ecki ist bei dem Mann. Ecki hat
die erste Vernehmung nach der Festnahme geführt. Er war an
der gleichen Schule wie Olaf H., so etwas kann einen Hauch
von Beziehung schaffen. Eine Beziehung ist nötig, um einen
Täter zum Sprechen zu bringen. Olaf H. hat Ecki noch am Vormittag gestanden, das Kind getötet zu haben. Er hat nicht gesagt, warum. Olaf H. ist ruhig und raucht eine Zigarette, als er
Ecki zum toten Mirco führt.

Am 9. Februar 2011 wird Mirco Schlitter auf dem Grefrather
Friedhof beerdigt. Die Eltern wollen das Begräbnis im engsten
Freundeskreis abhalten, doch 400 Erwachsene und Kinder geben dem Zehnjährigen das letzte Geleit. Mircos Eltern verteilen
am Grab Blumensamen in Tütchen mit Mircos Bild darauf.
Olaf H. lebt mit Frau und zweijähriger Tochter in einem Häus-
chen nicht mal drei Kilometer von Ingo Thiel entfernt. Am Tag,
nachdem er Mirco umgebracht hatte, hat er sein Auto gereinigt
und ist mit seiner Familie auf ein Nena-Konzert gefahren. Es ist
der nette Mann von nebenan, ruhig, höflich, in seinem Innern
ein Vulkan.

Die Fallanalytiker bezweifeln, dass er ein Ersttäter ist. Er ist
schon fünfundvierzig. Ein hohes Alter für jemanden, der das
erste Mal eine solche Grenze überschreitet. Er hatte eine große
Plastikfolie, Schnur und ein Messer in seinem Wagen. Und der
Datenabgleich hat ergeben, dass er zumindest in der Nähe zweier
Orte war zu Zeiten, als dort Kinder verschwunden sind.

Aber Olaf H. sagt nichts dazu.

Am 12. Juli beginnt der Prozess. Die Schlitters sind Nebenkläger. Sie wollen dem Mörder ihres Kindes ins Gesicht sehen, sie wollen Antworten darauf, wie Mirco gestorben ist und warum er sterben musste. Mircos Freund Maik steht am Abend davor bei Schlitters vor der Haustür. Er bringt ihnen Sonnenblumen, groß und leuchtend und kräftig. Sie stammen aus den Samen von Mircos Beerdigung.

Das Gericht verurteilt Olaf H. zu lebenslanger Haft mit besonderer Schwere der Schuld. Antworten bekommen die Schlitters nicht. Während der Untersuchungshaft schneidet Olaf H. Bilder von Mirco aus den Zeitungen und hängt sie in seine Zelle.

Andere Morde können ihm nicht nachgewiesen werden.

Ingo Thiel und sein Partner Ecki arbeiten noch heute zusammen im KK11 in Mönchengladbach. Über die Soko Mirco reden sie nicht mehr häufig. Gelegentlich telefoniert Thiel mit Mircos Eltern.

Die Schlitters haben ihren Sohn verloren, aber ihre Familie gerettet. Ihre Ehe ist nicht zerbrochen, wie es so vielen passiert, wenn ein Kind stirbt. Sie machen sich gegenseitig keine Vorwürfe. Sie haben ihren starken Glauben nicht verloren und hoffen, ihrem Mirco eines Tages wieder zu begegnen. »Alles, was geschieht, ist in Gottes Hand«, sagen sie. Mircos Eltern fahren heute einen Passat Kombi B6.

Mircos Geschwister denken viel an ihren Bruder. Einmal wurde die Schwester von einer Referendarin, die nicht aus Grefrath stammte, gefragt, ob man denen, die die Juden umgebracht haben, verzeihen könne. Mircos Schwester sagte: Ja. Die Referendarin war irritiert ob der Klarheit des Mädchens und sagte: Stell dir mal vor, jemand hätte deinen Bruder umgebracht. Die Klasse erstarrte. Niemand sagte etwas.

Die Männer und Frauen der Soko Mirco sind längst in ihre Dezernate zurückgekehrt. Manchmal, wenn sie sich zufällig irgendwo treffen, nicken sie sich zu oder nehmen sich in den Arm und fühlen sich verbunden, wie durch ein unsichtbares Band. Sie haben Mirco nicht lebend zurückbringen können, aber sie trösten sich damit, dass sie vielleicht anderen Kindern das Leben gerettet haben.

In seinen Fängen

Sie liebt ihn. Sie folgt ihm. Bis er sie verrät

von FÉLICE GRITTI

Norman Volker Franz sägt und sägt und sägt. Bis eben war es dunkel über dem Gefängnis in Hagen nahe Dortmund, allmählich aber fließt ein bisschen Licht in die Welt. Seit Stunden, so lässt es sich rekonstruieren, treibt Norman die Sägeblätter, besetzt mit Diamantsplittern, durch die Gitterstäbe.

Seine Hände sind wund, er hört nicht auf, Millimeter um Millimeter sägt er, drängt er all dem entgegen, was er zu verdienen meint: Freiheit, Glück, ein Leben mit der Frau, die ihn liebt, die er liebt.

Sandra Franz wartet nahe dem Gefängnis in einem roten VW Polo. Sie hat Geld von der Bank geholt, 1500 Mark. Im Auto liegen Essen und Kleidung, außerdem zwei gefälschte Pässe. Und eine Pistole der Marke Česká, dazu zwei gefüllte Magazine, Kaliber 9 mm Luger.

Es ist etwa sechs Uhr an diesem 11. März 1997, als Norman den letzten Stab durchsägt. Er hat Bettlaken zusammengeknotet und seilt sich ab. Später wird er Sandra erzählen, er habe in der Zelle eine CD aufgelegt, in Dauerschleife: »Time To Say Goodbye«. Er wird auch erzählen, er habe sich vor dem Dienstzimmer der Wachen abgeseilt, einer habe sich, ihm den Rücken zugewandt, gerade Kaffee eingeschenkt. Norman Volker Franz wird viel erzählen.

Unten, in Freiheit, rennt er los. Sandra sieht einen Mann, er läuft auf sie zu durch die Dämmerung, und als sie ihn endlich erkennt, wird sie nervös. Kurz packt sie Panik.

Sie fahren los, sie halten Händchen, sie freuen sich, sie weinen. Bald geht die Sonne auf. Bald werden drei Menschen sterben.

Ein Zielfahnder des Landeskriminalamts Nordrhein-Westfalen über Norman Volker Franz: »Er kann ein sehr netter Mensch sein. Aber im Erreichen von Zielen ist er kaltblütig. Norman war immer getrieben von dem Wunsch, schnell viel Geld zu haben. Familie und Kinder zu haben. Ein schönes Leben zu haben.«

Hendrik Weber, Staatsanwalt aus Halle (Saale), über Norman Volker Franz: »Es gibt Verfahren, da sagen Sie, die hätte ich gerne noch geklärt. Norman Volker an vorderster Front.«

Dr. Steffen Dauer, psychiatrischer Gutachter von Sandra Franz, über Norman Volker Franz: »Er muss gefühlskalt sein, sonst hätte er die Leute nicht so erschießen können. Aber er war empathisch. Er ist zu einer intensiven Liebe in der Lage.«

Für Norman beginnt es damit, dass er in seinen 7er-BMW steigt und in eine Dortmunder Wohnstraße fährt, unweit des Borsigplatzes in der Nordstadt. Arbeiterviertel, sein Viertel. Er hat gefälschte Markenjeans anprobiert, die ein Freund unter der Hand verkauft, und bringt sie ihm zurück. Zu Hause liegt Sandra, seine Freundin, schwanger im Bett. Als er ankommt, sieht er den Freund auf der Straße im Gespräch mit einem Mann. Abseits stehen zwei Gruppen. Auf der einen Seite zwei fremde Männer. Auf der anderen Normans Clique, die Clique des Jeans-Schiebers. Sie kennen sich lange, Norman steigt aus. Er fragt, was los ist. Es ist Mitte Mai 1995.

Ein Zielfahnder des Landeskriminalamts Nordrhein-Westfalen über Sandra Franz: »Sandra Franz und er, die waren füreinander die ganz, ganz große Liebe. Sandra hat zu ihm aufgeschaut. Sie war ihm schon hörig.«

Staatsanwalt Weber über Sandra Franz: »Sandra Franz war clever. Die hat zur Tat in Halle gesagt: ›Ich konnte doch nicht ahnen, dass er schießt.‹ Das hab ich ihr nicht abgenommen.«

Norman Volker Franz in einem Brief über Sandra Franz: »Niemand weiß, wie schön es ist, von dir im Arm gehalten zu werden,[…] niemand weiß, wie schön es ist, von dir getröstet zu werden, und absolut niemand weiß, wie schön es ist, so hingebungsvoll von dir geliebt zu werden. Das ist das absolut Größte, und was zählt da schon alles andere. Mit deiner Liebe gibst du mir mehr, als sich jeder Mensch erträumen kann.«

Für Sandra beginnt es damit, dass sie auf einen Spielplatz geht, irgendwo in Dortmund. Sie ist 17 Jahre alt und unglücklich. Ein paar junge Männer kommen vorbei, mit einem kommt sie ins Gespräch. Er ist ordentlich angezogen, kräftig, nicht hübsch, nicht hässlich, vor allem aber: nett. Einfach nett. Sie kennt aus ihrem Leben nicht viel Nettes. Er sagt, er heiße Norman. Es ist 1994.

Es lässt sich viel über Norman und Sandra Franz herausfinden. Man kann alte Gerichtsurteile lesen und unzählige Presseberichte. Man kann mit Dr. Steffen Dauer sprechen, dem psychiatrischen Gutachter von Sandra Franz. Man kann sein ausführliches Gutachten lesen, auch Briefe von Norman an Sandra, über viele Seiten. Man kann mit den Zielfahndern des Landeskriminalamts Nordrhein-Westfalen sprechen, und nicht zuletzt mit dem Halleschen Staatsanwalt Hendrik Weber.

Mit Norman und Sandra kann man nicht sprechen. Sandra reagiert nicht, wenn man es versucht.

Und Norman ist weg.

Am Ende lässt sich dennoch rekonstruieren, was diese beiden Menschen taten, vieles davon wenigstens. Oft auch, was sie dachten und was sie fühlten. All das wird zu einer Geschichte, die von Brutalität und Zärtlichkeit handelt, von Gefangenschaft und Freiheit. Von Abhängigkeit. Auch von Liebe – und Verrat.

Norman, der nette junge Mann, wurde 24 Jahre vor dem Treffen auf dem Spielplatz geboren, an einem Januartag des Jahres 1970. Norman ist nahe des Borsigplatzes aufgewachsen, graue Gegend, raue Gegend, er hat gelernt zu nehmen. Mitte der 80er-Jahre verlässt er die Hauptschule, erlangt dann die Fachoberschulreife, macht eine Elektriker-Lehre. Im Jahr 1990 geht er zur Bundeswehr, danach aufs Westfalenkolleg. Er möchte das Abitur nachholen, später vielleicht Pädagogik studieren oder Soziologie. Er schreibt gute Noten und trinkt keinen Alkohol, ist strebsam, intelligent.

Seine Freunde sammeln Vorstrafen wegen Betrugs und Körperverletzung, wegen Unfallflucht und Fahren ohne Führerschein. Einer aus dieser Clique, Andreas Prinz*, ihr Anführer, steigt 1994 ins Geschäft mit gefälschten Markenjeans ein. Unklar, wie kriminell die Bande wirklich ist. Womöglich verschieben sie Autos, nach der Wende planen sie Überfälle im Osten. Sie haben Waffen. 1993 kauft Norman ein Schrotgewehr mit zwanzig Patronen, 1994 kundschaften sie in Halle (Saale) einen Metro-Markt aus. Für Norman fängt es mit Straßenkriminalität an, später beraubt er gelegentlich Menschen.

Er macht noch die Fachoberschulreife, aber er fährt jetzt BMW. Er gibt nicht an damit, bleibt höflich, schüchtern fast, wohnt weiter bei seiner Mutter in einem Zimmer mit Ledergarnitur.

Norman hat Geld, auch Ansehen. Eine Frau hat er nicht.

1994, auf einem Spielplatz irgendwo in Dortmund, verliebt sich der nette junge Mann in Sandra.

Sandra ist sieben Jahre jünger als er, geboren Anfang des Jahres 1977. Norman mag gelernt haben zu nehmen, was er will. Sandra hat gelernt zu dulden, was sie nicht will. Sie wächst auf als erstes Kind junger Eltern, ihr Vater ist Arbeiter bei der Bundesbahn, die Mutter Alkoholikerin. Die Familie lebt in einem Hochhaus in der Dortmunder Nordstadt, Norman wohnt nicht weit entfernt.

Eines Morgens, als Sandra fünf ist, küsst sie ihren kleinen Bruder. Er wacht nicht auf. Vielleicht eine Krankheit, vielleicht plötzlicher Kindstod. Etwas zerbricht zwischen den Eltern, die Mutter trinkt mehr und mehr.

Im Jahr nach dem Tod ihres Bruders wird sie eingeschult. Nach Schulschluss steht sie vor der verschlossenen Tür, manchmal stundenlang, die Mutter ist unterwegs oder liegt betrunken im Bett. Sandra macht kaum Hausaufgaben. Der Vater hat nach Feierabend nur wenig Zeit. Sandra muss die erste Klasse wiederholen.

Als sie sieben ist, kriegt sie eine kleine Schwester. Sie gibt ihr die Liebe, die sie selbst nicht bekommt.

Nachdem Sandra auch die dritte Klasse wiederholen muss, entzieht das Jugendamt den Eltern das Sorgerecht und schickt die Kinder zu den Großeltern. Die Mutter geht auf Entziehungskur. Ein paar Jahre geht es bergauf, die Eltern finden wieder zueinander, die Mutter bleibt trocken, Sandras Noten bessern sich. Nach der vierten Klasse macht man ihr Mut, auf die Realschule zu gehen. Vielleicht versteht sie zum ersten Mal, dass sie sich trauen darf, etwas vom Leben zu erwarten.

Die Erwartung wird enttäuscht. Mit dreizehn kommt sie zurück zu ihren Eltern. Sie streiten immer heftiger, die Noten werden wieder schlechter. Sandra muss auf die Hauptschule. Nach ihrem Abschluss 1993 will sie Friseurin werden, die Mutter schickt sie in eine Fleischerei, dort hat sie ihrer Tochter eine Lehrstelle organisiert. Sandra duldet es, obwohl sie es hasst. Sie muss verfettete Pfannen schrubben, den Hund der Chefin ausführen, ihr Auto reinigen, ihre Wohnung putzen.

Einmal, im Freibad, da ist Sandra sechzehn Jahre alt, halten drei Jungs sie fest, begrapschen sie, einer steckt ihr seine Zunge in den Mund, Sandra beißt zu, dann geht sie zum Bademeister. Sie ist ein schönes Mädchen, schlank, dunkle Haare. Der Bademeister sagt, so wie sie aussehe, brauche sie sich nicht wundern. Vielleicht gibt sie auf, sich zu wundern. Über das Leben, über die Familie, über die Männer. Und vielleicht erlebt sie dann im Jahr 1994, auf dem Spielplatz irgendwo in Dortmund, doch noch ein kleines Wunder.

Norman, der nette junge Mann, ist anders als die Jungs im Freibad. Er verliebt sich auf der Stelle, sie nicht. Nach drei Tagen fragt er sie, ob sie mit ihm gehen wolle. Sie lehnt ab. Sie freunden sich dennoch an. Einmal liegen sie gemeinsam im Bett, er bedrängt sie nicht. Es fühlt sich an, als könne sie sich auf Norman verlassen. Es gibt nicht viele, auf die sie sich verlassen kann.

Sie verbringen viel Zeit miteinander, freundschaftlich. Sandra, die junge Fleischfachverkäuferin in Ausbildung, die schlechte Schülerin, die Tochter aus kaputtem Haus, ist beeindruckt von Norman, dem selbstständigen Erwachsenen, dem guten Schüler, dem jungen Mann mit Geld und 7er-BMW.

Er übt mit ihrer kleinen Schwester Mathe am Küchentisch, einmal fährt er ihre Mutter zur Arbeit: mit 220 km/h über die Autobahn, Knie am Lenkrad, Musik aufgedreht, er singt sehr laut mit. Ein fröhlicher Junge, so ein netter. Norman interessiert sich für Sandra und ihre Meinung, er achtet sie und ihre Wünsche, er gibt ihr Sicherheit, Orientierung, Liebe. Immer hat sie sich danach gesehnt, nie war es ihr vergönnt, nie hat sie einen wie ihn gekannt.

Ein Jahr geht das so. Eines Abends dann, als sie und Norman mit Freunden Filme auf VHS-Kassetten schauen, steigt in ihr ein Gefühl auf, als werde sie nie wieder ohne Norman sein. So erzählt sie es später ihrem psychiatrischen Gutachter. Es ist offenbar kein schlechtes Gefühl. Sie fragt ihn, ob sie jetzt zusammenbleiben. Norman lacht. Dann sagt er: Das habe er doch die ganze Zeit gewollt.

Norman macht ihr Mut, die Ausbildung abzubrechen. Sie erzwingt die Kündigung durch Fehlstunden in der Berufsschule. Ihre Mutter ist außer sich. Nach dem Streit zieht sie zu Norman und seiner Mutter, er hat es sich gewünscht, sie auch. Norman sagt, sie müsse nicht arbeiten. Sie solle sich nicht kümmern, woher das ganze Geld komme. Sie fragt nicht nach. 1995 ist sie schwanger.

Norman in einem Brief an Sandra: »Schöner kann man es ja gar nicht mehr haben als wir beide damals. Und ich Idiot werfe alles weg, dafür hätte ich wirklich die Todesstrafe verdient.«

Wegen Übelkeit liegt sie im Bett an jenem Tag im Mai 1995, als Norman die gefälschten Jeans zurückbringt. Als er Andreas Prinz im Gespräch mit dem fremden Mann sieht, in jener Wohnstraße im Dortmunder Norden. Normans Kumpels sagen ihm, der Mann und seine zwei Begleiter hätten Andreas' Frau bedroht.

Tatsächlich geht es um Geld. Der Mann, ein Pole, der im Gerichtsurteil nur als »Pawlowski« auftaucht, verdient sein Geld mit Zigarettenschmuggel, Prinz hatte mit ihm Geschäfte gemacht. Ein Bekannter von Prinz aber stahl Zigaretten aus der Garage des Zigarettenschmugglers. Pawlowski machte dafür Prinz verantwortlich.

An jenem Tag im Mai haben Pawlowski und seine zwei Begleiter eine Flasche Wodka getrunken. Am Abend ist er dann auf die Idee gekommen, von Prinz sein Geld zurückzufordern, er will Schadenersatz für den Zigarettendiebstahl. Prinz ist nicht zu Hause gewesen, nur seine Frau, die aber hat ihren Mann verständigt, der wiederum seine Kumpels, und nun stehen also Prinz und Pawlowski auf der Straße und haben Dinge zu klären.

Nach Ende des Gesprächs, kurz nach 22 Uhr, treffen sich die sechs Kumpels in Normans Wohnung. Sie haben sich bewaffnet, zwei Pistolen, ein Baseballschläger, ein Messer. Sandra liegt nebenan im Bett. In einer Stunde soll Prinz die Polen treffen, auf einem McDonald's-Parkplatz, zur Geldübergabe. Irgendjemand hat eine andere Idee.

Irgendjemand holt eine Handgranate hervor. Einer protestiert, Pawlowskis Begleiter seien womöglich unschuldig. Dann, sagen die anderen, hätten sie Pech gehabt. Wenig später geht Norman ins Nebenzimmer und sagt Sandra, er müsse noch einmal weg. Er sagt, womöglich werde er einen schweren Fehler begehen. Unklar, wie Sandra reagiert, klar ist nur: Sie bleibt zu Hause. Die Männer verlassen die Wohnung. Norman nimmt sein Schrotgewehr mit.

Sie fahren mit zwei Wagen. Prinz nimmt seinen Honda Prelude, gemeinsam mit einem Freund, die anderen sitzen bei Norman im 7er-BMW. Auf dem McDonald's-Parkplatz sagt Prinz den Polen, er müsse das Geld bei einem Freund holen, sie sollten ihm folgen. Norman fährt den beiden Autos hinterher, mit Abstand. Nach zehn Kilometern biegen sie ab in Richtung Wannebachtal. Ein Ausflugsgebiet, dünn besiedelt, abgelegen.

Irgendwann lässt Prinz seinen Honda halten, die Polen stoppen etwa dreißig Meter hinter ihm. Noch im Auto zieht Prinz den Sicherungssplint der Handgranate, hält den Verschlussbügel gedrückt, steckt sie in die Tasche seiner Jogginghose. Dann steigt er aus, geht zum VW Golf der Polen und schmeißt durchs halb offene Fenster eine Splitterhandgranate jugoslawischer Bauart, Modell M52, 100 Gramm TNT, 3000 Stahlkugeln.

Wenige Sekunden später hört Norman in seinem 7er-BMW einen Knall, hinter der nächsten Kurve sieht er den Golf der Polen brennen. Die Explosion hat die Scheiben hinausgeschleudert, das Benzin im Tank hat sich entzündet. Keiner der Insassen ist sofort tot.

Norman hält. Pawlowski steckt fest im Golf, er verbrennt bei lebendigem Leibe. Die beiden anderen gelangen hinaus, der eine stolpert über den nächsten Zaun, der andere kriecht durch den Feuerschein, sein Unterschenkel zerfetzt, im Graben bleibt er liegen. Normans Beifahrer schießt ihm in den Kopf. Auch Norman verlässt das Auto, das Schrotgewehr in der Hand.

Ob er schießt, ist unklar. Er wird es später bestreiten. Irgendjemand aber schießt dem brennenden Pawlowski noch einmal in die Brust, aufgesetzt, mit Normans Schrotgewehr. Norman wird sagen, sein Beifahrer habe von ihm das Gewehr verlangt. Der Beifahrer wird sagen, er habe das Gewehr nie in der Hand gehabt.

Der dritte Pole flieht über eine Weide in den nächsten Wald. Sein Trommelfell ist zerfetzt, sein Bein voller Splitter, er kommt für einen Monat ins Krankenhaus und dann ins Zeugenschutzprogramm.

Norman entsorgt die Tatwaffen noch am selben Abend auf dem Werksgelände des Dortmunder Stahlproduzenten Hoesch in einer Lore mit glühendem Hochofenabfall. Dann fährt er nach Hause zu Sandra. Er hat sein zweites Gesicht gezeigt, er verbirgt es vor ihr. Er sagt, sie müssten fliehen. Er sagt nicht, warum.

Sie verstecken sich zunächst in der leer stehenden Wohnung eines Freundes. Sandra entscheidet sich, die Schwangerschaft abzubrechen. Norman hat sie nicht gedrängt. Es fühlt sich an, als sei sie zu jung. Und als gerate ihr Leben gerade aus der Bahn. Ohne Norman wäre alles nicht passiert, aber was soll sie ohne Norman?

Nach zwei Wochen fliehen die beiden nach Mallorca, in die Finca eines Bekannten. Erst dort erfährt sie, dass ihr Freund unter dem dringenden Verdacht des mehrfachen Mordes gesucht wird, sie sieht einen Fahndungsaufruf bei »Aktenzeichen XY«. Sie spricht mit ihm, fragt ihn, macht ihm Vorwürfe. Er sagt, er habe nur das Auto gefahren. Er weint. Sie sagt nichts mehr.

Er weint oft, wenn sie wütend auf ihn ist. Er lernt, dass das hilft.

Nach einer Weile fliehen Norman und Sandra nach Amsterdam, später weiter nach Osnabrück.

Norman ruft einen verwandten Menschen an. Dessen Telefon wird abgehört. Kurz darauf, Mitte Juli 1995, wird Norman festgenommen. Sandra ist dabei. Gemeinsam sitzen sie im Polizeiauto. Sie weinen viel.

Im Februar 1996, als der Prozess begonnen hat, sitzt Norman in Fußfesseln auf der Anklagebank. Sandra bekommt kaum etwas mit von der Verhandlung. Sie und Norman schauen sich in die Augen, die ganze Zeit. Norman sagt aus, er habe nicht geschossen. Die Handgranate habe ihn überrascht, er sei nicht eingeweiht gewesen. Am Ende der Verhandlung steht er auf und weint und sagt, er liebe Sandra. Er wolle doch nur mit ihr zusammen sein. Er bittet um eine faire Chance.

Das Gericht glaubt ihm nicht. Es kann nicht klären, ob er geschossen hat oder nicht. Doch es kommt zu der Überzeugung, dass es einen Plan gab, die Polen zu töten. Prinz sollte die Handgranate ins Auto werfen, Norman und die anderen sollten Überlebende erschießen. Alle Täter hätten das gewusst. Sie alle hätten in Tötungsabsicht gehandelt, gemeinschaftlich.

Mitte März 1996 verurteilt das Gericht Norman Volker Franz zu einer lebenslänglichen Freiheitsstrafe und stellt die besondere Schwere der Schuld fest.

Sandra hat bis zuletzt an einen Freispruch geglaubt, an Normans Unschuld glaubt sie noch immer. Es darf nicht sein. Nach dem Urteil spürt sie eine große Leere in sich, wohl auch in ihrem Leben. Norman ist weg. Sie beschließt, auf ihn zu warten.

Norman in einem Brief an Sandra: »[E]s muss ja erst der Hammer kommen, wenn ich total glücklich bin, so glücklich, wie es mehr gar nicht mehr geht. Wo ich endlich nicht mehr allein bin, wo ich den Menschen fürs Leben gefunden habe. […] Genau dann schlägt das Schicksal zu, und es gibt einfach keine Ruhe, […] kein Erbarmen, keine Gnade, keine Rücksicht, kein Verständnis, keine Hilfe, absolut gar nichts. Ich wünschte mir, ich könnte die ganze Welt in die Luft sprengen, damit alle wissen, wie man sich fühlt, wenn man in Stücke gerissen wird wie wir.«

Norman kommt in die JVA Wuppertal. Sandra nutzt jeden Besuchstag und verliert Gewicht. Im Juni 1996 leiht sie sich ein weißes Kleid aus einem Geschäft für Brautmoden, in der JVA Wuppertal steht eine Hochzeitstorte auf dem Tisch. Aus dem Kassettenrekorder schmachtet Elton John.

Nach der Hochzeit flüstert Norman manchmal, wenn Sandra ihn besucht. Ausbruch, Flucht. Sandra glaubt nicht daran. Nach einem halben Jahr wird er in die JVA Hagen verlegt. Sandra wohnt noch bei ihrer Schwiegermutter, unterstützt sie, kümmert sich aber auch um ihre kleine Schwester, ihre Eltern lassen sich scheiden. Die Last ist groß, sie muss sie alleine tragen, Norman ist nicht da.

Aber er sagt, alles sei geregelt. Er müsse nur noch raus. Er weint. Er sieht immer schlechter aus. Er guckt sie immer so an. Ob sie ihn denn nicht mehr liebe? Bald spricht er von Selbstmord.

Es geschieht, dass sie nicht mehr anders kann.

Anfang März 1997 klebt Sandra diamantbesetzte Sägeblätter mit Tesafilm an die Innenseite ihres Gürtels und fährt ins Gefängnis. Es piept in der Sicherheitsschleuse, doch das kennen die Bediensteten schon, die Schnalle aus Metall, bei der jungen Frau piept es ja immer. Im Besucherraum steckt sie die Sägeblätter Norman zu. Er sagt, sie solle am nächsten Morgen vor dem Gefängnis auf ihn warten. Wenn er es schaffe, werde er da sein. Wenn nicht, werde er tot sein.

Am nächsten Morgen wartet Sandra im roten VW Polo, bis in der Dämmerung ein Mann auf sie zuläuft. Die gefälschten Pässe und die Waffe hat angeblich ein dritter Fluchthelfer besorgt, dessen Identität Sandra später nie preisgab. Sie freuen sich, sie weinen.

Sie fahren hinein in den Morgen, und als sie im Radio von Normans Ausbruch hören, drückt Sandra seine Hand. Norman fährt nach Osten, in irgendeiner Stadt machen sie halt. Wie die Stadt heißt, weiß Sandra nicht, so wie sie manches nicht weiß. Sie gehen spazieren in einem großen Park mit Schloss, sie setzen sich auf eine Wiese, sie reden. Sandra will wissen, wie es weitergeht. Er habe doch gesagt, dass alles geregelt sei. Dass er nur noch raus müsse.

Norman sagt, er wolle nach Portugal. Dort lieferten sie niemanden aus, der lebenslang ins Gefängnis muss. Aber wie? Sie haben Sandras 1500 Mark, mehr nicht. Es steht nun keine Mauer mehr zwischen Norman und dem schönen Leben. Es fehlt jetzt nur noch das Geld.

Sandra schimpft mit Norman, sie bleibt bei Norman. Nach ein paar Nächten im Auto gehen sie in ein Hotel nahe Weimar. Sandra weiß nicht, wo sie sind, ob Süden oder Osten, sie folgt blind.

Norman fährt, Norman weiß, Norman sagt, Norman regelt. Norman spricht von einem Metro-Markt in Halle (Saale). Norman sagt, den habe er schon einmal ausgekundschaftet.

Das Geld schwindet schnell. Tagsüber bleibt Sandra im Hotel, es geht ihr nicht gut, Norman streift durch die Straßen.

Überfällt Zeitungsläden, Tankstellen, Kioske, raubt Handtaschen. Das Geld reicht nicht. Eines Abends, in Weimar, essen sie Pizza, spazieren durch die Stadt, in einem Hauseingang küssen sie sich. »Guck mal«, sagt Norman und zeigt auf die andere Straßenseite: »Was machen die denn da?« Auf der anderen Straßenseite ist eine Filiale der Dresdner Bank. Gerade sind die Geldboten gekommen.

»Das müsste doch voll einfach sein«, sagt Norman.

»Ja, stimmt«, sagt Sandra.

Ein paar Tage später, Ende März 1997, fahren sie erneut zur Dresdner Bank. Es ist Abend.

Norman sagt, Sandra solle an der Bushaltestelle nebenan warten. Er gehe mal gucken, wie er am besten an das Geld komme.

Kurz darauf hört Sandra mehrere Schüsse. Norman kommt angerannt, in der Hand eine Geldkassette. Lauf, Sandra, lauf! Sie laufen, Sandras Lunge sticht, weiter, ruft Norman, lauf. In einem Park bleiben sie stehen, keuchend. Norman öffnet die Kassette, gibt Sandra das Geld, putzt die Kassette ab und wirft sie in ein Gebüsch, dann laufen sie weiter, zum roten Polo.

Sie fahren. Sie schweigen.

Im Hotel fragt Sandra, was Norman getan hat. Er sagt, er habe den Mann mit der Waffe bedroht. Der Mann habe auf die Waffe geschlagen. Der Schuss habe sich gelöst. Ob der Mann jetzt tot sei, will Sandra wissen. Norman sagt, das wisse er nicht. Sie streiten. »Jetzt warte doch erst einmal ab«, sagt Norman. Der Mann hat nicht auf die Waffe geschlagen. Norman lügt.

Am nächsten Tag lesen sie in der Zeitung, dass der Mann noch am Tatort verstorben ist. Wieder streiten sie, Sandra macht ihm Vorwürfe. Norman sagt, was solle er denn machen, es sei ein Unfall gewesen. Er verspricht, dass ab jetzt nichts mehr passieren wird. Er weint. Sie sagt: »Nun lass uns doch endlich abhauen.« »Das geht nicht«, sagt Norman. Das Geld reicht nicht. Sie haben eine Hartgeldkassette erwischt. 15 000 Mark nur. Norman sagt, er müsse sich etwas überlegen.

Nach Weimar verschiebt sich etwas. Sandra denkt öfter an zu Hause, an ihren Vater und ihre Schwester. Manchmal fragt sie sich, ob Norman sie gehen lassen würde. Sie fordert es nicht heraus.

Bald wird ihr übel. Sandra sagt, diesmal wolle sie die Schwangerschaft nicht abbrechen.

Die folgenden Monate verbringen sie in Hotels unter falschen Namen. Nur einmal unterzeichnet Norman ein Anmeldeformular versehentlich mit »Franz«. Sandra fühlt sich nicht wohl, sie bleibt im Zimmer, er kümmert sich um sie, liebevoll. Bald glaubt sie ihm, dass es so war, wie er sagt. Dass er den Mann nicht töten wollte.

Norman in einem Brief an Sandra: *»Wir gehören zusammen. Das wäre genauso, als sollte ich jemandem beschreiben, warum mein Arm zu mir gehört. Na ja, vielleicht nicht das beste Beispiel, aber ich glaube, du verstehst mich schon.«*

Norman hat einen billigen Fiat Regata gekauft und fährt damit zur Metro, immer wieder.

Manchmal versucht Sandra, ihn von seinem Plan abzubringen. Sie fürchtet, dass wieder Menschen sterben. Um Gottes Willen, sagt Norman, er wolle doch nur das Geld haben. Er verspricht, dass kein Blut fließt. Manchmal lässt er ihr die Patronen aus der Waffe im Hotel. Sie glaubt ihm.

Die Flucht aber strengt sie an. Die Hotelwechsel, die Schwangerschaft. Die Einsamkeit am Tag, während Norman unterwegs ist, auskundschaftet, Geld auftreibt. Manchmal will sie zu Hause anrufen, ist kurz davor. Sie besorgen Kleidung für das Baby und hängen sie im Hotelzimmer auf.

Sandra ruft nicht zu Hause an.

An einem frühen Morgen Ende Juli 1997 steigen sie gemeinsam in ihren Fiat und fahren zum Metro-Markt. Um kurz nach sechs Uhr kommen die Geldboten, sie parken parallel zur Wand, mit der Seitentür zur Tresorschleuse. Norman hat es in den Wochen zuvor ausbaldowert: Sie parken nicht dicht genug.

Er zwängt sich zwischen Bus und Wand, unmaskiert. Er zielt, er schießt, zweimal. Aus nächster Nähe in den Kopf. Beide Geldboten sterben am Tatort.

Sandra hört die Schüsse und läuft hin, sieht die Beine eines Mannes, leblos, und sie sieht Normans Gesicht. Wütend, verzerrt. Sie hat es nie zuvor gesehen. Norman ruft ihr zu, sie solle beim Tragen helfen, doch sie steht unter Schock, er flucht, nimmt zwei Geldkassetten, gemeinsam laufen sie los und fahren davon. An einem Feldweg in der Nähe brechen sie die Kassetten auf und klauben das Geld heraus: 487 179,93 Mark.

Das Geld reicht für das schöne Leben.

Zurück im Hotel setzen sie sich in den Frühstücksraum. Draußen fahren Polizeiautos durch die Straßen, im Radio läuft die Meldung vom Raubmord. Norman trinkt Kaffee und isst ein Brot.

Sandra kann das alles nicht glauben. Sie versteht es nicht. Sie versteht ihn nicht. Hat sie ihn je verstanden?

Oben, im Zimmer, riecht sie an ihren Händen. Sie riechen nach Eau de Toilette, nach dem Duft der toten Männer. Sie wäscht die Hände, der Geruch bleibt. Es ist eine Halluzination des Geruchssinns, aber das weiß sie nicht. Sie dreht fast durch. Norman nimmt sie in den Arm, will sie beruhigen. Sie weiß nicht, was sie sagen soll. Dann sagt sie doch was: »Lass uns jetzt weg, endlich weg.« »Morgen«, sagt Norman. Am Abend sieht sie die toten Männer in der Dunkelheit, aus der Toilette sieht sie eine Hand auftauchen. »Bleib ruhig«, sagt Norman. Sie schläft in seinen Armen ein.

Er war ihr vermutlich nie ferner, nie fremder.

Am nächsten Tag fahren Sandra und Norman zunächst nach Stuttgart. Sie kaufen einen weinroten BMW für 24 000 Mark. In manchen Quellen heißt es, Norman habe dafür eine falsche Identität genutzt, die er schon früher einmal verwendet hatte; anderen Quellen zufolge gestattete ihm der vorherige Halter die Weiternutzung des Kennzeichens für einige Monate. In der Innenstadt kaufen sie noch einen Pullover und eine Hose für Sandra, denn ihr Bauch wächst, und am nächsten Tag machen sie sich auf den Weg nach Süden. Sandra will am liebsten nach Hause. Diesmal sagt sie es Norman. Er sagt, das gehe nicht. Sie könne nie nach Hause.

Nach einigen Tagen kommen sie in Portugal an, in Albufeira, an der Algarve. In ihrem neuen Leben. Es kann nicht das Leben sein, das Sandra sich vorgestellt hatte, denn Norman ist nicht der Mann, den sie zu kennen glaubte.

Sie muss oft an die toten Geldboten denken. Sie ekelt sich vor sich selbst, sicher auch vor Norman. Sie fragt ihn, wie er das tun konnte. Was habe er denn machen sollen, sagt er, er habe es ja auch nicht gewollt, aber ihm sei nichts anderes übrig geblieben. Manchmal, wenn sie neben ihm sitzt, schaut sie ihn von der Seite an. Er sieht aus wie Norman.

Ende Juli, da sind Norman und Sandra schon ein paar Tage in Portugal, erlässt das Amtsgericht Halle-Saalkreis gegen Norman Volker Franz einen Haftbefehl, einen Tag später wird die internationale Fahndung beantragt. Die Halleschen Ermittler unter Leitung von Staatsanwalt Hendrik Weber haben schnell gearbeitet. Am Metro-Markt gab es Zeugen, Weber ließ Phantombilder anfertigen. In einem Hotel hörten seine Leute, dass vor Monaten ein Gast mit seiner Frau dort wohnte, der zwei Namen auf dem Anmeldeformular hinterließ. Oben hieß er Schulz. Unten hieß er Franz. Weber ließ die Handschrift vergleichen mit Proben von Normans Handschrift aus Dortmund. Sie passten. Gleichzeitig lief der Abgleich mit der zentralen Schussspurensammlung des BKA. Ergebnis: In Halle und Weimar wurde dieselbe Waffe abgefeuert. Und dann meldete sich noch Andreas Prinz bei den Ermittlern, der Handgranatenmörder aus Dortmund. Er sagte, er und Norman hätten schon vor Jahren den Metro-Markt ausgekundschaftet.

200 000 Mark Belohnung werden ausgelobt, die Steckbriefe von Norman und Sandra werden an allen Autobahn-Raststätten ausgehängt, auch an den Grenzübergängen.

Zu spät.

Norman ist am Ziel. Das neue, schöne Leben liegt vor ihm, er muss es nur noch kaufen. In den ersten Wochen in Portugal gibt er ungefähr 350 000 Mark aus, er führt ordentlich Buch. Er besorgt neue falsche Pässe, auf den Passbildern trägt er Brille und Perücke. Er engagiert eine Anwältin für den Fall der Fälle. Zunächst wohnen sie in Pensionen, bald aber kann Sandra nicht mehr, sie braucht Ruhe. Er kauft ein Haus in einer Apartmentanlage, zwei Zimmer wohl nur, aber mit Meerblick, offenem Kamin und Swimmingpool. Die Tatwaffe und etwa 50 000 Mark haben sie schon am zweiten Tag vergraben.

Vermutlich entspannt Norman sich in diesen Wochen, er wähnt sich sicher. Keine Grenzen mehr zwischen ihm und dem Glück, genug Geld, und selbst wenn sie ihn fassen sollten: Portugal liefert nicht aus. Nur das mit seiner Frau muss ihn stören.

Sandra umarmt ihn nicht mehr. Seit der Metro nicht. Noch immer denkt sie an die toten Männer. Sie spricht mit Norman. Sie kriegt es nicht zusammen. Der liebende Norman. Der mordende Norman.

Sie ist die meiste Zeit zu Hause, ihr ist übel, oft streitet sie mit Norman, oft schaut sie sich Fotos von ihrem Vater und ihrer Schwester an und weint dann. Schließlich, im neuen Haus, setzt sich Norman mit Sandra hin. Er sagt, er habe doch nicht zurückgekonnt, und sie sei doch schwanger. Er liebe sie so sehr, er wolle doch nur mit ihr zusammen sein. Er wolle doch nur, dass sie jetzt endlich eine ganz normale, glückliche Familie sind. Er weint. Dann weint auch sie. »Ist gut«, sagt sie. Zum ersten Mal seit Wochen nimmt sie ihn wieder in den Arm.

Ein halbes Jahr nach ihrer Ankunft, an einem Tag im Februar 1998, bringt Sandra ihren Sohn zur Welt. Sie nennen ihn Mike, nach ihrem verstorbenen Bruder. Sie traut sich zu hoffen. Vielleicht wird doch noch gut, was schon längst schlecht ist.

Norman fängt an zu arbeiten, im Büro des Maklers, der ihnen das Haus verkauft hat. Er ist ein zärtlicher Vater, schmust mit Mike, badet mit ihm, trägt ihn, es gibt Bilder davon. Er ist gut zu Sandra, so wie er es immer war. Sie fühlt sich geliebt, so wie sie es immer wollte. Manchmal denkt sie, das ist wie Urlaub. Trotzdem bleibt da ein Schatten über ihrem Leben.

An einem Tag Ende Oktober 1998, gegen Abend, gehen sie einkaufen. Sandra und Norman streiten im Laden wegen irgendetwas, sie gehen an die Kasse, sehen wütend aus. Die Kassiererin spielt mit Mike. Wie süß er ist. Sandra nimmt die Einkaufstüten und geht vor, Norman folgt ihr, er hat Mike auf dem Arm und schiebt den Einkaufswagen vor sich her. Draußen, auf dem Parkplatz, dreht Sandra sich um. Sie sieht die Männer, es sind viele. »Schon gut«, sagt Norman, »ich bin ganz ruhig.« »Hier«, sagt Norman, »nimm Mike.«

Dann legen sie ihm Handschellen an.

Norman in einem Brief an Sandra: »Warum immer wieder wir. […] Wir beide, die ein Kind aufziehen müssen und vor Liebe zueinander vergehen, wir sind eingesperrt, als wenn das Schicksal extra jemanden für uns abgestellt hat, der uns immer beobachtet und, sobald wir einmal lachen oder Anzeichen von Glück widerspiegeln, sich sofort sagt: Oh, da muss ich was unternehmen, und drauf mit dem nächsten Schicksalsschlag. Oh ja, ich hoffe so sehr, dass es einen Gott gibt, damit ich ihm richtig in die Fresse rotzen kann.«

Norman hatte in einer Polizeikontrolle nicht angehalten, die portugiesischen Beamten ließen vom BKA das Nummernschild überprüfen. Die Spur führte nach Stuttgart, von dort zu Norman.

Sein Gesicht, als die Fesseln sich schließen: ganz grau, ganz blass. Als sei etwas in ihm zerfallen. Er zittert. In seinen Augen stehen Tränen. Er sagt Sandra, er werde sie nicht im Stich lassen. Dann werden sie getrennt. Sandra wird dieses Gesicht nicht vergessen, weil sie es kennt. Es sieht aus wie damals, als er in Hagen im Gefängnis saß.

Einen Tag später beantragt das Amtsgericht Halle-Saalkreis die Auslieferung. Es wird dauern, bis der Antrag entschieden ist. Norman kommt ins Gefängnis nach Lissabon, Sandra und Mike in eine Frauenhaftanstalt nach Odemira. Sie leidet. Bis zu dreißig Frauen sitzen mit ihr und Mike in der Zelle, es stinkt nach Fäkalien, die Betten voller Schaben.

Norman schreibt ihr Briefe, das hilft. Es geht um das Auslieferungsverfahren, um mögliche Strafen, um Aussagetaktik, um Hoffnung.

»Sandra, du bist doch mein Ein und Alles. Bitte, bitte verzweifle nicht […]. Ich sage dir immer die Wahrheit […]. Ich brauche dich so sehr, ich kann es nicht mehr aushalten. […] Ich hoffe so sehr, dass wir einmal Glück haben. So, mein Engel, […] ich will erst einmal in Ruhe ein bisschen heulen, das brauche ich einfach.«

Sie sprechen auch am Telefon miteinander. Norman ruft seine Mutter auf dem Handy an, Sandra auf dem Festnetz, die Mutter hält beide Telefone aneinander. Sandra versteht nicht viel. Meist nur: Ich liebe dich, ich liebe dich, ich liebe dich.

Einmal sagt er ihr, dass er sie nie vergisst. Dass sie immer an ihn glauben soll.

Er spricht mit ihr, er schreibt ihr, aber er ist nicht da. Sie muss jetzt Mutter sein, im Knast, allein. Es kostet Kraft, es gibt Kraft. Sie denkt nach, über Norman und sich selbst. Darüber, dass sie ihm immer geglaubt hat, sich immer auf ihn verlassen hat, ihm immer gefolgt ist. War sie abhängig?

Das Auslieferungsverfahren zieht sich über mehr als ein halbes Jahr. Portugal liefert tatsächlich niemanden aus, dem eine lebenslängliche Freiheitsstrafe droht. Eigentlich. Das Bundesjustizministerium und das Auswärtige Amt intervenieren. Die Deutschen erklären den Portugiesen, dass lebenslänglich in Deutschland anders gemeint ist, nicht im Wortsinn. Normans Anwälte ziehen bis vor das Verfassungsgericht.

Einmal gewährt man Norman und Sandra einen Besuch. Er spricht wieder von Ausbruch. Aber er will warten. Noch hat er Hoffnung.

Im Juli 1999 verliert Norman. Alle Instanzen sind ausgeschöpft, Portugal liefert ihn aus. Im selben Monat, fünf Jahre nach dem Treffen auf dem Spielplatz, vier Jahre nach dem Handgranatenmord, drei Jahre nach seiner ersten Festnahme, zwei Jahre nach seinem ersten Ausbruch, zwei Jahre auch nach seinem dritten, vierten, fünften Mord und kein Jahr nach seiner erneuten Festnahme schreibt Norman in einem Brief an Sandra: »[I]ch werde dir ja bestimmt vorher das Bild vom Wolf schicken, ich weiß ja, das baut dich auf, dann hast du etwas zum Begucken.«

Kurz darauf, am 28. Juli, wenige Tage vor der geplanten Auslieferung, ist seine Zelle leer. Die Gitterstäbe sind durchgesägt. Er hatte vermutlich Besuch. Es könnte ähnlich abgelaufen sein wie in Hagen. Womöglich hat er sich dann von der Müllabfuhr aus dem Gefängnis bringen lassen, versteckt zwischen Abfall.

Sandra wird sofort verlegt, in einen Hochsicherheitstrakt. Sie ist wütend.

Sie hatte es gewusst. »Das Bild vom Wolf«, das bedeutete: Jetzt ist alles klar. Es bedeutete auch, dass er sie nachholt. Das hat er ihr am Telefon gesagt. Er sagte, egal, wo sie ist, er werde kommen, und wenn er alles stürmen muss, er werde sie rausholen. Sie solle ihn nicht vergessen. Er werde sie nicht vergessen, nie, nie, nie.

Einige Zeit zuvor hatte er geschrieben: »Sandra, ich liebe dich so sehr, und was gäbe ich darum, wenn ich dir das alles erspart hätte. Hoffentlich bereust du nicht die Zeit mit mir. Grund genug hättest du ja. Ich würde dieses Leben gegen kein andres tauschen wollen, auch wenn andere das nicht verstehen würden. Ich habe deine Liebe, und meine Liebe zu dir wurde erhört, was will ich mehr.«

Er will mehr. Sie hört nie wieder etwas von ihm. Der alte Drang. Er gibt ihm nach, zu jedem Preis. Er zahlt mit dem Verrat an seiner Liebe, mit dem Verrat an seinem Sohn. Er kauft damit: das schöne Leben, wenigstens die Chance darauf. Am Ende zählt nur er.

Sandra ist gefangen, bleibt gefangen, und wird sich doch befreien. Anders als Norman. Von Norman. Es beginnt wohl in jenen Wochen, mit seinem Ausbruch. Mit seinem Verrat, mit seinem Verschwinden. Mit ihrer Wut auf den Mann, der ihr alles zu geben schien, wonach sie sich sehnte.

Und dann doch nur nahm.

Anfang Oktober 1999 wird Sandra Franz ausgeliefert. Fast fünfzig Stunden lang spricht sie mit ihrem psychiatrischen Gutachter Dr. Steffen Dauer. Sie sagt ihm, dass sie wohl nie wieder einen Menschen treffen werde, der sie mit solcher Kraft liebe. Und dass sie hoffe, er sei tot.

Das Verfahren gegen sie beginnt im Frühjahr 2000, die 4.

Große Strafkammer des Landgerichts Halle ist in einen Hochsicherheitstrakt umgezogen. SEK-Beamte sichern das Gebäude. Sandra hat fünfzehn Kilo abgenommen.

Dr. Dauer diagnostiziert eine »abhängige Persönlichkeitsstörung« von Krankheitswert. Aufgrund ihrer Erfahrungen in der Kindheit überlasse Sandra anderen die Verantwortung, ordne ihre Bedürfnisse unter, gebe den Wünschen anderer nach, begreife sich selbst als hilflos und schwach und habe Angst vor dem Ende von engen Beziehungen. Das Unrecht der Taten sei ihr bewusst gewesen. Die Abhängigkeit von Norman aber habe ihre Steuerungsfähigkeit erheblich eingeschränkt. Sie wusste, dass falsch ist, was sie tat – aber womöglich konnte sie kaum anders.

Sandra legt ein umfassendes Geständnis ab, das Gericht sieht Zeichen von Unreife und wendet das Jugendstrafrecht an: Zum Tatzeitpunkt habe Sandra ein gewisses Maß an Lebensorientierung weitgehend gefehlt, ebenso die Fähigkeit zum selbstständigen Urteilen und Entscheiden, zur Selbstbewertung, zur rationalen Umsetzung von Gefühlsurteilen. Sie wird wegen Raubes mit Todesfolge zu einer Freiheitsstrafe von sechs Jahren und drei Monaten verurteilt. Bald kommt sie in eine Mutter-Kind-Abteilung in NRW.

Die Fahndung nach Norman läuft noch heute, sein letzter gesicherter Aufenthaltsort ist seine Zelle im Gefängnis von Lissabon. Die Akten zu seinem Fall füllen einen ganzen Raum im Düsseldorfer Landeskriminalamt. Die meisten Zielfahnder von damals sind heute schon pensioniert.

Mit denen von heute kann man ein Telefon-Interview führen, sie schweigen über ihre Namen und über vieles andere. Sie sagen, solange sie nicht an seinem Grab stehen, gehen sie davon aus, dass er lebt. Noch immer kriegen sie Hinweise. Oft aus Gefängnissen, unter Ganoven gilt er als Held. Oft von Urlaubern. Kein Kontinent, auf dem er noch nicht gesehen wurde, vermeintlich.

Er hat alle Brücken in sein altes Leben abgerissen, sich wohl nie wieder gemeldet, bei niemandem. Die Zielfahnder glauben, dass er an einem Ort lebt, wo wenig Deutsche sind. Plausibel wäre Südamerika. Er spricht Portugiesisch. Sandra erzählte er mal etwas von Brasilien und Peru.

Aber er erzählte viel.

Die Zielfahnder verfolgen derzeit Spuren im niedrigen zweistelligen Bereich. Norman sei ihr Schwerpunkt, sagen sie. Ende Februar 2021 rückte er auf die Fahndungslisten von Interpol und Europol. Es wird nun auf der ganzen Welt nach ihm gefahndet.

Staatsanwalt Hendrik Weber sagt, es sei alles vorbereitet; nach der Ergreifung von Norman könne umgehend Anklage erhoben werden.

Sandra lebt heute unter ihrem Mädchennamen in Freiheit, sie wurde nach zwei Drittel ihrer Strafe entlassen. Noch in der Haft hatte sie sich scheiden lassen.

Floreana

Sie sind Deutsche. Sie ziehen auf eine einsame Pazifik-Insel. Und sie leben dort ihren Aussteigertraum. Bis eines Tages der Tod ins Paradies kommt

von PETER MEROTH

In den Tropen ist die Mittagsstunde eine Zeit der Ruhe. Kein Lufthauch mehr, der durch die Blätter rauscht, kein Rascheln im Unterholz. Seit Wochen peinigt eine Gluthitze die Insel Floreana. Die Äquatorsonne hängt wie Messing in einem Himmel aus Stahl.

Da gellt ein Schrei durch die Stille. Ein lang gezogener, fast unwirklich schriller Schrei von panischem Entsetzen, unfassbarem Schmerz, verzweifeltem Todeskampf.

So plötzlich, wie er über die Insel hallte, erstirbt der Ton. Stille legt sich über die Szene. »Wie sich die Wogen über Ertrinkenden schließen«, schreibt Dore Strauch in ihren Erinnerungen. »Wir waren wie gelähmt. Uns gefror das Mark in den Knochen.« Auch ihr Partner ist weiß wie ein Geist. Dr. Friedrich Ritter, Arzt und Philosoph, ein Mann, den nichts so leicht aus der Fassung bringt. Nach dem ersten Schock gehen Strauch und Ritter zur Grenze ihres Grundstücks, lauschen in die Wildnis. Wenn jemand verletzt ist – »Friedo« wäre doch der erste Ort, um nach Hilfe zu suchen. Ja, ihr Haus, das sie »Friedo« genannt haben, nach ihren Namen, Friedrich und Dore, sollte auch ein Hort des Friedens sein. Vielleicht sogar ein Modell für eine bessere Welt.

Schweigend warten die beiden Deutschen, ob sich Schritte

nähern. Sie sind sicher, dass sie den Schrei einer Frau gehört haben. Schon seit einiger Zeit mehren sich die Zeichen, dass ihr kleines Paradies bedroht ist. Trotzdem – sie wollen ihren Traum, für den sie Berlin verlassen haben und in die ferne Einsamkeit gezogen sind, weiterträumen.

»Es ist die Hitze«, sagt Dore Strauch, als sie zum Haus zurückgehen, »unsere Nerven spielen uns einen Streich.« Friedrich Ritter versucht sich an einer wissenschaftlich klingenden Erklärung. Es sei nicht ausgeschlossen, sagt der Doktor, dass extreme Wetterphänomene hier auf dem Galapagos-Archipel ein Geräusch atmosphärisch verzerren und verstärken könnten. »Aber wir beide wussten, dass wir uns nur gegenseitig beruhigen wollten«, erinnert sich Dore Strauch später.

Der Schrei verfolgt sie. Sie wird die düsteren Gedanken nicht wieder los. Sie notiert das Datum, 19. März 1934. Sie ist überzeugt: An diesem Tag ist der Tod auf die Insel gekommen.

Viereinhalb Jahre zuvor, am 19. September 1929, waren sie auf Floreana gelandet, »unsere Hoffnungen so wolkenlos wie der Himmel«, schwärmt Strauch. »Hand in Hand gingen wir landeinwärts auf unserer Insel wie die zwei Kinder im Märchen auf der Suche nach dem Schatz am Fuße des Regenbogens.« Es war ein kühner Aufbruch gewesen. Friedrich Ritter hatte in Berlin seine Praxis aufgegeben. Sie verließ ihren Mann, er trennte sich von seiner Frau. Er wollte seine Naturphilosophie auf einem unbewohnten Eiland ausleben und weiterentwickeln. Sie wollte seine Schülerin und Muse sein.

Die moderne Zivilisation hat die Willenskraft geschwächt, war Ritter überzeugt. Geld und Bequemlichkeit haben zu Verneinung und Degeneration geführt. Der Mensch müsse zu seinen Ursprüngen zurückfinden. Ein Buch wies ihnen den Weg nach Galapagos, zu den »Inseln am Ende der Welt«.

Vier Wochen hatte die erste Etappe der Schiffsreise gedauert: von Amsterdam über den Atlantik, durch den Panamakanal, dann an Südamerikas Westküste entlang nach Ecuador. Im Hafen Guayaquil mussten sie einen Monat warten, bis überhaupt ein Schiff weiterfuhr, noch einmal zwei Wochen lang, 1000 Kilometer hinaus in die Weiten des Pazifiks bis zu dem sagenumwobenen Archipel. Hier hatte Charles Darwin keine hundert Jahre zuvor entscheidende Erkenntnisse für seine Evolutionstheorie gewonnen. Die Inseln, durch Vulkanausbrüche emporgewachsen aus dem bis zu 5000 Meter tiefen Meer, waren erst in der jüngeren Erdgeschichte entstanden. Die auf Galapagos heimischen Tiere sind bis heute ohne Scheu vor Menschen.

Als Strauch und Ritter ankommen, sind nur drei größere der über 100 Eilande bewohnt. Die Hauptinsel San Cristóbal hat gerade mal 400 Einwohner. Doch ihr Ziel ist Floreana. Dort würden sie die einzigen Siedler sein. In der totalen Einsamkeit will sich Ritter den Herausforderungen der Natur stellen, sich vegetarisch ernähren und mit seinem Beispiel Impulse zur Erneuerung der Menschheit geben.

Ganz unberührt ist Floreana nicht. Der größte Schatz der etwa fünf Kilometer langen und acht Kilometer breiten Insel sind ihre beiden Quellen. Seeräuber haben hier gehaust, Höhlen ins Vulkangestein gehauen, die großen Schildkröten ausgerottet. Walfänger oder frühere Siedler haben Rinder, Schweine, Hühner und Hunde zurückgelassen.

Als der Doktor und seine Muse von ihrem Spaziergang zum Strand zurückkehren, hat der norwegische Kapitän, der sie mit seiner schäbigen Schaluppe auf die Insel brachte, schon wieder abgelegt. Auch Hugo ist verschwunden, der Gehilfe des Norwegers, ein junger Indio, der zurückbleiben und sie zu den Quellen führen sollte. Sie betrachten das Meer. Golden glänzt es in der Abendsonne. Schwarze, dreieckige Flossen durchschneiden die Wellen. Die Bucht ist voller Haie. Dore Strauch erschrickt, wie schnell die Nacht hereinbricht.

Und wo bleibt Hugo?

Die beiden Deutschen wachen früh auf. An ihrem ersten Morgen auf Floreana bietet sich ihnen ein trostloses Bild. Im weißen Sand der Post Office Bay steht eine halb verfallene Hütte, daneben liegen rostzerfressene Wassertanks und ein defekter Dynamo. Das »Post Office«, das der Bucht den Namen gibt, ist ein Pfahl mit einem Holzfass obenauf. Es ist seit den Zeiten der Walfänger weit über Galapagos hinaus bekannt. Vorüberkommende Schiffe deponieren hier neue Post aus der Heimat und nehmen die im Fass hinterlegten Botschaften mit. Dore Strauch grübelt über ihre Verlorenheit auf dieser Insel. Wer hier in Not gerät, kann nie und nimmer auf schnelle Hilfe rechnen.

Endlich taucht Hugo wieder auf. Er führt sie über Lavafelder mit scharfkantigen Brocken und durch dorniges Dickicht in die Höhe. Friedrich Ritter ist neidisch, wie gewandt sich der 14-jährige Indio in der Natur bewegt, wie mutig er unterwegs einen gefährlichen Eber aufspürt und mit seinem alten Gewehr erlegt. Strauch und Ritter sehen das Feuer in den Augen des Jungen. Mit Sorge erkennen sie Hugos Geheimnis. Es ist sein an Mordlust grenzendes Jagdfieber, das ihn allein auf der Insel ausharren lässt, oft wochenlang, bis der Kapitän wieder mit seiner Schaluppe aufkreuzt, um Fleisch und Felle der verwilderten Tiere abzuholen, die der Indio schießt. Ritter hält Hugo einen erbosten Vortrag, dass es sich nicht gehört, nur die besten Stücke aus einem Tier zu schneiden und den Rest der Kadaver verrotten zu lassen. Ein totes Tier vollständig zu verwerten, sei für ihn Gesetz, sagt Ritter. Der Doktor ahnt nicht, dass er damit sein eigenes Todesurteil fällt.

Am ersten Tag erreichen sie die große Quelle und die Piraten-höhlen, am zweiten gehen sie zur Pampa, wo die wilden Rinder weiden. Am dritten Tag führt Hugo sie weiter zu der anderen, kleineren Quelle. Strauch und Ritter sind begeistert. Klares Wasser, üppige Vegetation, Blick aufs Meer – hier wollen sie siedeln.

»Nein, nein, nein!« Hugo ist außer sich: »Da stand das Haus! Das Haus des Mörders!!« Watkins, ein ausgesetzter Seefahrer, der viele Menschen auf dem Gewissen hatte, habe auch hier gemordet. Sein böser Geist beherrsche diesen Ort.

»Später, als sich die Wolken der Tragödie über Friedo zusammenzogen«, schreibt Dore Strauch in ihren Erinnerungen, »fragte ich mich oft, ob es nicht besser gewesen wäre, die Warnungen des kleinen Indios ernst zu nehmen.«

Wochenlang sind Strauch und Ritter nun damit beschäftigt, ihre Sachen von der Post Office Bay nach »Friedo« zu schaffen. Hin und zurück jedes Mal eine zehn- bis zwölfstündige Wanderung. In Ruhetagen dazwischen beginnen sie, eine Hütte zu bauen, das Dickicht an der Quelle zu roden, mitgebrachte Samen und Setzlinge anzupflanzen. Sie fangen wilde Hühner und halten sie in einem provisorischen Verschlag. Hugo bleibt die meiste Zeit verschwunden, ist mit dem Instinkt des Waldläufers aber zur Stelle, wann immer Hilfe gebraucht wird. Nach einem Jagdunfall mit einem mächtigen Stier, der ihn am Arm verletzt, verlässt er die Insel.

Nun sind die beiden Deutschen auf sich allein gestellt. Adam und Eva im Paradies. So hatte sich Dore Strauch ihre Zukunft erhofft. Sie ist achtundzwanzig, sehnt sich nach Glück, Zärtlichkeit, Liebe. Doch solche Emotionen zählt Friedrich Ritter zu den menschlichen Schwächen, die ein starker Geist zu überwinden hat. Er ist dreiundvierzig, stürzt sich in Arbeit und Askese, findet die höchste Befriedigung darin, die Strapazen zu bestehen und weiter an seiner Philosophie zu doktern.

Das »Post Office« scheint zu funktionieren, schon zwei Wochen nach ihrer Landung auf Floreana stoppt ein vorüberkommendes Schiff kurz an der Bay und nimmt Ritters ersten Brief mit. In seinen Berichten an die Heimat schildert er, wie schön die Insel ist mit dem erloschenen, 640 Meter hohen Vulkan in der Mitte, wie angenehm sie das Klima in der leichten Höhenlage von »Friedo« empfinden (36 Grad zu Mittag, 10 Grad in der Nacht), wie schnell Bananenstauden, Kokospalmen, Radieschen oder Süßkartoffeln wachsen, aber auch wie schwer sie schuften müssen, um selbst kleine Flecken Land urbar zu machen. Die schweren Lavabrocken, die zähen Akazien bringen sie an den Rand ihrer Kräfte.

Unter den fünf oder sechs Schiffen, die während ihrer ersten Monate Floreana anlaufen, ist auch die Jacht von Eugene McDonald. Der Multimillionär ist auf dem Rückweg von einer Expedition. Er überlässt Strauch und Ritter einigen Proviant sowie Teile seiner Ausrüstung, darunter eine Schubkarre und ein Gewehr. McDonald zeigt sich höchst interessiert an ihrer »Robinsonade«, er sendet die Kunde davon im Januar 1930 per Funkspruch in die Welt.

Die Aufmerksamkeiten des prominenten Amerikaners schmeicheln dem Doktor. Eine Waffe auf Floreana? In seiner Hand ist sie sicher. Die Publicity für sein Projekt? Ritter hofft auf Ruhm und Ehre. Wie schnell sich die Dinge anders entwickeln können, kommt ihm nicht in den Sinn.

Am 5. Mai taucht endlich das Schiff des Norwegers wieder auf, der Strauch und Ritter im Jahr zuvor auf der Insel abgesetzt hatte, überbringt Grüße vom deutschen Konsul in Guayaquil, dazu einen Karton voller Zeitungen und Briefe.

Dore bricht in Tränen aus, als sie sieht, was in den Blättern steht: die Auswanderergeschichte von Friedrich und ihr, geschrieben im Stil eines billigen Schmierenjournalismus. Der Arzt und seine Geliebte, zwei Ehebrecher, die das Weite suchen. Sie fühlt sich verleumdet und missverstanden von der Welt.

Erst nach und nach begreifen Strauch und Ritter, wie sehr diese Welt in Aufruhr ist. Während sie in »Friedo« an ihrem neuen Glück arbeiteten, hat der New Yorker Börsencrash Ende Oktober 1929 die Weltwirtschaftskrise ausgelöst. In Deutschland ist die Industrieproduktion eingebrochen, die Zahl der Arbeitslosen wächst sprunghaft, die Nationalsozialisten stehen inzwischen vor ihrem ersten erdrutschartigen Erfolg bei den Reichstagswahlen.

In Zeiten solcher Schlagzeilen ist die Story vom »Leben im Paradies« eine willkommene Abwechslung. Die Berichte über den verschrobenen Arzt und seine Gefährtin machen die Runde. Journalisten reisen an, neugierige Weltenbummler schauen vorbei. Auch ein paar Siedler kommen, die rasch wieder verschwinden.

Alle verbreiten die schier unglaubliche Geschichte von dem Doktor und seiner Gefährtin, die sich sämtliche Zähne gezogen haben, bevor sie in die Wildnis gingen, sich ein Gebiss aus Edelstahl teilen und nackt durch ihr Zauberreich spazieren. Die beiden versuchen, mit eigenen Artikeln richtigzustellen, dass Friedrich Ritter, der zusätzlich zu Medizin auch Zahnmedizin studierte, nur sich selbst die Zähne gezogen hat, weil sie durch seine spezielle vegetarische Ernährungsweise stark abgenutzt waren. Dass sie sehr selten, allenfalls in ihrem Garten, nie in Anwesenheit von Fremden unbekleidet herumlaufen würden – was sich unter der gleißenden Äquatorsonne und wegen des Dornengestrüpps auf der Insel ohnehin verbiete. Sie haben keine Chance. Gegen das Adam-und-Eva-Klischee kommen sie nicht an.

Sie stürzen sich noch verbissener in die Arbeit, bauen einen neuen, festeren Zaun, um ihre Pflanzen vor den wilden Tieren zu schützen, und ein neues, etwas größeres Haus. Immer noch ohne feste Wände, aber mit solidem Dach. Ritter gelingt es sogar, von der Quelle eine Wasserleitung in die Kochecke zu legen und aus einer Patronenhülse eine Art Hahn zu basteln. Sie sind mit sich selbst beschäftigt, als im August 1932 plötzlich neue Siedler auftauchen, die Wittmers aus Köln. Margret, 28, Heinz, 41, und dessen 13-jähriger Sohn Harry aus erster Ehe.

Fünf Deutsche treffen sich fern der Heimat auf einem winzigen Eiland. Doch vom Zauber des Augenblicks ist nichts zu spüren.

Dore Strauch rümpft die Nase über den fremden Mann, dessen dünne Beine »aus lächerlich knappen Shorts herausragen«. Seine nackten Füße stecken in Filzpantoffeln, wirres Resthaar umrankt die Halbglatze. Das »i-Tüpfelchen« ist für Strauch »der Segeltuchbeutel auf seinem Rücken, plump wie ein Hafersack«.

Margret Wittmer ist in ihrem Urteil ebenfalls nicht zimperlich: »Ich erschrecke im ersten Augenblick, als ich diesen merkwürdigen Einsiedler sehe. Dr. Ritter ist klein, gedrungen, er hat breite, muskulöse Schultern. Auf seinem kurzen Hals sitzt ein seltsam geformter Kopf. Scharfe Längsfalten stehen auf seiner Stirn unter dem dichten, etwas ungepflegten Haar. Seine Augen flattern unruhig, fast etwas fanatisch. Wenn ich ihm allein begegnet wäre, wäre ich wahrscheinlich vor Angst davongelaufen.«

Auch zwischen den beiden Frauen knistert es. Margret Wittmer trägt ein leichtes Sommerkleid. »Sie sind aber reichlich fein angezogen für die Galapagos!«, stichelt Dore Strauch. Und schielt dabei auf die Wölbung, die sich unter dem dünnen Stoff abzeichnet. Wittmer ist im fünften Monat schwanger. Strauch aber kann keine Kinder bekommen. Wegen einer früheren

Krankheit oder weil in Ritters Lebensplan kein Nachwuchs vorgesehen ist. Auch dieses Glück ist ihr nicht vergönnt.

Margret Wittmer spürt die frostige Atmosphäre. »Ich muss eine Erwiderung hinunterschlucken«, sagt sie sich. »Wir wollen mit diesem Paar wenigstens als Nachbarn, die wir ja nun einmal werden, einigermaßen gut auskommen. Wir wollen sie ja nicht gleich zu Feinden machen.«

»Was, um Himmels willen, hat diese Frau nur bewogen, zur Niederkunft an so einen wilden Ort zu kommen?«, ereifert sich Dore Strauch in ihrem Tagebuch. Auch Friedrich sei alles andere als erfreut gewesen, als er hörte, dass Frau Wittmer bei der Geburt auf seine Hilfe hoffe. Er habe klargestellt, dass er schließlich nicht ausgewandert sei, um auf Floreana als Arzt tätig zu werden. »Es war«, schreibt Strauch über die Ankunft der Wittmers, »als hörte ich eine Stimme, die mir sagt, dass durch diese Leute, direkt oder indirekt, ein Leid über uns und Friedo kommen würde.«

Nach diesem Auftakt gehen sich die beiden Paare aus dem Weg. Die einen sind erfüllt von den höheren Zielen ihres Einsiedlertums, die anderen sind gekränkt und eingeschüchtert. Ihr verletzter Stolz macht sie blind dafür zu erkennen, wie wichtig ihr Zusammenhalt wäre, um den bitteren Launen des Schicksals zu trotzen.

Strauch und Ritter igeln sich in »Friedo« ein. Die Wittmers lassen sich bei den Piratenhöhlen neben der größeren Quelle nieder. »Asilo de la Paz« nennen sie ihr neues Zuhause: Zuflucht des Friedens. Heinz Wittmer war in der Kölner Stadtverwaltung angestellt, im Sekretariat des Oberbürgermeisters Konrad Adenauer. Traumatisiert von seiner Zeit als Soldat im Ersten Weltkrieg sieht er im krisengeschüttelten Deutschland keine Zukunft mehr für sich und seine Familie. Harry ist durch eine

Augen- und Lungenkrankheit geschwächt, er hatte es schwer in Deutschland, aber das Inselklima scheint ihm gutzutun. Er geht seinem Vater bei den Pflanzungen tatkräftig zur Hand, begleitet ihn auch auf die Jagd, wenn er eines der verwilderten Schweine oder Rinder schießt.

Am 18. September bricht kurz nach Einbruch der Dunkelheit der Vulkan auf einer unbewohnten Nachbarinsel aus. Gebannt beobachten die Siedler in »Friedo« und im »Asilo de la Paz« den von Feuer und Glut erleuchteten Himmel. Giftgelbe Schwaden treiben auf Floreana zu. Am nächsten Tag erschüttert ein unheimliches Beben ihre Insel. Schon fürchten sie, weitere Ausbrüche in ihrer Nähe oder eine Flutwelle könnten folgen. Doch der Vulkan gibt nach wenigen Tagen Ruhe. Die wahre Herausforderung für ihr Einsiedlerleben droht von anderer Seite.

Wie von der Schwefelwolke angekündigt, erscheint im November 1932 die Baroness Eloise Wagner de Bousquet auf Floreana. »Satan came to Eden« titelt Dore Strauch später in ihren englischsprachigen Erinnerungen. Den Teufel, der ins Paradies eindrang, beschreibt sie darin als schmale Frau um die 40, kaum mittelgroß und platinblond. »Die Baroness ritt auf einem Esel, ihre Entourage zu ihren Füßen. Das Auffälligste war ihr breiter roter Mund mit den hervorstehenden Zähnen. Die Augen hinter einer dunklen Brille verborgen, trug sie eine Art Overall, Sandalen und eine Baskenmütze. Das alles war auf Effekt getrimmt, wirkte gekünstelt, war aber nicht ohne einen gewissen Charme.«

»Wo ist die Quelle?« Das war alles, was sie mit herrischer Stimme zur Begrüßung zu sagen hatte, beschreibt Margret Wittmer die Ankunft der Baroness. Ein blonder Page an ihrer Seite zieht ihr sofort die Schuhe aus und wäscht ihr andächtig die Füße. »In unserem Quellwasser. Unserem Trinkwasser! … was für ein merkwürdiges Paar. Es war der Anfang einer Kette von Merkwürdigkeiten, die die Insel und später fast die ganze Weltpresse beschäftigte.«

Die Baroness stammt aus Österreich. Der Name Bousquet geht auf die Ehe mit einem französischen Militärflieger zurück. Sie könnte zuvor Elvira Wehrborn oder Wagner geheißen und sich selbst geadelt haben. Ihre Begleiter, drei junge, gut aussehende Männer, sind zu Stillschweigen über solche Details verdonnert. Und die Baroness versteht es, Männer in ihren Bann zu ziehen.

Alle drei lernte sie in Paris kennen. Lorenz, der »blonde Page«, stammte aus Dresden, besaß einen Souvenirladen an der Seine. Sie drängte sich ins Geschäft, übernahm die Buchhaltung und damit die Kontrolle über das Geld.

Philippson war auf Drängen der Familie nach Paris gezogen. Die Mutter hatte ihm dort eine Stelle besorgt, um seine Verbindung zu einer herrschsüchtigen Frau zu beenden, der er in Berlin hoffnungslos verfallen war. In der Fremde geriet er ausgerechnet an die Baroness, die für folgsame Jünglinge ein Händchen hatte.

Valdivieso, ein Ecuadorianer, der Jüngste der drei, war als blinder Passagier nach Europa gelangt und in Paris zur Clique der Baroness gestoßen. Vielleicht war er es, der ihr Interesse an den Galapagos-Inseln weckte. Für ihn die Chance auf ein Freiticket in die Heimat.

Strauch, Ritter und die Wittmers können es nicht fassen, wie unterwürfig die jungen Männer alle Arbeiten für ihre Gebieterin erledigen, selbst die widersprüchlichsten Befehle ausführen, oft zu zweit mit ihr im Bett schlafen. Und sich gegenseitig eifersüchtig belauern.

Mit allen treibt diese Frau ihr Spiel. Ihr Zeltlager lässt sie im frisch angelegten Orangengarten der Wittmers aufschlagen. »Sie haben doch nichts dagegen, dass ich fürs Erste in Ihrer Nähe wohne?«

Süßlich lächelnd bittet sie Heinz Wittmer, einen Packen Post, den sie vom Festland mitgebracht hat, an Friedrich Ritter zu überbringen. Irritiert stellt der Doktor fest, dass alle Briefe geöffnet sind. Manche wirken zerlesen, Umschläge fehlen, auch einige Fotos. Die Männer werfen sich düstere Blicke zu, durchschauen dann die Intrige. Ein ungutes Gefühl bleibt.

Der Kapitän, mit dem die Neuen nach Floreana kommen, hat auch Reis für die Wittmers mitgebracht. Elf ecuadorianische Sucre solle der Zentner kosten. Heinz hat keine Zeit, ihn sofort von der Post Office Bay heraufzuschaffen. Die Baroness bietet ihre Hilfe an: »Ich möchte mich für die gastliche Aufnahme erkenntlich zeigen. Ich nehme den Reis für Sie in Empfang. Sie können ihn ja dann am Sonntag bei mir abholen.« Als Heinz und Harry an den Strand kommen, empfängt sie die beiden in Reithose und Stiefeln, mit Peitsche und Pistole im Gürtel. »Natürlich, der Reis ... Er kostet achtundzwanzig Sucres.« »Heinz glaubte nicht recht gehört zu haben«, schildert Margret Wittmer die Szene in ihren Erinnerungen. »Achtundzwanzig? Ich habe ihn für elf Sucres von dem Kapitän gekauft.« »Er kostet achtundzwanzig Sucres«, wiederholt die Baroness und spielt mit ihrer Reitpeitsche. Wittmer versucht kühl zu bleiben: »Ich bitte Sie, unseren Apfelsinengarten nicht mehr zu betreten und sich eine andere Wohngelegenheit zu suchen, Frau Baronin.« »Ich denke nicht daran«, entgegnet sie, »vorläufig jedenfalls nicht. Bis mein Hotel steht. Also werde ich bleiben. Oder wollen Sie versuchen, mich hinauszuwerfen? Bedenken Sie: Wir sind drei Männer, und ich« – sie legt ihre Hand auf den Revolver – »zähle ebenfalls.«

Was führt diese Frau im Schilde?, fragen sich die Wittmers.

Ein paar Tage später zeigt ihnen die Baroness stolz den Artikel einer Tageszeitung aus Guayaquil. Bei ihrem Zwischenstopp in der Hafenstadt hatte sie in einem Interview großspurig angekündigt, sie werde Floreana zu einem Urlaubsparadies für amerikanische Millionäre machen.

Auch Strauch und Ritter schwant Schlimmes. Die Profitgier der Möchtegern-Unternehmerin würde den Traum von der einsamen Insel und das Projekt ihres autonomen Lebens ruinieren. »Ich habe gebetet«, schreibt Dore Strauch, »dass der Plan scheitern und der Fehlschlag die Baroness endlich vertreiben möge.«

Sogar Lorenz wirkt erbittert, als er bei einem heimlichen Besuch in »Friedo« den Zeitungsausschnitt sieht. Offenbar hat ihn seine Gebieterin wieder einmal übergangen. »Wenn Sie wüssten, was ich aushalten muss. Sie weiß, dass ich anfange, mich zu wehren, deshalb hat sie mir Valdivieso bei der Arbeit als Aufpasser zugeteilt. Aber ich konnte ihm entwischen.« Philippson sei jetzt der neue Favorit der Baroness, klagt Lorenz, er selbst sei nur noch ihr Sklave. Er redet sich in Rage. Ihr Adel sei bloß Schwindel. Ihr vornehmes Getue habe sie sich in Filmen abgeschaut und in Pariser Nachtclubs damit eine Show abgezogen. Ihrem französischen Ehemann sei der ganze Zirkus zu viel geworden, er habe sich von ihr getrennt. Ihre Tyrannei sei nicht auszuhalten, stöhnt er. »Wenn ich nur von hier verschwinden könnte, egal wohin.« Lorenz sieht krank aus, blass, eingefallen, als ob er Tuberkulose hätte. Doch Dr. Ritter darf ihn nicht untersuchen. »Wenn sie rausfindet, dass ich hier war, wird der Teufel los sein.«

Am 29. Dezember 1932 beginnen bei Margret Wittmer die Wehen. Gerade rechtzeitig ist ihr Haus fertig geworden, jedenfalls das Dach, die Küche und ihre Schlafkammer, zwei mal zwei Meter groß. Dort liegt sie, geplagt von Schmerzen. Kann sich tagsüber kaum regen und nachts nicht schlafen. An Neujahr wird es etwas besser, sie schafft es sogar, einen Kuchen zu backen. Am Tag darauf ist sie vor Schmerz wie von Sinnen. Als sie ihren Mann rufen will, der mit Harry in der Nähe arbeitet, bringt sie keinen Laut heraus. Ihre Kehle ist wie zugeschnürt. Benommen taumelt sie nach draußen, irrt hinüber zu den Piratenhöhlen, bricht auf einem Strohsack zusammen. Als sie wieder zu sich kommt, ist ihr Sohn geboren. Heinz und Harry eilen herbei, sie haben das Baby schreien gehört. Floreana hat seinen ersten eingeborenen Bewohner.

Die Nachgeburt bleibt aus. Wieder krümmt sich Margret Wittmer vor Pein. In Todesangst schickt sie ihren Mann nach »Friedo«, Hilfe zu holen. »Drei lange Stunden vergingen, bis Heinz zurückkam«, notiert sie später. »Er kam mit Dr. Ritter. Gott sei Dank. Ritter untersuchte mich und war jetzt ganz Arzt. Alles andere schien er vergessen zu haben. ›Haben Sie noch Schmerzen?‹, fragte er. ›Ja. Sehr.‹ ›Ich muss einen Eingriff machen.‹ – Ohne Narkose, grausam war der Schmerz. Aber es ging schnell vorüber, und dann blieb nur noch eine wohlige Schwäche zurück. Ich konnte sogar wieder schwach lächeln, als Dr. Ritter mich zu meinem Jungen beglückwünschte.«

»Hut ab vor Ihrer Tapferkeit«, sagt er.

»Was für ein merkwürdiger Mensch«, denkt sie: »Erst jede Hilfe ablehnen – ›Ich bin nicht nach Floreana gekommen, um hier als Arzt zu praktizieren‹, diese Worte werde ich nie vergessen –, und dann, als es fast schon zu spät war, half er plötzlich ohne jedes Sträuben.«

Dore Strauch gerät in einen Strudel widerstreitender Gefühle. Sie empfindet die Geburt wie ein Weihnachtswunder, das allen Harm in Harmonie verwandelt. Sie ist stolz auf ihren Friedrich, der tatkräftig zu diesem Wunder beigetragen hat.

Dessen strenge Miene von spontaner Freude erhellt war, als es galt, dieses werdende Leben zu retten. »Es berührte mich, aber es gab mir auch einen Stich«, schreibt sie. Strauch benutzt dafür das englische Wort »pang«, das auch für den Geburtsschmerz und den Eifersuchtsanfall steht. »Wie innig hätte ich gewünscht, auch ein Kind zu haben, Friedrichs Kind.«

Mit sicherem Instinkt für Strauchs Sehnsucht nach Zuwendung und Zärtlichkeit startet die Baroness eine Charme-Offensive, ist plötzlich freundlich, zugewandt und schenkt ihr eine kleine Tüte mit Samen für Blumen. »Nichts hatte ich mir so sehr gewünscht«, jubelt Dore Strauch. Selbst der strenge Friedrich gönnt ihr die Freude, ein paar Pflanzen nur um deren Schönheit willen zu kultivieren. Im Überschwang ihrer Gefühle erscheint ihr die Baroness plötzlich jugendlich frisch, hinreißend, elegant. Erfreut sagt sie zu, als die Femme fatale zum Lunch bittet.

Bei Tisch kippt die Stimmung. Die Gastgeberin dominiert die Unterhaltung, schwelgt von ihrem aufregenden Pariser Leben, ihren mannigfachen Talenten: Kunst, Handwerk, Medizin, Gartenbau – kein Fach ist ihr fremd. Pädagogik hat sie natürlich auch studiert. Dann gehen Philippson und Lorenz mit Ritter vor die Wellblechhütte, um ihm den Garten zu zeigen. Die Frauen sind unter sich. Strauch ist peinlich berührt, als die Baroness intim wird. »Ich hatte weder das Bedürfnis, ihre Geheimnisse zu erfahren noch ihre brennende Neugier auf mein Eheleben zu befriedigen. Aber es reichte, um zu erkennen, dass diese Frau vollkommen sexverrückt war.« Abwechslung sei die Würze des Lebens, tönt die Baroness. »Ich weiß nicht, wie lange mir Philippson allein noch genügt. Und ich bin Lorenz' müde. Aber sicher taucht bald jemand Neues auf. Der Mann ist noch nicht geboren, der mir widerstehen kann. Passen Sie besser auf, auch Dr. Ritter ist nur ein Mann.«

Ende Januar 1933 kommt Kapitän Hancock mit seiner Jacht *Velero* nach Floreana. Der amerikanische Multimillionär und Philantrop hatte Dore Strauch und Friedrich Ritter schon im Jahr zuvor einen Besuch abgestattet. Er hat für die beiden eine ganze Ladung Geschenke und Proviant dabei. Als der reiche Gönner aufbricht, nutzt Valdivieso die Gelegenheit und reist mit ihm ab.

Flankiert von Philippson erscheint die Baroness in »Friedo«. Sie verlangt einen Anteil an Hancocks Gaben. Ritter ist kurz angebunden: »Kommt nicht infrage! Die Sachen gehören mir.« – »Bettler!«, zischt die Baroness. – »Bettler …? Und Sie?«, faucht Dore Strauch. »Ich möchte mal wissen, ob Ihr Adel überhaupt echt ist.« – »Sie simple Lehrerin«, schreit die Baroness, »was bilden Sie sich eigentlich ein! Einen Titel, den unser Kaiser uns verliehen hat, wollen Sie anzweifeln, Sie Schulmeisterin? Dass ich nicht lache!«

Minutenlang keifen sich die Frauen an. Die Baroness verheddert sich in Widersprüche über ihre Herkunft. Aber sie gibt nicht auf: »Wenn Kapitän Hancock wiederkommt, werden wir einen Film machen.« – »Ach, tatsächlich?«, höhnt Strauch. »Worüber denn?« – »Über mich. ›The Empress of Floreana‹ wird er heißen.«

»Die Kaiserin von Floreana?«, staunen die Wittmers, als einige Zeit später ausländische Zeitungen in der Post sind. Heinz liest vor: »Herrscherin auf den Galapagos-Inseln ist eine Frau, die sich selbst zur Kaiserin im Stillen Ozean proklamiert hat.« In einer Kopenhagener Zeitung erscheint die »Sensation von Floreana« sogar auf der Titelseite. »Selbst die Londoner ›Times‹ ist auf den Unsinn hereingefallen«, wundert sich Margret Wittmer, da habe der Propaganda-Minister der Baroness ganze Arbeit geleistet. In einem der Artikel heißt es gar, die Frau und ihr adliger Hofstaat hätten Dr. Ritter gefangen genommen und in Ketten gelegt. Offenbar ist in der Fantasie der »Kaiserin« der entschiedenste Gegner ihrer Hotelpläne bereits besiegt.

An der Post Office Bay ist inzwischen ein Zettel angeschlagen, gezeichnet von Baronin Wagner-Bousquet. »Wer ihr auch seid – Freunde!«, säuselt sie darauf, »zwei Stunden von hier liegt die ›Hacienda Paraiso‹. Sie ist ein Fleckchen, wo der müde Reisende das Glück hat, auf seinem Weg durchs Leben Ruhe, Erfrischung und Frieden zu finden! … Wir wollen mit dir teilen das Salz des Meeres, das Gemüse des Gartens und die Früchte der Bäume, das kalte Wasser, das von den Felsen herabrieselt, und die guten Dinge, die Freunde uns brachten, als sie vorbeikamen … «

Die nächste Jacht, die in der Bucht vor Anker geht, ist die riesige »Nourmahal« von Vincent Astor. Sein Vermögen ist legendär. Er ist der Erbe von John Jacob Astor IV., dem reichsten Passagier, der 1912 mit der »Titanic« unterging. Die Baroness will dem berühmten Millionär einen großen Empfang bereiten, sie schickt Philippson mit einer persönlichen Einladung zu ihm. Astor lehnt ab. »Dahinter steckt Dr. Ritter!«, tobt die »Kaiserin«. Tödlich gekränkt und zerfressen vor Neid schickt sie Philippson erneut los, er soll sich in »Friedo« umsehen, was an Geschenken angekommen ist. Philippson wirft Ritter vor, er habe Astor von einem Besuch bei der Baroness abgehalten. In einem Zornausbruch droht er dem Doktor Prügel an. Der wirft den jungen Mann kurzerhand aus seinem Garten.

Ritter wendet sich an die Provinzregierung. Schon ein paar Mal hat er den ecuadorianischen Behörden geschrieben, zum Teil gemeinsam mit Heinz Wittmer: Durch die Machenschaften der Baroness sei das Leben auf der Insel unerträglich geworden, sie und ihre Entourage hätten Besucher mit Waffengewalt vertrieben, Boote gestohlen oder zerstört, Post und Proviant unterschlagen. Der Gouverneur von Galapagos müsse etwas unternehmen.

Monate vergehen. Erst im Mai 1933 erscheint ein Beamter der Territorial-Verwaltung, eskortiert von sieben Soldaten und einem Dolmetscher. Er hält eine provisorische Gerichtsverhandlung ab, befragt die drei Parteien getrennt voneinander und bestätigt am Ende das Anrecht der Eloise Wagner-Bousquet, auf der Insel zu siedeln und die Quelle gleichberechtigt mit den Wittmers zu nutzen. Den vorgebrachten Beschuldigungen geht er nicht weiter nach. Margret Wittmer klagt in ihren Erinnerungen, dass die Baroness sogar doppelt so viel Land zugesprochen bekam wie die anderen Siedler.

Als Ritter davon erfährt, flucht er, wie raffiniert sich die Österreicherin aus der Affäre gezogen hat. Dore Strauch vermutet, dass irgendeine Form von Bestechung im Spiel war. Die Baroness selbst sei so dreist gewesen zu verkünden, sie habe sich die Sache »einiges kosten lassen«.

»Einiges«? Strauch und Wittmer verkneifen sich weitere Spekulationen. In Amerika und Europa jedoch erscheinen Sensationsberichte über die »blonde Sexgöttin«. Sie und ihre Liebhaber hätten die neun Männer der Delegation zu nächtelangen Orgien verführt. Mit wildem Gruppensex in allen Variationen.

Tatsächlich ist der Abgesandte der Regierung von der Baroness höchst angetan. Auf der Heimreise nimmt er sie und Philippson als seine persönlichen Gäste mit zur Hauptinsel San Cristóbal. Eine Woche später kehren sie gut gelaunt nach Floreana zurück. Wieder ist eine Gelegenheit verstrichen, die unheilvolle Entwicklung auf der Insel zu stoppen.

Die Gewaltausbrüche in der »Hacienda Paraiso« häufen sich. Meist ist es Philippson, der den armen Lorenz prügelt. Aber einmal züchtigt seine Gebieterin sogar ihren Favoriten mit der Peitsche. Tagelang trägt er eine flammende Narbe im Gesicht.

Im Oktober 1933 kommt der deutsche Journalist Werner Böckmann zu Recherchen nach Floreana. Ein Freund begleitet ihn – der attraktivste Mann, den sie je gesehen habe, schwärmt Dore Strauch, Ende zwanzig, sehr groß, gewelltes Blondhaar, die Augen unvorstellbar blau.

Die Baroness drängt die beiden Deutschen, bei ihr in der »Hacienda Paraiso« zu wohnen. Sie lehnen ab. Die Frau ist ihnen nicht geheuer, ihr »paradiesisches Hotel« besteht ohnehin nur aus einem Wellblechdach auf vier Pfählen, zwischen denen ein paar Zeltbahnen gespannt sind. Die Freunde quartieren sich lieber in »Friedo« ein. Die Baroness versucht es mit weiteren Einladungen. Aus Höflichkeit willigen sie schließlich ein, gemeinsam in der Pampa jagen zu gehen. Als sie von »Friedo« losziehen, drehen sie sich noch einmal zu Strauch und Ritter um: »Zum Abendessen sind wir zurück, wir haben nicht vor, anderswo zu dritt in einem Bett zu landen.«

Mitten in der Nacht kommt Böckmann atemlos zurück. Es hat einen Jagdunfall gegeben. Ein Helfer der Baroness wurde angeschossen. Sie schiebt die Schuld auf einen ecuadorianischen Soldaten, der ebenfalls mit von der Partie war. Doch Dr. Ritters Untersuchung ergibt, dass die Wunde nur von der Kleinkaliberwaffe der Baroness stammen kann. Schließlich gesteht sie in einer melodramatischen Szene, selbst geschossen zu haben.

Aber was hatte sie vor? »Ich glaube, die Kugel galt mir«, sagt Böckmanns Freund. Der Jagdhelfer neben ihm habe sich im entscheidenden Moment bewegt, deshalb erwischte es ihn am Bauch. »Sonst hätte sie mich ins Bein getroffen.«

Strauch, Ritter und die Wittmers sind bestürzt. Vor Kurzem erst hatte die Baroness vor ihnen geprahlt, wie sie ihre zwei

Hunde zähmte, was zuvor niemandem mit den wilden Streunern auf Floreana gelungen war. Sie habe sie angeschossen, erklärte sie kalt lächelnd, und anschließend gesund gepflegt. »Männer und Hunde sind sich da ähnlich. Wenn sie nicht freiwillig kommen, muss man sie mit Gewalt unterwerfen und dann wieder aufpäppeln. Dann bleiben sie, und es tut ihnen gut zu wissen, wer ihre Herrin ist.«

Der verletzte Jagdhelfer muss tagelang warten, bis ein Schiff kommt, das ihn ins Krankenhaus nach Guayaquil bringt. Dort wird die Kugel entfernt, er ist bald wieder auf den Beinen. Nach Floreana kehrt er nie mehr zurück.

Ritter schreibt erneut an den Gouverneur von Galapagos, berichtet von dem Vorfall und fordert, die offensichtlich geisteskranke Baroness von der Insel zu entfernen. »Sie sah elend aus, als Heinz sie ein paar Tage nach dem ›Unfall‹ traf«, erinnert sich Margret Wittmer. »Sie hatte von Dr. Ritters Beschuldigung gehört. Aber sie bekam nicht einmal einen Wutanfall. Ihre sonst so harte und befehlende Stimme klang matt: ›Ich bin inselmüde. Dieser ewige Kampf mit Dr. Ritter und seiner Gefährtin, die mich nicht als Baronin anerkennen will, zermürbt mich. Wenn ich jetzt Gelegenheit hätte, ich würde die Insel sofort verlassen.‹«

Kapitän Hancock hält Wort. Ende Januar 1934 kreuzt er mit seiner Jacht wieder auf. Sogar einen Filmproduzenten aus Hollywood hat er mitgebracht. An mehreren Drehtagen entsteht auf Floreana eine schaurige Stummfilm-Groteske. Die Baroness spielt darin eine verwegene Piratin, Philippson ihren Liebhaber, beide so spärlich bekleidet, wie es die damalige Moralzensur gerade noch zulässt. Der Plot erinnert an die Gruselgeschichten von der männerfressenden Sexgöttin: Ein Pärchen erleidet auf Hochzeitsreise Schiffbruch, es strandet an der Küste der Pirateninsel. Die Baroness, mit finsteren Augen und noch dunklerem

Blick, tötet die junge Frau. Deren nichts ahnender Gatte trifft bei seiner Suche nach Hilfe auf die diabolische Mörderin. Er schmachtet nach einem Schluck Wasser. Und sie nach ihm. Bevor die Piratin aber seinem Verlangen nachgibt, muss der gut aussehende Mann ihren Liebhaber meucheln. Sie drückt ihm die Pistole in die Hand. Er schießt.

»Jetzt gehörst du mir. Nur mir allein!«, lautet der eingeblendete Text, als sie sich in die Arme fallen.

Alle haben ihren Spaß bei diesem Zeitvertreib für Millionäre. Die Baroness hat sich freilich mehr erhofft. Wieder und wieder kommt Lorenz heulend zu den anderen Siedlern gelaufen. »Sie gibt mir für alles die Schuld, was schiefgeht. Neulich, als eine Jacht hier war, hat sie gebettelt, in die Südsee mitgenommen zu werden. Captain Hancock hat sie gebeten, er solle sie nach Hollywood bringen. Beide Male hat sie einen Korb gekriegt, und hinterher hat sie mich angeschrien, ich stecke dahinter, dass man sie ablehnt.«

Bald darauf lähmen extreme Hitze und Dürre das Leben auf der Insel, Pflanzen gehen ein, Tiere sterben. Bei den Siedlern werden die Vorräte knapp. Bei Wagner-Bousquet und ihren Männern, die mehr mit anderen Dingen beschäftigt waren als mit planvollem Wirtschaften, ist die Not besonders groß. Lorenz flieht aus der »Hacienda Paraiso«, fleht um Unterschlupf: »Ich halte es da nicht mehr aus, Philippson und die Baronin haben mich so geschlagen, dass ich zusammengebrochen bin.« Erst fragt er bei Wittmers an, dann bei Strauch und Ritter. Sie lehnen ab, sie scheuen den Konflikt mit der unberechenbaren Domina. Lorenz versucht es noch einmal bei Margret Wittmer. Als sie erkennt, welche Todesängste er aussteht, erbarmt sie sich schließlich. Die Wittmers nehmen den armen Lorenz auf.

Am nächsten Tag steht die Baroness am Gartentor. »Lori, Lori«, ruft sie. »Komm doch bittschön mal ein Minutle heraus! Ich muss dir was sagen.« Lorenz lässt sich locken. Sie verschwindet mit ihm. Nach Stunden kommt er wieder. »Heiter, aufgeräumt«, schreibt Margret Wittmer. Später sitzt er stundenlang am Tisch und heult. »Er ist eben ein schwer kranker Mann, und wir haben nur die eine Hoffnung, dass bald ein Schiff kommt und ihn mitnimmt.« Fast jeden zweiten Tag erscheint die Baroness, ruft ihren Lori. Er folgt ihr – und versinkt danach wieder in Depressionen. Sie verweigert ihm das Geld, das er braucht, um von Ecuador zurück nach Europa zu reisen. Von Mal zu Mal ist er verzweifelter.

Die Hitze auf Floreana wird immer unerträglicher. Die Temperatur steigt bis auf neunundvierzig Grad. Die Quellen, nur noch kleine Rinnsale, drohen vollends zu versiegen.

Am 19. März hören Dore Strauch und Friedrich Ritter den furchterregenden Schrei. Oder behaupten sie es nur? Etwas Unheimliches passiert auf der Insel. Aber was?

Neun Tage später, am 28. März, kommen Lorenz und Margret Wittmer zu Ritter. »Wissen Sie schon? Die Baronin ist abgefahren.« Der Doktor runzelt die Stirn: »Ich habe kein Schiff gesehen. Wenn eines hier gewesen wäre, dann hätte ich es doch sehen müssen.«

»Sie sind weg«, sagt Margret Wittmer. Die Baronin sei wieder ans Gartentor gekommen, aufgebrezelt wie eine Amazone. »Sie trug Hosen, lange Stiefel, eine Hemdbluse und um den Kopf ein fesches Tuch.« Sie habe nach »Lori« gerufen. »Aber Lorenz war nicht im Haus. Er arbeitete irgendwo draußen mit meinem Mann.«

»Dann sagen Sie ihm, dass Freunde von uns gekommen sind. Wir gehen mit ihnen nach der Südsee. Ich hoffe, dass ich dort einen besseren Platz finde, um meine Pläne verwirklichen zu können«, habe die Baroness gesagt. »Lorenz soll auf die zurückgelassenen Sachen aufpassen, bis ich wiederkomme oder Nachricht gebe.«

Heinz und Lorenz seien eine Stunde später zusammen mit Harry zurückgekommen. Sie hätten ungläubig den Kopf geschüttelt. Lorenz habe sogar befürchtet, Philippson wolle ihn in einen Hinterhalt locken. Er habe einen halben Tag abgewartet, bis er zur »Hacienda« ging, wo großes Durcheinander herrschte. Alle Koffer seien verschwunden gewesen, leider auch sein eigener. Selbst am Strand habe er keinen Hinweis auf die Baroness und Philippson gefunden.

»Frau Dore führte einen Freudentanz auf, als sie die Neuigkeit erfuhr«, schreibt Margret Wittmer in ihren Erinnerungen. »Sie kochte uns Schokolade und holte alles Mögliche aus der Vorratskammer. Dr. Ritter war auffallend einsilbig. Er machte einen ganz veränderten Eindruck. Plötzlich wandte er sich an Lorenz: ›Nun machen Sie aber, dass Sie schleunigst von hier fortkommen! Was Sie nicht mitnehmen wollen, verkaufen Sie, und dann sehen Sie zu, dass Sie so schnell wie irgend möglich wieder nach Deutschland zurückkommen!‹ Später ging Heinz mit ihm zum Haus der Baronin. Ritter öffnete die zurückgelassenen Kisten und Kästen mit einer Selbstverständlichkeit, die darauf schließen ließ, dass er fest davon überzeugt war, sie werde nicht mehr zurückkommen. Er verkaufte den größten Teil der Sachen; wir kauften das Wellblech und einiges mehr. ›Können Sie das eigentlich ohne Weiteres verkaufen?‹, fragte Heinz zwischendurch. ›Alles ist von meinem Geld gekauft worden‹, behauptete Lorenz.«

Anschließend treffen sich alle bei Wittmers. Ritter setzt ein Protokoll über die plötzliche Abreise auf. Es sei vernünftig, sich nicht allein auf sein Gedächtnis zu verlassen, falls es zu Nachfragen komme, sagt der Doktor.

In ihrem Buch »Satan came to Eden« schreibt Dore Strauch, Ritter habe in dem Protokoll einfach nur festgehalten, was ihnen erzählt wurde. Tatsächlich sei er überzeugt gewesen, dass die Geschichte von der Abreise der Baroness ein einziges Lügengebilde war. Mit ruhigem, festem Griff habe er ihre Hand gehalten: »Ja, Dore, sie ist verschwunden. Aber da waren keine Freunde und keine Jacht. Die Baroness wurde ermordet und Philippson ebenso.«

Nirgendwo auf der Insel finden sich Spuren eines Verbrechens. Das hält Strauch, Ritter, Lorenz und die Wittmers nicht davon ab, sich gegenseitig zu verdächtigen. Mal insgeheim, mal offen. Und alle versuchen, die vorangegangenen Geschehnisse so darzustellen, dass sie selbst und ihre Version der Wahrheit in günstigem Licht erscheinen. Doch das Drama ist noch nicht vorbei. Am Ende werden drei weitere Tote zu beklagen sein.

Friedrich Ritter beschuldigt Heinz Wittmer. In jener Nacht, als die Baronin die Insel angeblich verlassen haben soll, sei kein einziges Schiff in der Nähe von Floreana gewesen, schreibt der Doktor in einem Artikel für die ecuadorianische Zeitung »El Universo«. In dieser Nacht habe er aber Schüsse und die Todesschreie einer Frau gehört. Das könne nur die Baronin gewesen sein. Und der Einzige, der diese Schüsse abgegeben haben kann, sei Heinz Wittmer.

Ausgerechnet der Doktor stellt solche Behauptungen auf? »Er hat sie, wie er offen zugibt, abgrundtief gehasst«, kontert Margret Wittmer. Er sah sein Projekt bedroht, »und sie hatte ihn aus den Spalten der Presse gedrängt. Er sah seinen Ruhm und Ruf gefährdet. Das hat ihn wohl langsam zur Raserei getrieben.«

Der Arzt ist für Margret Wittmer nicht der einzige Verdächtige: »Da war noch ein anderer, der die Baronin aus ganz anderen Gründen hasste, Lorenz. Der bei der Baronin einmal die

Rolle des Favoriten gespielt hatte. Der dann durch den jüngeren und gesünderen Philippson von der ersten Stelle gedrängt worden war ... Unheimlich war seine leise Art, durch den Busch zu schleichen und plötzlich vor einem aufzutauchen. Immer war ich erschrocken, wenn er mich, wie aus dem Boden gewachsen, auf diese Art überraschte.«

Auch Dore Strauch stichelt gegen Lorenz. Er sei am Tag nach dem Schrei in »Friedo« erschienen. Ganz erleichtert habe er gewirkt und berichtet, dass er der Baroness ein für alle Mal gesagt habe, sie solle sich zum Teufel scheren. Puterrot sei er geworden, als der Doktor ihn dabei streng musterte. Wer könnte dem kranken Lorenz geholfen haben? Heinz Wittmer, der auf die Baroness geflucht habe, nachdem sie Milch für das Baby unterschlagen hatte? Wittmer habe ihren Friedrich gedrängt, sie müssten selbst für Recht und Ordnung sorgen, wenn die Behörden nicht dazu imstande seien. »Das Maß ist voll.«

Lagen die Toten am weißen Strand der Post Office Bay? Wurden sie von der Flut ins Meer gespült? Ein Fressen für die Haie? Oder war es Margret Wittmer, die Lorenz geholfen hat, die Leichen zu beseitigen?

Dore Strauch ergeht sich nur in Andeutungen. Andere spinnen daraus neuen Gruselstoff. Südseeforscher Thor Heyerdahl habe die Skelette gefunden, bei Ausgrabungen im Hühnerstall der Wittmers. Wie so oft verschmelzen Fakten und Fiktion. Tatsächlich kam Heyerdahl 1952 nach Floreana, um eine Steinskulptur bei den Piratenhöhlen zu untersuchen. Sein Team grub auch den Hühnerstall um und fand Tonscherben aus präkolumbianischer Zeit, aber keine Leichen. Wie auch, die Wittmers waren längst mit Haus und Hof an den Black Beach umgezogen.

Die Baroness und Philippson blieben spurlos verschwunden.

Im Juli 1934 recherchiert der schwedische Journalist Rolf

Blomberg die Geschehnisse auf der Insel. Dem unvoreingenommenen Zeugen vertraut Ritter an, wie froh er sei, dass die Baroness weg ist. »Sie und Philippson sind mit ihren hochtrabenden Plänen gescheitert und haben sich das Leben genommen.«

Auf der *Dinamita*, dem kleinen Boot, mit dem Blomberg abreist, kann endlich auch Rudolf Lorenz Floreana verlassen. Zunächst geht die Fahrt zur Insel Santa Cruz, wo Blomberg zurückbleibt. Lorenz will weiter nach San Cristóbal. Er hat am Horizont den Frachter gesehen, der diese Insel mit dem ecuadorianischen Festland verbindet. Er bedrängt den norwegischen Kapitän des kleinen Bootes, trotz rauer See und trügerischen Wetters weiterzufahren, um den Frachter noch zu erreichen. Doch die *Dinamita* kommt nie auf San Cristóbal an.

Friedrich Ritter ist mit seiner Philosophie am Ende. Er erklärt die Arbeit für abgeschlossen, will das Werk nur noch ins Englische übertragen. Gleichzeitig vertraut er Dore Strauch seine tiefen Zweifel an: »Wenn über uns beide hier das Unglück hereinbricht oder eine Tragödie, dann weiß ich, für welche Sünden uns diese Strafe trifft. Die wahre Aufgabe im Leben ist das Wirken in der Gemeinschaft. Ein Individuum, das dies nicht sieht oder versucht, dieser Einsicht zu entfliehen, und seine Aufgaben anderswo sucht, wird die Konsequenzen spüren.« Strauch geht auf den philosophischen Kern dieser Beichte nicht ein. Das einsame Inselleben hat sie ohnehin satt, seit einiger Zeit schon plant sie, nach Deutschland zurückzukehren. Will Friedrich das jetzt auch? Sie kann sich nicht vorstellen, dass er es in der geschäftigen, oberflächlichen Welt aushalten würde.

Besucher des Arztes waren oft belustigt, wenn sie ihn einen Braten verspeisen sahen, während er dozierte, dass er dank seiner Philosophie und seiner vegetarischen Ernährung 140 Jahre alt werden könne. Denn er fand öfter mal einen Grund, Fleisch zu essen. Wenn wieder ein Bulle getötet werden musste oder ein wilder Eber, der den Garten verwüstete. Oder in diesen Spätherbsttagen 1934, als die Hühner an verdorbenem Futter eingegangen sind. Wenn die Giftstoffe durch starkes Kochen unschädlich gemacht würden, sei ihr Fleisch noch genießbar, erklärt er Margret Wittmer, die seine Einladung zu dem Essen dennoch dankend ablehnt. Es wird Dr. Ritters letzte Mahlzeit.

Am 21. November stirbt der Arzt qualvoll an der schweren Fleischvergiftung. Dore Strauch eilt zu Margret Wittmer und ruft sie zu Hilfe. Die beiden Frauen stehen Friedrich Ritter in seinen letzten Stunden bei. Retten können sie ihn nicht.

Während der Totenwache springt Dore Strauch immer wieder auf. »Ich muss fliehen, ich muss fort von hier«, schreit sie wild gestikulierend. Und dann: »Ritter hatte ein Geheimnis mit Lorenz.« Mehr war nicht aus ihr herauszubekommen, schreibt Margret Wittmer in ihren Erinnerungen.

Am 2. Dezember 1934 erreicht Kapitän Hancock mit seiner Jacht *Velero* eine der nördlichen Galapagos-Inseln – Marchena. Auf dem unbewohnten, wasserlosen Eiland waren zwei Leichen gesichtet worden. Am nächsten Morgen identifiziert Hancock die Toten, es sind Rudolf Lorenz und Kapitän Trygve Nuggerud.

Hancock fährt weiter nach Floreana. Er überbringt den Bewohnern die neuerliche Todesnachricht. Am 6. Dezember verlässt Dore Strauch die Insel, reist mit der *Velero* bis Guayaquil, später dann weiter nach Deutschland. Gegen Ende des Krieges stirbt sie in Berlin, vermutlich bei einem Bombenangriff.

Die Wittmers bleiben auf Floreana zurück. Im Januar 1935 erscheint eine Untersuchungskommission mit bewaffneten Soldaten. Heinz und Margret Wittmer werden getrennt voneinander zum Verschwinden der Baroness vernommen. Nach der

Amtshandlung laden die Wittmers den Trupp zu einem stärkenden Imbiss ein. Der Fall landet bei den Akten.

Heinz und Margret Wittmer bekommen 1937 noch eine Tochter. Sie bleiben auf Floreana. Heinz stirbt 1963, Margret 2000. Ihre Nachkommen betreiben ein Hotel auf der Insel, die inzwischen mehr als einhundert Einwohner hat. An Rolf, den ersten Sohn Floreanas, der 2011 starb, erinnert ein Denkmal am Black Beach.

Und die Riesenschildkröten sind wieder da. Man kann sie besuchen, oben, nahe der großen Quelle.

Todesspiel

Ein dunkler Abend. Eine Bushaltestelle.
Da waren diese Mädchen. Ein Augenzwinkern des einen
genügte, und die Brüder wussten, was nun zu geschehen
habe. Sie nahmen sich Zeit dafür. Viel Zeit

VON NINA POELCHAU

Das ist ein zu groß gewachsenes Kind, dachte der Strafverteidiger Frank Kentgens, als er Markus G. im Januar 1989 zum ersten Mal sah. Kentgens war damals vierunddreißig. Es war sein erster Mordfall. Was dieser 19-Jährige getan haben sollte, erschien ihm – unfassbar. Markus G. sprach wenig. Er behauptete, er habe mit der Sache kaum was zu tun, selbst auch gar nichts gemacht. Er habe halt beobachtet, was sein großer Bruder tat. Nur dieser verschlagene, leicht überhebliche Blick passte nicht zu dem Bürschchen mit den dunklen Locken und den weichen Gesichtszügen, das Kentgens in der Untersuchungshaftanstalt gegenübersaß.

Frank Kentgens ist heute dreißig Jahre älter. Er hat in viele Abgründe blicken müssen. Doch er sagt, bei keinem seiner Fälle habe sich ihm so tief eingeprägt, wie dysfunktional Familien, wie verwahrlost und stumpf Eltern sein können. Auf welch verschiedene Arten sich Kinder in einer Umgebung einrichten können, in der es nur ein Böse und kein Gut gibt. Wie Eltern ihre Kinder zugleich psychisch zerstören und auf perfide Art zusammenschweißen können. Und welche grausame Auswirkung das haben kann. Nicht nur auf diese Kinder.

Der 14. Januar 1989 ist ein Samstag, ein klarer, kalter Tag. Gabriele M. und Gordana Z. sind enge Freundinnen, die eine ist achtzehn, die andere einundzwanzig, Gordana macht eine Ausbildung zur Bürokauffrau, Gabriele hat vor, Grafikdesign zu studieren. Sie wollen tanzen in dieser Samstagnacht. Erst in Bergheim in einem Bistro eine Freundin treffen, von dort aus mit deren Auto weiter ins nahe gelegene Köln, zu einer Feier. Gabriele M. und Gordana Z. leben beide in einer gutbürgerlichen Ecke des Bergheimer Stadtteils Quadrath-Ichendorf, ihre Väter sind Handwerker. Gabrieles Vater hatte den Mädchen angeboten, sie schnell ins Zentrum zu fahren: »Das Auto steht doch vor der Tür!« Doch sie winkten ab. Sie könnten doch den Bus nehmen, der würde sowieso gleich fahren.

In einer anderen Ecke von Quadrath-Ichendorf, dort, wo die Mieten niedrig sind und fast alle Sozialhilfe beziehen, sind die Halbbrüder Markus G. und Volker S., neunzehn und dreiundzwanzig, zu Hause. Markus G. lebt mit seiner Mutter, seinem Vater und der älteren Schwester in einem Betonkasten mit vielen Stockwerken, Volker S. ist schon vor einigen Jahren geflüchtet. Er hielt es nicht mehr aus. Er zog in eine Wohngemeinschaft, die das Sozialamt bezahlt.

Volker S. nimmt seinen kleinen Bruder Markus G. an diesem Januarabend mit auf eine Tour. Wie immer fährt er mit seinem weißen BMW 520 vor und lässt den Jüngeren ans Steuer.

Die Halbbrüder sind Versager, jeder kann das sehen. Sie haben die Schule abgebrochen, sind ohne Arbeit, beide leben von Stütze. Mehrmals wurden sie bei Diebstahls- und Einbruchsdelikten erwischt.

Aber Markus hat immerhin eine Freundin im selben Haus, er prahlt manchmal vor seinem Bruder, dass er mit ihr Sex haben könne, so viel er will. Der Ältere, Volker, hatte noch nie eine Freundin. Er ist mager und trägt in seinem etwas spitzen Gesicht eine Brille, was ihn eher wie einen Streber als wie einen arbeitslosen Kleinkriminellen aussehen lässt. Einmal hat er eine Bekannte gefragt: »Mögen mich die Frauen nicht, weil ich so schlecht aussehe?«

Die Verhältnisse, in denen Volker S. und Markus G. aufgewachsen sind, verdienen in jeder Hinsicht den Begriff prekär. Volker S. lernte seinen Vater nie kennen. Seine Mutter heiratete, als er ein Kleinkind war, einen neuen Mann. Mit dem bekam sie Markus. Sie trank und verlor oft jede Beherrschung. Volker war ihr schon als Baby lästig gewesen. Bei ihm kannte sie auch später keine Gnade. Sie drosch mit einer Peitsche auf ihn ein, einmal packte sie eine Fleischgabel und stach ihm tief ins Bein. Manchmal nahm ihn sein Stiefvater in Schutz. Den mochte Volker schon immer, aber der hat nichts zu melden.

Dass es in Volker S. brodelte, war bereits früh zu bemerken. Mit drei lief er zum ersten Mal weg, mit vierzehn trieb er sich nachts oft herum und schlief auf einer Parkbank oder kauerte in einer Telefonzelle. Seit seiner Kindheit zeigt er schwerste psychische Auffälligkeiten. Er hat die Angewohnheit, sich die Finger- und die Fußnägel auszureißen, bis alles blutig ist – ein Gerichtspsychologe wird das später als Autoaggression, als gegen sich selbst gerichteten Ausdruck von Hass auf die Mutter deuten. Zwei Mal hat Volker S. versucht, sich mit Tabletten umzubringen.

Markus G., sein Halbbruder, war zu Hause schon immer etwas besser dran als der Ältere. Der Vater verhätschelte seinen leiblichen Sohn geradezu. Die Mutter schlug zwar auch Markus, aber sie ließ ihm vieles durchgehen. Markus G. hatte früh den Dreh raus, sie zu besänftigen. Er hatte ein hübsches, etwas naives Gesicht. Und lernte, mit einem gewissen »Ich kann kein Wässerchen trüben«-Charme für sich das Beste herauszuschlagen. Er macht auch nun, als junger Mann, den Eindruck, als wären all der Frust, all die Willkür und Gewalt an ihm abgeperlt, als spürte er keine Wut, keinen Hass, als wäre er nur ein harmloses Milchgesicht.

Die beiden sind ungleich, aber sie sind Brüder, und das verbindet. Auch ihre tristen Lebensumstände verbinden sie. Markus G. hat seine Freundin, aber sonst hat er nicht viel, keinen Job und nichts zu tun. Volker S. hat keinen Job, nichts zu tun und keine Freundin, aber dafür einen BMW. Der ist sein ganzer Stolz. Mit dem holt er den Bruder öfter mal ab. Dann fahren sie durch die Gegend. Dann ist da dieses Zusammengehörigkeitsgefühl, wie es Brüder spüren. Dann sind sie wer. Dann haben sie auch ein wenig Spaß. Dann passiert auch mal etwas.

Es ist kurz vor 22 Uhr, als sie nahe einer Bushaltestelle Gabriele M. und Gordana Z. entdecken. Man kennt sich vom Sehen, so wie sich irgendwie alle jüngeren Menschen in Quadrath-Ichendorf vom Sehen kennen. Volker S. gefällt vor allem Gordana, er nennt sie »die Jugoslawin« oder »die Dunkelhaarige«. Gabriele nennen sie »die Deutsche«. Ein Augenzwinkern des einen habe genügt, und der andere habe Bescheid gewusst, was nun zu geschehen habe, wird einer der Brüder später sagen. Markus G. bremst. Wohin die Mädchen wollen? Aha, nach Bergheim! Kein Problem, liegt auf der Strecke, sie können sie mitnehmen. Gabriele und Gordana steigen ein.

Drei Kilometer fahren sie. Links strahlen die Scheinwerfer der Chemiefabrik Martinswerk in den Nachthimmel. Rechts führt ein Feldweg zum Rand des stillgelegten Braunkohleabbaugebiets »Fortuna«. Markus G. biegt in den Weg ein. 300 Meter noch, dann schaltet er den Motor aus. Vor ihnen liegen ungenutzte, überwucherte Gleise, um sie herum Wiesen, bewachsen mit Büschen und Gestrüpp. Es ist eine Gegend, in der nachts niemand freiwillig herumläuft. Das Dröhnen der Autos von der Straße ist noch schwach zu vernehmen, aber sie ist viel zu weit weg, als dass jemand dort Schreie hören würde.

Am Montag, zwei Tage nach dieser Nacht, werden Volker S. und Markus G. gefasst. Sie sitzen in unterschiedlichen Vernehmungsräumen, die Beamten nehmen sie getrennt voneinander in die Zange, beide reden kaum. Die Kommissare wissen, dass die Brüder die Mädchen auf dem Gewissen haben. Aber sie wissen nicht, wer genau was getan hat und warum.

Markus G. wirkt ruhig, er wiederholt, er habe nichts gemacht, sein Bruder sei schuld. Volker S. hingegen wirkt wie ein Pulverfass, das jederzeit explodieren könnte. Ab und zu fährt er aus seinem sturen Schweigen hoch und gibt aggressive Antworten. Drei Stunden lang sitzt er nahezu stumm da. Dann kommt ein Beamter auf die Idee, ihm Papier und einen Kugelschreiber hinzulegen. Volker S. schreibt. Vier Seiten. Nur einmal setzt er ab. Tränen steigen ihm in die Augen. Er kündigt an: »Jetzt kommt das Schlimmste.« Einer der Vernehmungsbeamten wird später sagen: »Wir bekamen eine Gänsehaut, als wir sahen, wie kalt man ein solches Tatgeschehen niederschreiben kann.«

Volker S. schreibt im holperigen Deutsch des Schulabbrechers:

»Als wir dann an der, vor längerem vereinbarten Stelle ankamen, trat mein Bruder etwas mehr aufs Gas und bog den Feldern gegenüber dem Martinswerk ein. Die Frauen fragten was das den würde. Da habe ich drauf geantwortet: Das gibt ein bisschen Spaß. Daraufhin riß die langhaarige Frau die Tür auf und wollte rausspringen, da der Wagen aber zu schnell fuhr klappte es nicht ganz. Als wir vor dem grauen Tor hielten hat sie ihre Chance wahrnehmen wollen und lief Richtung Straße. Mein Bruder lief hinterher und ich wollte die zweite Frau im Auto festhalten was mir mißlang, ich sprang auch aus dem Auto und holte sie ein dabei biß sie mir in den rechten Unterarm. Die zwei Frauen versuchten uns umzustimmen, was ich an denen ihrer Stelle auch getan hätte, aber die dunkelhaarige, die neben mir saß drohte dann auch mit einer

Anzeige. Da stand für uns fest das wir es durchziehen und zwar unumstößlich.«

Was danach geschah, lässt sich nur aus diesen Notizen, die später im »Spiegel« veröffentlicht wurden, und den weiteren Aussagen der beiden Brüder rekonstruieren, die sich teilweise widersprechen. Die glaubhafteste Version geht wie folgt.

Die jungen Frauen sind eingeschüchtert. Vielleicht denken sie nach ihrem erfolglosen Fluchtversuch, sie sollten am besten alles über sich ergehen lassen, dann würden sie schon irgendwie aus der Sache herauskommen, vielleicht wartet jede von ihnen darauf, dass die andere etwas unternimmt. Vielleicht fürchten sie sich vor dem Messer, das einer der Brüder im Mondlicht funkeln lässt. Es ist Markus G., der Jüngere.

Die Männer dirigieren sie einen Hang hinauf, hinter ein Gebüsch. Markus G. entfernt sich mit Gabriele M. Volker S., der Ältere, beschreibt in seinem Geständnis, dass er selbst seine Hosen herunterzog und Gordana Z. aufforderte, sein Glied in die Hand zu nehmen. Sie habe gesagt, dass sie das ekle. Sie habe ihm direkt und unerschrocken in die Augen gesehen. Er habe kurz überlegt, ob er sie zwingen solle, ihn anzufassen. Dann habe er es getan.

Volker S. schreibt:

»Als ich fertig war bin ich mit der jungen Frau bis zum Weg hinuntergegangen, und habe meinen Bruder aus etwa 7-8 m gefragt wie weit er wäre. Er antwortete das es noch etwas dauern würde. Ich fluchte daraufhin. Denn ich wollte nicht sehen wie er mit der anderen Frau schlief. Die Frau, die bei mir war fror. Ich versuchte sie zu wärmen, da ich mir noch unschlüssig war wie weit ich gehen soll ...«

Die Frauen stolpern neben den Brüdern zurück zum Auto, sie sind nackt, es ist kalt, die Männer sehen zu, wie sie ihre Kleider nehmen und sich wieder anziehen, alle vier steigen in den Wagen und rauchen. Gabriele M., das wird Volker S. zumindest später behaupten, sagt: »Ihr könnt euch denken, dass wir euch jetzt anzeigen.« Die Brüder geben sich ein Zeichen.

Volker S. schreibt:

»Nach zwei Zigaretten bin ich mit meinem Bruder ausgestiegen. Wir wußten nicht was wir machen sollten, da bis dahin alles ohne Gewalt verlief. Wir hatten das eine wie das andere durchdacht, und sind dann doch zu diesem Grausigen Entschluß gekommen. Die Mädchen mußten sich nach der Vergewaltigung noch einmal ausziehen, auch Schmuck, Uhr und Schuhe ablegen, was sie auch bedenkenlos taten. Es war so vereinbart das jeder eine umbringt. Mein Bruder fragte mich was geschehe wenn er es nicht schafft. Da habe ich gesagt das ich es dann machen muß. So war es dann auch.«

Die Brüder drängen ihre Opfer wieder Richtung Gebüsch. Markus G. lässt das Schrecklichste den Bruder tun. Er selbst quält in der Zwischenzeit Gabriele M., als wäre das alles ein Spiel, fast ein Happening. Der wie erstarrt vor ihm stehenden Frau fügt er mit einem Messer tiefe Schnitte in die Haut zu, schneidet mit fester Hand Rauten und Kreise in ihr Gesäß. Unterdessen zieht sein Bruder Gordana Z. hinter ein Gebüsch und erklärt ihr: »Ich kann dich zwar gut leiden, aber ich muss dich jetzt umbringen.« Er packt mit beiden Händen ihren Hals. Sie hält, so schildert er es später, seinem Blick stand, bis sie fast tot ist. »Sie wehrt sich kaum«, wird er schreiben:

»Sie wackelt mit dem Kopf und strampelt mit den Beinen, aber nicht mit den Händen.«

Es dauert einige Minuten, bis sie sich nicht mehr bewegt.

Gabriele M. muss mit anhören, wie Markus G. seinem Bruder zuruft: »Ist sie tot?«, und dieser ganz aus der Nähe antwortet: »Geh doch zu der Leiche und sieh nach, ob sie wirklich tot ist.« Volker S. wird beschreiben, dass Gabriele M. auf ihn ganz ruhig wirkte. Nur als sie gehört habe, dass ihre Freundin tot sei, kommt sie ihm »etwas ängstlich« vor. Er legt ihr von hinten den Arm um den Hals und drückt mit dem Unterarm ihre Kehle zu. Es ist ihm zu lange gegangen bei »der Jugoslawin«, diesmal soll es schneller gehen. ›

Wie kann es sein, dass sich die Frauen nicht wehrten? Der Vater von Gabriele M. beschrieb seine Tochter später als »mutig und abwehrbereit« – es habe nicht zu ihr gepasst, dass sie nicht um ihr Leben kämpfte.

An den Brüdern sind, abgesehen von der Bissverletzung an Volker S.' Unterarm, keine Abwehrspuren zu sehen, keine Kratzwunden, an den Leichen der Frauen gibt es keinerlei Hinweise auf einen Kampf. Die Richterin vermutet: »seelische Ohnmacht«, die die Frauen wehrlos machte. Dass beide in Schockstarre waren und die Richterin recht hatte, ist aus heutiger Sicht wahrscheinlich. 2017 haben Forscher in Stockholm mit einer Studie untermauert, dass manche Opfer von Vergewaltigungen in eine »tonische Bewegungslosigkeit« verfallen – von der Natur ist das eigentlich als ein Schutzmechanismus gedacht, ähnlich dem Totstellreflex bei Tieren. Ein Mensch ist dann nicht ansprechbar, er kann sich kaum bewegen und kaum sprechen.

Es ist eine der drei typischen Reaktionen von Vergewaltigungsopfern: Manche versuchen zu fliehen, manche versuchen zu kämpfen – und manche erstarren. Es ist keine durchdachte Entscheidung, es passiert unbewusst. Manchmal ist es eine fatal falsche Überlebensstrategie.

Es dauert nur einen Tag, dann stößt einer der Werkschützer des Braunkohlereviers auf die Leichen. Im Rundfunk und Fernsehen wird darüber berichtet. Ein Mitbewohner von Volker S. findet im Bad den Rest eines Passbilds – übrig geblieben, als S. die Papiere der jungen Frauen über der Toilettenschüssel verbrannte. Der Mann ruft die Polizei.

Als Frank Kentgens bald darauf angetragen wird, das Mandat

für den jüngeren Bruder Markus G. zu übernehmen, will er mit den Eltern sprechen. Was er vorfindet, sprengt alles, was er sich bis dahin unter einer Familie vorstellen konnte. Ein Hochhaus, dritter oder vierter Stock, erinnert er sich, der Vater macht auf, »ein Wrack, kaum ansprechbar, kaputt von Alkohol und Zigaretten«. Die Mutter kommt dazu, Kentgens sagt heute: »So ein Typ wie eines von Fritz Honkas Opfern. Verlebt, verwahrlost.« Er will über Geld sprechen. Sie sagt: »Geht mich nichts an, ich hab ja nichts gemacht, müssen Sie mit meinen Söhnen reden.« Dann fragt sie, wann die Gerichtsverhandlung sei. Kentgens: »Als sie den Termin hörte, schüttelte sie den Kopf, sagte: ›Nee, da ist Kegelausflug. Da geht nichts.‹« Kentgens verabschiedet sich, entsetzt.

Bei der Polizei meldet sich, nachdem die Festnahme publik geworden ist, eine Frau. Sie sagt, dass in der Gegend schon mal zwei junge Frauen vergewaltigt und misshandelt worden seien, ebenfalls von zwei Brüdern. Es handelt sich um ihre Töchter. Knapp zwei Jahre ist das her. Der Ablauf war ähnlich. Die 15- und die 17-Jährige stiegen nach einem Discobesuch zu zwei jungen Männern in einen weißen BMW. Die bogen in ein Waldstück ab, fesselten und knebelten sie und bedrohten sie mit einem Messer. Erst jetzt, da die Brüder in U-Haft sind, haben sie sich getraut, zur Polizei zu gehen. Sie identifizieren Volker S. und Markus G. als ihre Peiniger. Und was sie von dieser Nacht erzählen, korrigiert den ersten Eindruck, den nicht nur die Beamten von der Rollenverteilung der Brüder hatten.

Die Frauen beschreiben Markus G. keineswegs als Mitläufer, als Adjutanten des großen Bruders – sondern als treibende Kraft. Er hatte ein Messer und vergewaltigte die jüngere der Schwestern. Sein Bruder ließ von der älteren nach einer Weile ab. Markus G. schlug ein sadistisches Spiel vor. Er und sein Bruder würden mehrmals eine Münze werfen. Je nachdem, welche Seite häufiger oben wäre, würden sie die Mädchen umbringen oder leben lassen. Der damals 17-Jährige habe sich an ihrer Todesangst ergötzt, sagen die Mädchen. Er habe ihnen mit böser Freude erzählt, er und sein Bruder hätten schon viele Mädchen vergewaltigt, ihnen Körperteile abgeschnitten und sie dann umgebracht. Die 17-Jährige flehte um ihr Leben. Die 15-Jährige weinte. Volker S. sei der gewesen, der sie wenigstens hoffen ließ und bei aller Brutalität eine, wenn auch absurde, menschliche Regung zeigte. Er zwinkerte ihnen zu, als wäre alles nur ein Spaß, bedeutete ihnen, er würde beim Münzenspiel mogeln. Nach zwölf Stunden ließen die Brüder sie laufen. Sie warnten sie. Ein Wort – und sie müssten büßen. Die Mädchen vertrauten sich erst Monate später ihrer Mutter an. Die Drohung wirkte nachhaltig – auch die Mutter schwieg.

Als Volker S. zum Mord an Gordana Z., seinem ersten Opfer, vernommen wird, sagt er den Satz: »Wenn sie nur auch geweint hätte … ich hätte vielleicht nichts gemacht …«

Das Gericht verurteilt Volker S. im Frühjahr 1989 zu lebenslänglich. Er sagt kein Wort zu den trauernden Angehörigen. Seinen Bruder sieht er kaum an. Als der Vater von Gabriele M. ihm im Gerichtssaal mit einer knappen Handbewegung am Hals entlang bedeutet, dass er ihm gern die Kehle durchschneiden würde, springt Volker S. auf und schreit: »Dich krieg ich auch noch!«

Markus G. bleibt ruhig. Er war zur Tatzeit 19 und könnte nach Erwachsenenstrafrecht verurteilt werden, die Richterin entscheidet sich aber für das mildere Jugendstrafrecht. Er bekommt zehn Jahre. Die Richterin sagt: »Markus G. steht sittlich und moralisch auf der Stufe eines Elfjährigen, der Fliegen Beine ausreißt. Ein solcher Sadismus ist bei einem Kind etwas Schreckliches, bei einem Erwachsenen eine Katastrophe.« Der psychiatrische Gutachter glaubt, dass Markus G. »schon berührbar« sei. Veränderung erscheine – anders als bei seinem älteren Bruder – möglich. Doch Frank Kentgens, sein Anwalt, tut in seinem

Plädoyer etwas Ungewöhnliches. Er verteidigt den jungen Mann einerseits und pocht darauf, dass G. nicht töten wollte. Aber er warnt das Gericht auch. Was er damals zur Richterin gewandt ausspricht, klingt wie ein dringender Appell, den jungen Mann mit dem Bubengesicht bloß nicht zu unterschätzen:

»Wir haben es mit einer lebenden Zeitbombe zu tun.«

Es habe ihn nicht überrascht, als er später erfuhr, wie es mit seinem Mandanten weitergegangen war, sagt der Anwalt Kentgens heute. Über Kentgens Schreibtisch hängt ein Bild, das die Gerichtszeichnerin seinerzeit zum Prozess angefertigt hat. Sein Vater hat es ihm 1989 zu Weihnachten geschenkt, als Erinnerung an Kentgens' ersten Mordprozess. Es war nicht sein letzter. Es war auch nicht der letzte Prozess für Markus G.

Nach zehn Jahren hatte G. seine Jugendstrafe abgebüßt. Er bezog in Darmstadt ein Zimmer. Es dauerte ein paar Wochen, dann fuhr er nachts mit einem Auto durch die Gegend. Er schlug eine 17-Jährige, die gegen Mitternacht auf dem Heimweg war, mit einem Baseballschläger nieder, fesselte sie, verklebte ihr die Augen mit einem Band. Er zwang sie in den Kofferraum seines Autos. Auf einem abgelegenen Grundstück vergewaltigte er sie über Stunden. Im Morgengrauen setzte er das völlig verstörte Mädchen an einer Straße ab. Eine Sonderkommission suchte vierundzwanzig Tage lang. Die Polizei kontrollierte alle Männer, die in einem Umkreis von zwanzig Kilometern wohnten. Faserspuren in seinem Auto verrieten Markus G. – die junge Frau erkannte seine Stimme wieder. Er hatte mit ihr ein schreckliches Spiel gespielt. Über Stunden hatte er es ausgekostet, sie im Ungewissen zu lassen, ob er sie verschonen würde – oder töten.

Markus G. wurde im Herbst 1998 zu acht Jahren verurteilt, das Gericht verordnete anschließende Sicherungsverwahrung. G. und sein Bruder sind bis heute im Gefängnis. Dass einer von ihnen noch einmal freikommt, ist unwahrscheinlich.

Unheil

Eine Frau. Ein Mann. Ein trautes Heim

von FÉLICE GRITTI und JULIA KOPATZKI

»Wir waren glücklich und unendlich froh,
wir waren zusammen und liebten uns so.«

Der Mann muss jetzt los. Er greift nach den Tüten, Lidl, Kaufland, Rewe, die teuren, aus dem guten Plastik, mit dem festen Griff. Es sind keine fünf Kilometer, aber sein Gepäck ist schwer. Die Luft riecht nach Feuerwerk und Winter, Raketen steigen in den Himmel, leuchten für einen Augenblick die Nacht aus. Um zu Fuß an den See zu kommen, wird er über eine Stunde brauchen. Sein Weg führt vorbei am Spielplatz vor dem Haus, durch die Siedlung, in der sie seit einigen Jahren leben, in der die Nachbarn das neue Jahr feiern. Weiter durch den dunklen Park, durch das Industriegebiet, in dem in der Silvesternacht die Maschinen stillstehen. In der Ferne hört er Böller.

Der See liegt dunkel in der Nacht, elf Kilometer lang, an seiner tiefsten Stelle reicht er einunddreißig Meter hinab, und wer ihn kennt, der weiß, dass hier Menschen verschwinden. Taucher, Badende, der See hat schon so manchen für immer verschluckt. Hoffentlich wird auch das Geheimnis des Mannes auf den Grund sinken und nie mehr auftauchen. Er steht auf dem alten Anleger, am Ufer recken sich kahle Bäume in die Nacht, verlassene Segelboote schaukeln auf den Wellen. Er ist angekommen.

Der Mann greift in die Tüte, zieht heraus, was er zu fassen bekommt, und schleudert es in den See. Die leeren Tüten wirft er ins Schilf, das Wasser wird die Spuren an ihnen schon wegwaschen. Durch die Dunkelheit geht er zurück. Er ist noch nicht fertig.

Als in der Einsatzleitstelle des Polizeipräsidiums Neubrandenburg der erste Notruf eingeht, sitzt Kriminalhauptkommissar Frank Taggesell mit einem gebrochenen Zeh zu Hause, er ist krankgeschrieben. Es ist der Neujahrstag 2012, 11.37 Uhr. Mit zitternden Fingern haben zwei Angler die 110 gewählt. Sie stehen am Ostufer des Tollensesees, an einem alten Anleger, und sie haben den Oberkörper einer Frau entdeckt. Bleiche Hautlappen treiben im dunklen Wasser.

Die Polizei sperrt den Fundort ab, ruft Beamte aus benachbarten Revieren und durchkämmt das Ufer, aus Schwerin rücken Polizeitaucher und eine Hundestaffel an. Gegen 15 Uhr der nächste Anruf: Am Nordufer des Sees, 20 Minuten Fußweg vom ersten Fundort entfernt, haben Spaziergänger zwei Arme entdeckt, angespült am Strand. Wenig später, etwa 250 Meter weiter, finden Polizisten das nächste Leichenteil. Die Beamten schicken alles in die Rechtsmedizin nach Greifswald und suchen weiter das Ufer ab, bis in die Nacht. Die Polizei findet an diesem Neujahrstag nur noch ein paar Plastiktüten. Sie sehen sauber aus. Das Landeskriminalamt in Rampe bei Schwerin soll sie trotzdem untersuchen.

Am nächsten Tag geht Kommissar Taggesell zum Arzt, lässt sich gesundschreiben und stellt die »Mordkommission Tollense« zusammen, benannt nach dem kleinen Fluss, der in diesen großen See mündet, der seine Geheimnisse so gründlich hütet.

Der Mann hatte eine Frau. Das Paar heiratete jung. Sie war achtzehn, er neunzehn Jahre alt. Die erste große Liebe, die einzige. Fünfzig Jahre Ehe. Sie war Sekretärin, er Maschinenschlosser. Es war ein schönes Leben, ein friedliches.

Über dieses Leben schrieb die Frau ein Gedicht, nahm es auf. Eines Heiligabends überraschte sie ihren Mann mit dem Tonband.

Es gibt ein Video davon. In den 90er-Jahren kaufte die Frau eine Kamera, seitdem filmte sie das Leben, konservierte es. Sie filmte ihren Mann, sie filmte die Wohnung, nur selten filmte sie sich.

Im Wohnzimmer strahlt ein Weihnachtsbaum, mit Lametta und kleinen Engeln behängt, auf der Couch sitzt der Mann. Als er merkt, dass die Kamera läuft, lockert er seinen Hemdkragen.

»Bin ich denn fotogen?«, fragt er, streicht sich das dunkle Haar aus der Stirn, rückt die Brille zurecht.

»Ja«, haucht sie.

Dann spielt sie das Gedicht ab. Es beginnt so:

> *»Kannst du dich erinnern, wie unser*
> *erstes Weihnachtsfest war?*
> *Brachtest mir ein Weihnachtsgeschenk*
> *und wünschtest, dass auch ich immer an dich denk.*
> *Schwörtest mir Liebe und Treue dazu, auch ich*
> *war verliebt. Zur Verlobung gab's nur Ringe aus Holz,*
> *für Gold hat unser Geld nicht gereicht.*
> *Und doch waren wir glücklich und unendlich froh.*
> *Wir waren ja zusammen und liebten uns so.*
> *Ich lernte basteln, kochen, nähen.*
> *Wollte das größte Glück auf Erden dir geben.*
> *Unsere Wohnung war klein, doch unsere Liebe sehr groß.*
> *Wir hatten auch Fehler, doch darüber lachten wir bloß.*

Bald hatten wir Söhne, drei,
da war um vier die Nacht vorbei.
Gingen beide arbeiten, den ganzen Tag,
abends wurden die Wohnung und Schulaufgaben gemacht.
Wie spielten die Kinder so glücklich und froh,
wir waren zusammen und liebten uns so.«

65 000 Menschen leben in Neubrandenburg, es ist eine kleine Stadt und doch die größte im östlichen Mecklenburg-Vorpommern, diesem vergessenen Landstrich zwischen Berlin und Ostsee. Der Fund der Leichenteile spricht sich schnell herum, und schnell werden es immer mehr. Sie tauchen auf am Nord- und Ostufer des Sees, wo im Sommer Kinder baden. Es ist schnell klar, dass sie von ein und demselben Menschen stammen. Am 4. Januar, drei Tage nach dem ersten Fund, fragt die »Bild«: »Wer ist die Tote vom Tollensesee?« Kommissar Taggesell weiß keine Antwort. Seine Leute klingeln bei den Bordellen der Stadt, gleichzeitig befragen sie mehr als hundert vorbestrafte Männer, doch niemand erregt den Verdacht der Ermittler, niemand weiß etwas. Niemand hat eine Frau als vermisst gemeldet.

Die Greifswalder Rechtsmedizin meldet sich: Die Leichenteile lagen höchstens einen Tag im Wasser, vielleicht nur wenige Stunden. Der Täter hat die Frau erst nach ihrem Tod zerstückelt, vermutlich mit einem großen Küchenmesser. Wie sie starb, ist unklar, vielleicht gibt es eine Verletzung am Kopf. Doch der Kopf fehlt, und so lässt sich auch das Alter kaum eingrenzen. Manches deutet auf eine junge Frau hin, anderes auf eine ältere. Sie war schlank und hatte mindestens eine Schwangerschaft erlebt. Es gibt keinen Hinweis auf Krankheiten. Die Mediziner wagen eine vorsichtige Schätzung, fünfundzwanzig bis fünfundfünfzig Jahre. Das LKA gleicht Vermisstenanzeigen ab und schaltet Interpol ein.

Kommissar Taggesell ist seit vierunddreißig Jahren Polizist, hat Dutzende Leichen gesehen, Dutzende Täter ermittelt, und er ahnt, dass dieser Fall besonders schwer wird. Taggesell fehlt der Anker jeder Mordermittlung: die Identität des Opfers.

Zur gleichen Zeit ziehen sich Alfred Waschkowski und sein Team in die Polizeischule Güstrow zurück, westlich von Neubrandenburg: keine Ablenkung, kein Feierabend, nur ein paar Stunden Schlaf pro Nacht. Waschkowski ist Leiter der Operativen Fallanalyse beim LKA Mecklenburg-Vorpommern, der oberste Profiler. Seine Analyse: Vermutlich ereignete sich die Tötung in einer Wohnung. Der Täter nutzte offenbar ein Messer, am Fundort lagen Plastiktüten – Utensilien, wie es sie in jedem Haushalt gibt. Der Täter könnte aus dem Umfeld des Opfers stammen, es könnte eine Vorgeschichte geben. Er hat die Leiche nicht einfach nur zerstückelt, um sie besser transportieren zu können. Er hat auch den Torso enthäutet, den Körper ausgeweidet, die Organe aufgeschlitzt. Bei der Zerstückelung, vermutet Waschkowski, hat sich etwas entladen.

Etwas Finsteres.

Der Baum strahlt hell. Leise läuft »Ihr Kinderlein kommet«. Weihnachten feiert das Paar allein, die Söhne sind erwachsen, haben inzwischen eigene Kinder. Der Mann trägt ein weißes Hemd und einen roten Pullunder, die Frau eine golden gestreifte Bluse.

»Liebling«, sagt der Mann, »nun komm aber mal zu mir.«

Sie umarmen sich, eng umklammert wünschen sie sich ein frohes Fest. Sie drücken ihre Nasen aneinander, nuscheln die Worte in den Mund des anderen. Die Frau sagt: »Ich wünsche dir, dass die nächsten 30 Jahre genauso schön werden.«

Der Täter hat die Leichenteile in Ufernähe entsorgt. Er warf sie einfach hinein, versenkte sie nicht, einige trieben oben, waren leicht zu entdecken. Er stand unter Stress, glaubt Waschkowski.

Wahrscheinlich ging er mehrere Male an den See, immer an eine andere Stelle. Manche Fundorte erreicht man schlecht mit dem Auto, er muss zu Fuß oder mit dem Fahrrad gekommen sein. Der Profiler ist sich sicher: Der Täter kommt aus der Gegend.

Als Waschkowski mit seinem Team in Neubrandenburg ankommt, fängt Kommissar Taggesell ihn schon auf dem Parkplatz ab. Waschkowski präsentiert der Mordkommission seine Ergebnisse, der Vortrag dauert drei Stunden.

Der Mann liest die Schlagzeilen. Täglich berichten die Zeitungen über die Ermittlungen, sie schreiben, dass die Tote aus dem See vielleicht eine Prostituierte war.

Er muss etwas tun.

Die nächste Telefonzelle ist nicht weit. Es hat den ganzen Tag geregnet, aber die Nacht ist klar und kalt. Die Uhr zeigt zwanzig vor eins, es ist der 8. Januar, er hat sich die Worte zurechtgelegt. Er wählt.

»Polizeinotruf.«

»Irina Pablowski. 31. Polin, Hure. Wollte dem Dicken von Krakow das Geschäft abnehmen.«

Hastig legt er auf. Er geht weg.

Doch er findet keine Ruhe.

Der Mann sucht sich eine andere Telefonzelle, zwischen Bahngleisen und Bürogebäuden. Zu Fuß braucht er eine halbe Stunde. Es ist fast fünf Uhr morgens. Er wählt.

»Notruf der Polizei.«

Er stockt. »Irina Polanski. 31. Polin, Hure.« Seine Stimme klingt müde. »Es war der Dicke.«

Sofort schickt die Polizei die Spurensicherung los, die Experten nehmen DNA-Proben vom Telefonhörer. Eine Aufnahme des Anrufs geht zum LKA Brandenburg, Spezialisten sollen die Sprache analysieren.

Kommissar Taggesell prüft indes den Hinweis des Mannes. In einem Nachbarort von Neubrandenburg findet er einen Mann, den man im Rotlichtmilieu »den Dicken« nennt, der Kommissar forscht vier Tage lang, doch dann ist klar, was er schon ahnte: Der Mann hat mit dem Fall nichts zu tun.

Taggesell zweifelt jetzt kaum noch: Der nächtliche Anrufer und der Täter sind dieselbe Person. Am 18. Januar kommt das Gutachten vom LKA. Der Anrufer sei älter als sechzig Jahre und stamme aus dem Süden der östlichen Bundesländer, sagen die Sprachanalytiker.

Profiler Waschkowski sagt: Der Täter hat seinen ersten Fehler begangen. Er hat sich verhaspelt. Erster Anruf: Irina Pablowski, vier Stunden später: Irina Polanski, für Waschkowski ein Zeichen der Verunsicherung. Wer falsche Fährten legt, hat Angst. Wer Angst hat, ist kein Profi. Waschkowski geht von einer Tötung im Affekt aus. Als der Täter die Leiche zerstückelte, um sie wegzuschaffen, muss ihn die Wut ein zweites Mal überkommen haben. Sonst hätte er Organe und Torso nicht derart zugerichtet.

Eine Woche ist der Mann nun schon allein. Die Wohnung ist still, der Herd bleibt kalt. Keine Küsse, keine Nähe. Auf der Bettseite der Frau sitzt jetzt eine Puppe. Sie waren nur selten getrennt.

Auch davon erzählt die Frau in dem Gedicht:

»Als du ins Krankenhaus musstest,
stürzte die Welt für mich ein.
Bekam hohes Fieber, war kränker als du.
Vom Himmel, da goss es, doch ich, ich fand keine Ruh.
Setzte mich aufs Fahrrad und fuhr kilometerweit,
um Kuchen zu bringen und bei dir zu sein.
Stand stundenlang vor'm Fenster, denn die Besuchszeit
war längst um.

Du schautest hinunter, das reichte ja schon.«

Der Mann lacht, blickt an der Kamera vorbei zu seiner Frau:

»Ich weiß noch, wie du pitschnass ankamst.«

Aufgrund der nächtlichen Anrufe kann Waschkowski zwei weitere Punkte auf seine Karte setzen. Bislang hatte er dort bloß die Fundorte der Leichenteile eingezeichnet und um jeden einen Radius von zwei Kilometern gezogen – dort, wo die Kreise sich überschneiden, verortet er die Wohnung des Täters. Nun zeichnet der Profiler zwei weitere Kreise um die Telefonzellen – und die Schnittmenge auf seiner Karte schrumpft. Waschkowski vermutet den Täter im Osten der Stadt. Es stehen dort auch einige Supermärkte: Lidl, Kaufland, Rewe.

Am 22. Januar ruft das LKA bei Kommissar Taggesell an: Das Labor hat zwei Spuren gefunden. An der scheinbar sauberen Lidl-Tüte vom Seeufer klebte die DNA des Opfers – und eine unbekannte männliche DNA, die mit der Probe aus der Telefonzelle übereinstimmt. Taggesell hat drei Wochen lang geschuftet, auch am Wochenende, jetzt feiert er den ersten Durchbruch: Die DNA des Täters ist ermittelt, er ist sich sicher.

Die Ermittler speisen die Gen-Spur in eine bundesweite Datenbank ein, erhalten vierunddreißig vorläufige Treffer und beginnen mit den Überprüfungen – passt einer der Treffer auch im Detail zu der Täter-DNA? Dafür müssen die Techniker frische Speichelproben der vierunddreißig Straftäter aus der Datenbank nehmen und die DNA in Feinarbeit mit den Spuren von der Lidl-Tüte und aus den Telefonzellen abgleichen. Das kann Wochen dauern, weiß Taggesell, er will nicht so lange warten.

Am 31. Januar lässt er die Sprachaufnahme des Anrufs im Radio und Fernsehen senden und auf einer Polizei-Hotline abspielen. Tausende Menschen rufen an, die Telefonleitung des Polizeipräsidiums bricht zusammen.

Die Ermittlungsakte wird dicker und dicker, doch die Identität des Opfers bleibt ein Rätsel. Taggesell durchsucht Neubrandenburg jetzt nach Frauen, deren Verschwinden womöglich niemand bemerkt hat: Alleinstehende, Rentnerinnen, Ausländerinnen. Die Beamten überprüfen 782 Frauen, besuchen sie, rufen sie an. Alle sind wohlauf.

Das exakte Ergebnis des DNA-Abgleichs kommt: Unter den vierunddreißig vorläufigen Treffern gibt es keine einzige tatsächliche Übereinstimmung.

Der Winter klingt aus, Taggesell ist noch immer nicht weitergekommen, und auf dem Mühlenteich, im Osten des Tollensesees, schmilzt das Eis. Am 28. Februar gibt es einen Plastiksack frei, darin ein rechter Ober- und Unterschenkel. Der linke Oberschenkel taucht wenig später auf, wieder im Tollensesee, an einem Bootsverleih. Die Rechtsmedizin schätzt die Größe des Opfers nun auf 1,60 Meter bis 1,65 Meter, das Alter auf über fünfzig.

Der Mann sieht die Zeugenaufrufe, die überall in der Stadt hängen. 2500 Euro wollen sie zahlen, wenn der Hinweis zum Täter führt. In den Zeitungen schreiben sie von dem Anruf, das Fernsehen spielt den Mitschnitt ab. Es gibt eine Hotline, um ihn sich anzuhören. Sie fragen, ob jemand die Stimme kennt, seine Stimme. Sie haben die Beine seiner Frau im Teich gefunden. Wann werden sie ihn finden?

Es ist bereits Ende März, als Kommissar Taggesell zu seinem letzten Mittel greifen kann. Die Hürden sind hoch, das Amtsgericht Neubrandenburg hat fast zwei Monate über den Antrag beraten. Die Ermittler haben keinen Verdächtigen, aber sie haben die DNA des Täters, und nach der Analyse seiner Stimme und seines Bewegungsprofils haben sie eine Vermutung, wo er zu finden ist: unter Männern in Neubrandenburg im Alter zwischen fünfzig und siebzig Jahren.

Taggesell will einen Massengentest. Betroffen wären 9582 Männer, 9581 Unschuldige, ein Schuldiger, sie alle sollen freiwillig eine DNA-Probe abgeben. Es ist das Schleppnetz verzweifelter Ermittler. Am 23. März stimmt das Amtsgericht Neubrandenburg zu.

Anfang April landet das erste Schreiben im Briefkasten des Mannes. Richterlicher Beschluss, Gentest, Aufklärung, Bitte um Mithilfe. Er wird nicht hingehen, er kann nicht. Aber wenn er nicht geht, werden sie genau deshalb auf ihn aufmerksam werden. Die Anrufe waren ein Fehler. Die Tüten waren ein Fehler. Der Plan funktioniert nicht.

Die Polizei errichtet in der ganzen Stadt Test-Stationen, lädt zunächst die Männer aus den Wohngebieten nahe der Fundorte, dann sind die Siedlungen in der Oststadt an der Reihe. Vierhundert bis fünfhundert Männer pro Tag, immer von Donnerstag bis Sonntag, der Druck auf Taggesell wächst, seine Anspannung auch. Die Tage vergehen.

Kein Treffer.

Rund zwei Wochen später zieht der Mann die zweite Ladung zum Gentest aus dem Briefkasten. Sie haben bemerkt, dass er nicht erschienen ist. Das Einkaufscenter, in dem die Männer aus der Oststadt ihre Probe abgeben sollen, liegt gleich um die Ecke. Er kann die Männer sehen, wie sie hineingehen, weiß, dass alle Tests ins Leere führen werden. Wer beide Briefe ignoriert, wird nach seinen Gründen gefragt.

Der Mann klingelt bei seinem Nachbarn, dem Einzigen, mit dem das Ehepaar hin und wieder sprach. Ob er den Briefkasten für ihn leeren könne, fragt er. Er fahre zu seiner Frau, die seit einigen Wochen ihre Schwester besuche. Danach wollen sie gemeinsam auf Kur, sagt er.

Auf einem karierten Ringblock schreibt er einen Brief. Vier Seiten, die von Liebe erzählen und von einem Versprechen. Er legt den Block mit dem Brief in die Schublade des Nachttischs. Irgendwann werden sie ihn finden, das weiß er.

Ein letztes Mal putzt er die Wohnung. Alles sieht aus wie immer: zwei Teller auf dem Küchentisch, zwei Kerzen, in der Mitte eine Schüssel. Als würden sie sich gleich zum Essen hinsetzen. Die zweite Ladung für den Gentest lässt er auf dem Tisch liegen. Der Mann greift sich eine Flasche Korn, zieht die Wohnungstür zu und geht.

Er hinterlässt ein Sammelsurium aus Kitsch. Eine Wohnung, in der kaum Platz zum Leben ist. Glasflakons, in Rot, in Grün, in Blau, immer doppelt. Statuen, Engel, Tiere, immer doppelt. Zwei Puppenmädchen bewachen den Eingang zum Schlafzimmer, auf den Nachttischen liegt Plastikobst, symmetrisch angeordnet. Überall stehen Pflanzen, aus Plastik. An den Wänden hängen Teller mit Blumenverzierung, in die Türrahmen sind Vorhänge aus Perlen gespannt.

Die Frau filmt den Mann. Er sitzt auf der Couch, vor ihm eine Dose Bier, hinter ihm eine blonde Puppe in einem pinkfarbenen Kleid.

»Meine Tochter und ich, wir erzählen uns«, sagt er und guckt zur Puppe.

»Steht dir gut, deine kleine Tochter im Hintergrund«, sagt sie. Der Mann gibt der Puppe einen Kuss.

»Fühlst du dich wohl in deiner kleinen, heilen Welt?«, fragt sie. Der Mann nickt und lächelt.

Es ist der 21. Juni 2012, Sommersonnenwende, und Kommissar Taggesells Hoffnung schwindet. Lagen er und seine Kollegen richtig? Ist der Täter wirklich aus Neubrandenburg, ist er wirklich zwischen fünfzig und siebzig Jahre alt, wird er ins Netz gehen? 171 Tage ist es her, dass der erste Notruf einging, dass die ersten Körperteile im kalten Wasser des Tollensees schwammen. Der Winter ist dem Frühling gewichen, der Frühling dem

Sommer, und noch immer ist die Leiche ohne Kopf, die Tote ohne Namen, ihr Mörder unbekannt.

9182 Männer sind in den vergangenen Wochen zum Gentest erschienen, 6640 Proben wurden bereits abgeglichen, alle negativ. Vierhundert Männer sind der Ladung nicht gefolgt, unter ihnen sind Verweigerer, Verzogene und Verstorbene, viele hat die Polizei schon überprüft.

Am 25. April sind die Ermittler auch in die Oststadt gefahren. Ihr Ziel: ein Plattenbau, neben einem Spielplatz. Sie wollten dort mit einem Mann sprechen, der auf seine zweite Ladung nicht reagiert hat. Er war nicht zu Hause. Er sei auf Kur, sagte der Nachbar. Mit seiner Frau.

Irgendwann brechen sie den Kontakt zu den Söhnen ab. Irgendwann auch zu allen anderen Menschen. Keine Freunde, keine Bekanntschaften, mit denen sie auf der Straße einen Plausch halten. Fast zwanzig Jahre leben sie isoliert in einer Zeitkapsel aus Kitsch. Sie mauern sich ein mit Nippes, in ihrer kleinen, heilen Welt.

Das Gedicht endet so:

> »Wird schöne Stunden nur noch geben, das hoffe ich sehr.
> Lass unsere heile Welt nicht zerstören, das wünsche ich mir.«
> Er schaut zu seiner Frau und sagt: »Oh, das schenke ich dir.
> Ich passe auf, dass da keiner stört.«

Es ist der 21. Juni 2012, und in der Einsatzleitstelle des Neubrandenburger Polizeipräsidiums klingelt ein Telefon. Aus einer Garage im Osten der Stadt dringt Gestank, sagt der Anrufer, der Geruch von Verwesung.

Eine Polizeistreife fährt hin und bricht die Garage auf, sie ist von innen abgedichtet mit schwarzer Plastikplane und Klebeband, dahinter steht ein silberner Ford Mondeo. In einem Korb an der Rückwand verrotten Äpfel, doch es sind nicht die Äpfel, die stinken.

Die Polizisten rufen Taggesell an, der Kommissar fährt sofort hin. Die Fenster des Ford stehen offen, im Tank ist nur noch Luft, und auf der Rückbank, neben einer leeren Flasche Korn, zerfressen von der Fäule vieler Wochen, liegt der Mann.

»Abschiedsbrief« steht über den vier Seiten, die in der Schublade versteckt sind. Es ist seine Version der Wahrheit. Er schreibt von Liebe und Manipulation. Er hat alles für sie getan, sie hat ihm alles abverlangt. Mit den Kindern durfte er nicht mehr sprechen. Wenn sie angerufen haben, hieß es, er sei krank. Er hat mitgespielt, damit sie bei ihm bleibt. Sie hat ihn gezwungen zu lügen, sie hat ihn abgeschottet, in ihrer kleinen, heilen Welt.

Er schreibt von Reue und davon, dass er jetzt alles anders machen würde. Dass er nicht das Monster sei, das alle suchen. Er schreibt von ihrem schönen Leben, in dem es an nichts mangelte. Schöne Wohnung, tolles Auto.

Er schreibt von Krankheit und Angst. Von ihrer Angst vor dem Krankenhaus, ihrer Angst vor Krankheit. Er schreibt von einem Versprechen, das sie ihm abgerungen habe, das er nun einhalten müsse. Ein grausames und dummes Versprechen. Aber er habe sie doch so geliebt.

Er schreibt, dass es der Plan seiner Frau gewesen sei. Sie habe sterben wollen, er sollte ihr folgen. Beide oder keiner.

Als Kommissar Taggesell die Leiche des Mannes gesehen hat, hat sich das Puzzle gefügt. Er ist erleichtert, und er ist enttäuscht. Auf manche seiner Fragen wird er keine Antwort mehr finden.

Taggesell kontaktiert die Söhne des Paars: Schreibt der Mann in seinem Brief die Wahrheit? Die Söhne bestätigen, dass die Mutter den Vater isoliert hat, seit Jahren haben sie ihn nicht erreicht, irgendwann haben sie es aufgegeben. Gesehen haben sie ihre Eltern in den 90er-Jahren zum letzten Mal.

Taggesell ruft bei der Krankenkasse der Frau an: War sie tatsächlich krank? Zumindest war sie seit Jahren nicht mehr beim Arzt gewesen. An den Leichenteilen waren keine Hinweise auf eine Erkrankung zu finden, der Schädel fehlt nach wie vor, die Todesursache ist bis heute nicht geklärt, vermutlich war es Gewalt gegen den Kopf oder Strangulation.

Waschkowski und Taggesell schauen die Videos an, lesen den Brief, wieder und wieder. Der Mann habe sich eine Legende zurechtgelegt, glauben sie, eine nachträgliche Rechtfertigung seiner Tat. Es sind ihre Mutmaßungen. Was genau in jener Silvesternacht geschehen ist, kann niemand mehr erklären.

Doch Waschkowski weiß: Wer einen Menschen ausweidet, wer einen Torso häutet und Organe aufschlitzt, der liebte diesen Menschen vielleicht, vor allem aber hasst er ihn. Wer einen Doppelselbstmord plant, der verwischt nach der Tötung des Partners keine Spuren. Waschkowski glaubt, der Mann habe die Isolation nicht mehr ausgehalten. Im Affekt habe er seine Frau getötet, im Zuge eines Streits. Er habe danach versucht, ohne sie zu leben.

Doch er ist gescheitert. Am Druck der Ermittlungen, sagt Waschkowski.

Und an seiner Einsamkeit.

Das Folterschiff

Diese Kälte, diese eisige Kälte. Minus 17 Grad. Wenn ein Mensch erfriert, dann stirbt er langsam von außen nach innen. Erst Finger und Zehen, dann Arme, Beine, der Körper wird steif und taub. Die Nervenbahnen im Gehirn funktionieren nur noch verzögert. Man verliert die Fähigkeit, sich willentlich zu bewegen. Langsam erlischt auch das Bewusstsein. Aber das Herz arbeitet noch. Schlägt drei Mal in der Minute, zwei Mal. Der Atem wird flacher. Bis dann alles vorbei ist. »Wollen sie wirklich, dass er hier im Kühlraum des Schiffes verreckt? »Warum kaufen ihn die Deutschen nicht frei?« Der 8. Mai 2010 ist ein elend heißer Tag, schon am frühen Morgen 30 Grad und nur leichter Wind. Von der Brücke aus haben die Seeleute freie Sicht auf den Horizont.

von KARIN und DOMINIK STAWSKI

Sie steuern die *Marida Marguerite* in den Golf von Aden, in diesen Trichter, der so vielen Seeleuten in den Wochen zuvor zur Falle wurde. Noch sind sie mehr als dreihundert Seemeilen von der nordöstlichen Spitze Somalias entfernt. Noch fühlen sie sich sicher, so weit draußen auf dem Meer. Für den Abend sind sie zu einem Konvoi angemeldet. Militärschiffe werden sie durch die gefährlichste Passage leiten. Ein paar Stunden noch.

Oleg Dereglazov telefoniert zur Mittagszeit mit seiner Frau in der Ukraine. Er erzählt nichts von seiner Sorge, ob sie es sicher durch den Golf schaffen werden. Es würde ihr und der Tochter nur den Schlaf rauben, zu Hause, viele Tausend Kilometer entfernt. Seit dreizehn Jahren ist er Chefingenieur, der wichtigste Mann nach dem Kapitän, man nennt ihn Chief. Die meisten der zweiundzwanzig Seeleute sind junge Männer aus Indien, zwei kommen aus Bangladesch. Sie haben glatte Gesichter. Bei Oleg haben die Jahre auf See Furchen hinterlassen. Man könnte ihn leicht für ruppig halten, den schlanken Mann mit dem angegrauten, welligen Haar, weil er immer schonungslos sagt, was er denkt. Doch er ist einer, dem die Gemeinschaft wichtig ist. Er findet, dass jedes Schiff wie ein kleiner Planet sein muss. Alles, was die Menschen brauchen, sollten sie dort finden, Heimat und Schutz. Auch wenn es, wie dieses Mal, nur für die drei Wochen gilt, in denen sie Speiseöl und Flugzeugbenzin im Bauch des Tankers von Indien nach Antwerpen bringen.

An Bord sei alles in Ordnung, sagt er seiner Frau. Dann legt er auf.

Minuten später hört er, wie einer der Männer auf der Brücke nach Hilfe ruft. Oleg eilt zu ihm. Sie starren auf den Radar. Etwas Kleines nähert sich mit hoher Geschwindigkeit. Es kommt von hinten und ist fast doppelt so schnell wie die *Marida*. Es muss ein wendiges Motorboot sein, vielleicht ein Skiff. Auf ihnen streifen Piraten Tag und Nacht über die See und suchen nach Handelsschiffen. Das Boot ist nur zehn Seemeilen von der *Marida* entfernt. In etwa einer Stunde wird es sie einholen. Oleg ruft den Kapitän. Mahadeo Makane, auch er ein Inder, eilt auf die Brücke, setzt den Notruf ab: Mayday, Mayday, Mayday! Dann schnappt er sich das Satellitentelefon und wählt eine deutsche Handynummer.

Reederei

Tarun Pal* ist der Sicherheitsoffizier der kleinen niedersächsischen Reederei OMCI, der die *Marida Marguerite* gehört. Er ist ebenfalls Inder, fuhr viele Jahre als Kapitän um die Welt. Er inspiziert in Amsterdam gerade eines seiner Schiffe, als sein Handy klingelt. Er hört den Kapitän auf Hindi schreien: »Sie sind gleich hier, sie sind gleich hier!« Im Hintergrund Hilferufe der Crew.

Tarun ruft die Notfallnummer einer Marine-Taskforce an, die bei einem Piratenangriff Militärschiffe in dem Seegebiet verständigt. Doch keines ist nahe genug. Der Mann von der Taskforce fragt Tarun, wo sich die Crew aufhält. »Auf der Brücke«, antwortet Tarun.

»Es gibt keinen Sicherheitsraum?«

»Nein.«

Anders als andere Schiffe hat die *Marida* keine Kammer mit gepanzerten Wänden und einer schusssicheren Tür, in die sich die Mannschaft zurückziehen könnte, bis Hilfe kommt. Die Crew ist auch nicht bewaffnet. An Bord wachen auch keine Söldner. In der Reederei hatte man so weit draußen auf dem Meer nicht mit einem Angriff gerechnet. Tarun rennt zu seinem Auto. Er rast nach Haren westlich von Bremen, ins Emsland, zum Firmensitz von OMCI, einem Backsteinbau mit weiß gerahmten Fenstern.

Marida

»Wie viele Männer?«, schreit der Kapitän. »Sechs«, antworten gleich mehrere aus der Crew. »Sie sind bewaffnet!« Als der Kapitän in sein Fernglas blickt, sieht er, wie schnell sie nahe gekommen sind. Er kann einem Piraten direkt ins Gesicht schauen. Er sieht ihn lächeln.

Die Piraten docken in der Mitte der *Marida* an, haken ihre Enterleiter ein, klettern schnell bis nach oben an die Reling, es sind nur knapp drei Meter, so tief liegt das voll beladene Schiff im Wasser. Sie werfen eine Decke über den Stacheldraht, den die Crew zum Schutz aufgezogen hat. Klettern in Badelatschen darüber. Sechs Piraten springen an Bord. Jeder eine Kalaschnikow in den Händen. Sie schießen in die Luft. Sie schlagen gegen die Türen zur Brücke. Aus Angst, erschossen zu werden, öffnet der Kapitän, die Piraten scheuchen ihn und seine Seeleute in die Ecke, pferchen sie auf dem Boden zusammen. In diesen Minuten rattern die Rotorblätter eines französischen Militärhubschraubers über der *Marida*. Er kommt zu spät.

»Wer ist der Kapitän?«, ruft der Chef der Piraten, er nennt sich Lukas. Mahadeo Makane tritt vor, ein erfahrener Seemann von fast zweiundfünfzig Jahren, mit stämmiger Statur, grauem Haar und dicker Uhr. »Ich«, sagt er ängstlich. »Was ist geladen? Wer ist der Besitzer? Deutsch?«, herrscht Lukas ihn an. Als die Piraten das Nicken sehen, jubeln sie.

»Los! Fahr nach Somalia, an die Küste«, befiehlt Lukas. »Ich bin jetzt der Kapitän.« Er ist der einzige der sechs Piraten, der ein bisschen Englisch spricht. Ein anderer zieht ein mobiles GPS-Gerät hervor, tippt das neue Ziel ein. Als die Sonne untergeht, nimmt die *Marida* Kurs auf Somalia.

Reederei

Tarun hat sich mit anderen Managern auf der Chefetage der Reederei versammelt. Es ist Samstagnachmittag, die wichtigsten Leute sind aus dem Wochenende herbeigeeilt. Sie starren entsetzt auf ihr Ortungssystem, die *Marida* ändert den Kurs. Es ist das erste Mal, dass eines ihrer Schiffe gekapert wird. Entführungen sind eines der größten Probleme ihrer Branche geworden. OMCI hat deswegen eine Versicherung für »Kidnapping & Ransom« abgeschlossen, Entführung und Lösegeld. Sie haben sich für eine Deckungssumme von fünf Millionen Dollar entschieden. Die Versicherung hat gleich einen Auftrag an eine der weltweit führenden Beratungsgesellschaften für Risikofragen erteilt. Die Londoner Firma »Control Risks« hilft im Fall von Schutzgelderpressungen, Bombendrohungen oder Geiselnahmen. Zwei Berater fliegen nach Deutschland.

Sie entscheiden, dass Tarun die Anrufe führen soll. Die Piraten sollen nicht merken, dass professionelle Verhandler eingeschaltet sind. Außerdem ist er nur ein Mitarbeiter der Firma. Er kann also immer sagen, dass er neue Summen erst mit seinem Chef absprechen muss. Er spricht Hindi, was der Reederei ermöglichen könnte, dem Kapitän unbemerkt Informationen weiterzugeben. Und er war selbst einmal Kapitän, einige aus der Crew kennen ihn. Aber wird Tarun dem Druck standhalten?

Er ist nervös. Aber auch mutig und pflichtbewusst genug, um den Job zu übernehmen. Das niedersächsische Landeskriminalamt richtet unter dem Stichwort »Piratenhotline« eine Überwachung für sein Handy ein und eröffnet ein Ermittlungsverfahren wegen erpresserischen Menschenraubs. Mehr können die Beamten nicht tun. Denn die somalische Küste ist nicht ihr Hoheitsgebiet und Somalia kein funktionierender Staat, mit dem man zusammenarbeiten könnte. Und die Seeleute sind keine deutschen Staatsbürger, denen zu helfen sie verpflichtet wären. Die Crew und die Reederei sind auf sich allein gestellt. In Haren machen sie aus dem Konferenzraum der Geschäftsführung ein Lagezentrum, dort sitzen sie und warten auf den ersten Anruf.

Marida

Immer wieder erreichen Skiffs den Frachter und bringen mehr Piraten. Viele tragen Uniform, einige Badelatschen und Shorts, die meisten haben kaum Zähne im Mund, obwohl sie jung sind. Zu Dutzenden stehen sie auf den Decks, kauen auf den Blättern der Kath-Pflanze, die entspannend und berauschend wirken. Und sie sind bester Laune.

Nach drei Tagen, am 11. Mai, hat die *Marida* das Ziel erreicht: Garacad in der Region Puntland. Die Stadt der Piraten. 150 Häuser auf einem staubigen Streifen Land gleich hinter der Küste. Wer von dort als Pirat in See sticht, weiß vorher, wie hoch der eigene Anteil sein wird. Er kennt seine Quote des Lösegelds, sein »Sami«, wie sie es nennen. Es ist ein arbeitsteiliges Geschäft: Es gibt jene, die mit den Skiffs aufs Meer fahren und Ausschau nach Zielen halten. Und Wachleute, die erst dazustoßen, wenn das Schiff schon gekapert ist. Außerdem Köche, Boten, sogar einen Friseur. Je wichtiger die Position, desto größer der Sami. Das Geschäft ist lukrativ. Junge Männer bauen in der Gegend plötzlich Häuser und fahren schöne Autos. Tiefer im Hinterland sitzen die Investoren. Sie strecken das Geld für Boote, Proviant und Waffen vor.

Die Regionalregierung von Puntland ist so ohnmächtig wie jegliche Staatsgewalt im bitterarmen Somalia, wo sich nach mehr als zwanzig Jahren Bürgerkrieg diverse Clans und islamistische Milizen bekämpfen und die Menschen hungern.

Die Piraten sagen, dass sie nicht mehr vom Fischen leben können, weil ausländische Flotten ihnen die Bestände wegfangen und vor ihren Küsten der Giftmüll der reichen Länder verklappt wird. Die Piraterie hat in diesen Jahren rasant zugenommen. Mehr als zweihundert Schiffe wurden 2009 von somalischen Piraten überfallen.

Als die *Marida Marguerite* ankert, tragen die Piraten eine Ziege an Bord. Sie schlachten das Tier und feiern. Dass sie ausgerechnet dieses Schiff haben. Voll beladen. Von einer deutschen Reederei. Sie nennen sie nicht *Marida Marguerite*, sondern »German ship«.

Reederei

Die Berater üben mit Tarun. Sei freundlich zu den Piraten, sagen sie ihm. Sei locker, provoziere nicht, beende jeden Anruf mit einer Abmachung, zum Beispiel einem neuen Termin.

Tarun fragt sich, was passiert, wenn die Reederei nicht genug Geld aufbringt. Sie können den Preis nur erahnen. Durchschnittlich waren es in den vergangenen Monaten knapp drei Millionen Dollar Lösegeld pro Schiff, sagen die Berater. Und gewöhnlich dauert es drei bis vier Monate, bis man sich geeinigt hat. Man darf nicht einfach zahlen, was sie fordern, erklären die Berater. Zahlt man zu schnell, fordern sie nach. Das Verhandeln gehört dazu.

Vielleicht reichen ja drei Millionen Dollar. Mehr als fünf Millionen wären ein Problem. Das überstiege die Versicherungssumme, und die kleine Reederei besitzt das Geld nicht. Das Schiff ist ein eigener Betrieb, der einem Fonds von ein paar Dutzend Privatanlegern gehört. Die *Marida* ist zwar nicht besonders groß, aber deutsche Schiffe sind wertvoll. Benzin und Speiseöl sind wertvoll. Und bald kommt der Monsun. Die See wird zu rau, um weitere Schiffe zu überfallen. Also haben die Piraten in den nächsten Monaten keinen Zeitdruck.

Im Lagezentrum in Haren warten sie. Warum rufen die Piraten nicht an? Ist der Crew etwas passiert?

Marida

Oleg kauert nun schon seit Tagen auf dem Linoleumboden in der Ecke der Brücke, inmitten der anderen Seeleute. Er trägt immer noch seinen orangefarbenen Arbeitsoverall. Durch die Fenster kann er die anderen Schiffe sehen, die um sie herum ankern. Alle entführt. Er zählt sie. 16 Stück. Öltanker, Autofrachter, große Fischtrawler. Griechische, türkische, chinesische Schiffe. Sie sind gefangen in einem Piratennest.

Irgendwann drückt ein Pirat Oleg das Satellitentelefon in die Hand. »Hier, rede mit ihm!« Ein Mann ist dran, er spricht Englisch. Er heiße Ali Jama, sagt er, er werde bald aufs Schiff kommen und sich um die Verhandlungen kümmern. Eine Woche später ist er da.

Als Erstes hält er vor versammelter Crew eine Ansprache. Er komme von einer NGO, einer Nichtregierungsorganisation. Er werde vermitteln. »Ich weiß«, sagt er den Matrosen, »ihr habt Menschenrechte. Die sind mir wichtig.« Manche glauben ihm. Oleg ist skeptisch. Warum nennt er nicht den Namen seiner Organisation? Er trägt nicht einmal ein T-Shirt mit Logo.

Ali ist nicht besonders groß, 1,70 Meter vielleicht, hat einen hellgrauen Bart, einen kleinen Bauch, braun verfärbte Zähne, mehrere Goldfüllungen. Im Englischen kommt er öfter ins Stammeln. Er sagt, er habe im Ausland gelebt, einen Bachelor in Psychologie absolviert, für die US-Botschaft in Saudi-Arabien gearbeitet, seine Tochter studiere in Indien. Wenn andere Piraten nicht seiner Meinung sind, herrscht er sie an: »Sprich nicht so mit mir, ich bin gebildet!« Er genießt seine Macht, bezieht die Kabine des nautischen Offiziers, sie ist komfortabel. Er nimmt sich einen Laptop. Schaut Pornos.

Und er fragt den Kapitän, wie viel das Schiff wert sei, die

Fracht, die Reederei. Das wisse er nicht, antwortet der Kapitän. Oleg beobachtet, wie Ali ein paar Zahlen nuschelt und im Kopf überschlägt. Er diskutiert mit den anderen Piraten auf Somali, das ein wenig so klingt wie Arabisch. Dann lässt er sich das Satellitentelefon bringen. Er wählt die Nummer des Notruftelefons der Reederei.

10. Tag

Anruf von der *Marida**
Tarun: Hallo?
Ali: Hallo, ja. Ich rufe von der *Marida Marguerite* an.
Tarun: Hallo, Sir. Ich heiße Tarun.
Ali: Ich weiß Ihren Namen. Sie heißen Tarun. Ich bin der Vermittler zwischen den Entführern und Ihrer Crew, okay?
Tarun: Oh, ja. Darf ich Ihren Namen wissen?
Ali: Ich heiße Ali Jama.
Tarun: Ali? A. L. I. Okay, ich nenn Sie Ali, ja?
Ali: Yeah. Klar. Mister Tarun, lassen Sie mich zuerst etwas sehr Gutes erzählen, okay?
Tarun: Ja.
Ali: Ich rufe in einer Situation an, in der das Leben der Crew bedroht wird. Aber ich bin kein Pirat. Ich arbeite für eine lokale NGO. Eine Menschenrechts-NGO in diesem Gebiet. Und ich habe zugestimmt, diesen Job zu übernehmen, weil ich nicht will, dass diese Tiere Ihre Crew umbringen, okay? Viele der Piraten sind ungebildete Jungs. Sie sind nicht politisch oder religiös motiviert.
Tarun: Okay.
Ali: Sie wollen nur Geld. Und sie würden jeden umbringen und riskieren, selbst zu sterben, wenn ihre Forderungen nicht

erfüllt werden. Das soll ich Ihnen sagen. Das ist nicht meine eigene Meinung.

Tarun: Verstanden. Ich hoffe wie Sie, dass wir die Situation lösen können.

Ali: Okay. Und wann reden wir wieder?

Tarun: Morgen zur gleichen Zeit.

Ali: Ja.

Tarun: Okay. Vielen Dank für den Anruf. Bye.

11. Tag

Anruf von der *Marida*

Tarun: Hallo, Mister Ali.

Ali: Der Kommandeur der Piraten hat mit seinen Jungs wegen des Lösegelds gesprochen. Und sie fordern … sie fordern 15 Millionen.

Tarun: Sorry, wie viel?

Ali: Sie verlangen fünfzehn Millionen.

Tarun: Äh, noch einmal … Haben Sie fünfzehn Millionen gesagt?

Ali: Ja, das haben sie gesagt.

Tarun: Millionen?

Ali: Und sie haben mich gebeten, Ihnen diese Nachricht zu überbringen: Wenn sie nicht bekommen, was sie verlangen, sagt der Kommandeur, werden fürchterliche Dinge passieren. Es wäre für die Piraten eine Leichtigkeit, die ganze unschuldige Crew zu töten und dieses fucking Schiff in die Luft zu jagen. Das haben sie gesagt. Nicht ich, das ist nicht meine Sprache.

Tarun: Versteh ich. Aber Mister Ali. Ich weiß nicht, was ich sagen soll. Das ist unglaublich. Ich meine, wow, fünfzehn Millionen!

Ali: Tarun, wir finden gemeinsam eine Lösung. Wenn unsere beiden Hirne zusammenarbeiten … Zwei sind besser als eines.

Tarun: Klar. Ich rede mit den Besitzern. Aber könnten Sie mir ein Fax aus dem Schiffsbüro schicken? Die Eigentümer werden es mir nicht glauben, wenn ich ihnen diesen Betrag nenne. »Nein, Tarun, du verarschst uns!«, werden sie sagen. Ali, bitte sprechen Sie noch mal mit dem Kommandeur. Sie wissen, dass die Schiffsbranche im Moment nicht gut in Form ist und kaum Geld verdient. (Lacht.)

Ali: Davon weiß ich nichts. Ich schicke das Fax.

Tarun: Können wir wieder mittags sprechen? Wenn Sie mich am Abend anrufen, bringt mich meine Familie um, wissen Sie?

Ali: (lacht) Okay, okay. Das will ich nicht.

Sie schicken Faxe hin und her. Die Reederei schreibt, dass sie ein vernünftiges Angebot brauchten, sonst könne man nicht anfangen mit dem Verhandeln. Ali antwortet, dass er solche Faxe den Piratenchefs gar nicht zeigen werde, weil er sich damit nur deren Zorn zuziehe. Die Reederei solle sich etwas überlegen. So vergeht eine Woche.

18. Tag

Anruf der Reederei auf der *Marida*

Ali: Ja.

Tarun: Hallo, Mister Ali, wie geht es Ihnen? Ich bin es, Tarun. Wir haben daran gearbeitet, Bares aufzutreiben, und die Eigentümer haben mir vor einer Stunde gesagt, dass sie erfolgreich waren. Sie haben eine, wie ich finde, ziemlich große Summe.

Ali: Mmmh.

Tarun: Sie haben mir gesagt, dass sie 812 500 Dollar haben.

Ali: (reagiert emotionslos) Können Sie mir das per Fax senden, damit ich es dem Kommandanten zeigen kann?

Tarun: Ja, ja, okay. Aber das ist bombastisch, nicht? Das müssen gute Nachrichten für Sie sein, nicht? Ich bin sicher, heute ist Party-Time auf dem Schiff. (Er lacht.) Ich weiß nicht, wie die das geschafft haben, so viel Geld zu organisieren. Wir können es direkt liefern.

Ali: Ich werde es weiterleiten. Bitte schicken Sie mir das Fax.

Reederei

Tarun ist erschöpft. Er findet keinen Schlaf. In Wahrheit hat er keine Familie, nur seinen Job. Aber nun klingelt immer und überall das Telefon, auf der Autobahn, im Restaurant, wo er abends schnell seinen Hunger stillt, zu Hause im Bett. Sobald es klingelt, rast sein Herz.

Die Berater von »Control Risks« sind mit seiner Arbeit zufrieden. Und in Ali sehen sie einen leichten Gegner. Wie zittrig seine Stimme beim ersten Anruf geklungen hat. Wie schlecht er Englisch spricht. Er wirkt völlig unerfahren. Es überrascht niemanden in der Reederei, dass die Piraten ausrichten lassen, dass die angebotenen 812 500 Dollar »nur Hühnerfutter« seien. Das war nur ihr erster Zug.

Marida

Die Piraten richten sich an Bord ein. Jeden Tag liefern Skiffs neues Kath. Ali darf sich immer als einer der Ersten die besten

Blätter aussuchen. Die anderen streiten um den Rest. Sie arbeiten in Schichten, wer frei hat, gönnt sich Pausen an Land, während andere Wache schieben. Jede Woche kommen neue Lebensmittel: Reis, Pasta, Pepsi, Tee, Zigaretten, Ziegen, Hühnchen.

Ali wird dick und dicker. Die Seeleute nennen ihn Thunfisch. Er geht nur noch sporadisch ans Telefon, manchmal klingelt es fünfmal am Tag, und er ignoriert es. Er schläft viel.

Die Crew bekommt kaum etwas zu essen. Der Reis, den die Piraten von Land bringen, stinkt. Die Seeleute vertragen ihn nicht. Die meisten von ihnen haben die Piraten inzwischen in die Kabinen gepfercht. Die Hitze steht in den Räumen, die Seeleute sind mit ihrer Angst allein. Es gibt keine Beschäftigung, manche führen heimlich Tagebuch, aber was sollen sie schreiben? Sie hoffen, dass ihr Leben verschont bleibt. Mit Sturmgewehren wachen die Piraten auf den Gängen. Nur die Techniker dürfen die Kabinen zu ihren Schichten im Maschinenraum verlassen. Die anderen kommen über Wochen nicht an die frische Luft. Oleg hat ihnen Mut zugesprochen. »Das hier dauert nicht nur ein paar Tage. Vielleicht dauert es Monate. Wir sind im Krieg, und so müssen wir uns auch verhalten. Wir müssen siegen!«

Reederei

Tarun ist verzweifelt, weil Ali tagelang nicht ans Telefon geht. Es scheint, als hätten die Piraten kein Interesse an schnellen Verhandlungen. Ende Juni, sechs Wochen nach Verhandlungsbeginn, fordern die Piraten zwölf Millionen Dollar, die Reederei bietet 2,08 Millionen. Als Tarun endlich Ali in der Leitung hat, fragt er, warum er nicht zu erreichen war. Keine Ahnung, sagt der, das Telefon habe wohl nicht funktioniert.

Marida

Über sein Handy verfolgt Ali die neuesten Nachrichten über Schiffsentführungen. Wer freigekommen ist. Wie viel bezahlt wurde. Die Verhandler auf den anderen Schiffen sind erfahrener als er. Ali überlegt, wie er den Druck auf die Reederei erhöhen kann. Er geht für ein paar Tage an Land. Und recherchiert im Internet. Er glaubt jetzt zu wissen, wem die Reederei der *Marida* gehört: einem reichen Griechen, Giorgios Iconomou, einem Tycoon der Seefahrt. Tatsächlich hält Iconomou nur Anteile an einer Tochterfirma der Reederei. Doch die Piraten sind nun sicher, dass die Reederei sie belügt. Sie sind gereizt.

Sie befehlen Oleg, aus der Aufbereitungsanlage, mit der das Meerwasser trinkbar gemacht wird, Frischwasser für andere Piraten abzupumpen. Oleg weigert sich. Er sagt, die Anlage schaffe nicht genug. Es reiche gerade so für die *Marida*. Ali glaubt ihm nicht.

Unter seinen Augen zerren die Piraten Oleg auf die Steuerbordseite, den Kapitän nach Backbord. Sie fesseln Olegs Hände hinter seinem Rücken, verbinden ihm die Augen. Mit einem Seil ziehen sie ihn an den Händen hoch, sodass sein Körper an den verdrehten Armen hängt. Oleg stöhnt vor Schmerz. Sie lassen ihn einfach hängen. Eine Minute. Zwei. Fünf. Zehn. Die Schmerzen rauben ihm das Zeitgefühl.

Plötzlich hört er Schüsse von der anderen Seite des Decks. Der Kapitän! Er hat gehört, wie sie drohten, ihn zu schlachten. Haben sie ihn erschossen? Irgendwann bringen sie Oleg zurück auf die Brücke. Aber wo ist der Kapitän?

Einen Tag bleibt er verschwunden. Dann führen ihn die Piraten wieder zurück auf die Brücke, in die Ecke, wo Oleg wartet. Sie hätten nur ein paar Zentimeter an seinem Kopf vorbeigeschossen, sagt der Kapitän. »Chief, ich dachte, ich sterbe!«

64. Tag

Fax von der *Marida*

»Für Herrn Tarun/OMCI

Es sind mehr als 2 Monate vergangen. Wir sind nur am Leben, ohne Hoffnung zu überleben. Es gibt praktisch kein Frischwasser mehr, nur einen halben Liter zum Trinken jeden Tag. Und das ist auch bald aus. Bald wird es ein Totenschiff sein. Wie können wir auf einem Totenschiff bleiben? ... Bitte bestätigen Sie uns, dass Sie dieses Fax erhalten haben, und teilen Sie uns mit, ob wir uns Hoffnung machen können zu überleben oder nicht.

Chefingenieur Oleg Dereglazov und Kapitän Mahadeo Makane«

Reederei

Das Fax kann man ignorieren, sagen die Berater im Lagezentrum. So etwas diktieren ihnen die Piraten.

Doch plötzlich bewegt sich die *Marida*. Im Lagezentrum starren sie auf die Monitore. Das Signal verschiebt sich nach Süden. Es ist der 4. August, fast drei Monate sind vergangen. Wohin fahren sie? Gerade hieß es noch, sie hätten kaum Treibstoff. Was ist da los?

Tarun hat Anrufe indischer Familien bekommen. Verzweifelte Mütter und Väter, die flehten und schimpften. Rettet unseren Sohn! Warum zahlt ihr nicht? Ihr seid reich! Die Familien waren zuvor von ihren Söhnen angerufen worden. Hörten das Flehen. »Ihr müsst uns retten!« – »Wir haben nicht mehr viel Zeit.« – »Sagt den Deutschen, dass sie endlich zahlen sollen!« Tarun hielt das Schreien und Weinen der Eltern kaum aus. Irgendwer musste seine Handynummer weitergegeben haben.

Er denkt an das, was einige der Familien sagten: Sie wollen unseren Sohn an die Terroristen verkaufen! Der Süden Somalias ist Shabaab-Land. Etwa einhundert Seemeilen entfernt, nahe der Küstenstadt Hobyo, beginnt das Gebiet der islamisch-fundamentalistischen Terrorgruppe. Dahin steuert nun die *Marida*.

90. Tag

Anruf von der *Marida*

Tarun: Hallo?

Unbekannter: Hallo? Mister Tarun? Ich bin Kommandant hier. Alles klar?

Tarun: Moment. Ich verstehe nicht, was Sie sagen.

(Der Pirat gibt den Hörer weiter.)

Kapitän Makane: Tarun, hier Kapitän Makane. Das könnte mein letzter Anruf sein. Die Crew wird brutal geschlagen. Die Hand des Chefingenieurs ist heftig gebrochen. Die Piraten haben das Schiff von Garacad nach Hobyo fahren lassen. Das ist auf dem Gebiet von Al-Shabaab. Die Piraten haben ein letztes 24-Stunden-Ultimatum ausgesprochen: Wenn die Reederei nicht etwas Substanzielles und Konkretes bietet, werden sie die Crew, alle unsere zweiundzwanzig Leben, und das Schiff an Al-Shabaab übergeben.

Tarun: Sagen Sie ihnen, wenn sie Geld wollen, müssen sie uns zuhören. Wo ist Ali?

Kapitän Makane: Sie haben ihn geschlagen. Er ist in seiner Kabine eingesperrt. Ich flehe Sie an …

Tarun: Können Sie die andere Person ans Telefon holen?

Kapitän Makane: Okay, Sir.

Piratenkommandant: Hallo, Mister Tarun.

Tarun: Wie heißen Sie, bitte?

Piratenkommandant: Ich heiße Osman. Ich bin der Kommandant. Hör zu, mein Freund, du hast vierundzwanzig Stunden. Wir brauchen das ganze Geld. 15 Millionen. Al-Shabaab, die Terroristen, verstehst du? Terroristen!

Tarun: Ja. Ja.

Piratenkommandant: Du musst ein Angebot machen, verstehst du?

Tarun: Okay, Mister Osman. Ich kann Ihnen ein Fax mit der finalen Zahl schicken. Wir hatten Ali zugesagt, dass wir zwei Millionen und 50 000 zahlen können. Ja?

(Der Hörer wird ständig weitergegeben, jetzt zurück an den Kapitän.)

Kapitän Makane: Machen Sie etwas! Schicken Sie ein Fax oder so etwas. Das Wichtigste ist, sie davon abzuhalten, uns zu übergeben.

Tarun: Okay, okay. Ich schicke ein Fax mit dem Betrag, den ich habe.

Kapitän Makane: Ich gebe Sie an den Chefingenieur weiter.

Chefingenieur Oleg: Hallo? Hallo?

Tarun: Hallo, Chief. Wie geht es Ihnen?

Chefingenieur: Warum stellst du mir diese blöde Frage? »Wie geht es Ihnen?« Du, Tarun, du hast schon meinen Körper gebrochen. Was machst du überhaupt? Ich verspreche dir, ich komme in deine Albträume, wenn du nachts schläfst. Weil so, wie das hier gerade läuft, ist das Bullshit. Mein Job ist es, das Schiff technisch instand zu halten. Dein Job ist es zu reden. Du redest um mein Leben. Fuck off.

(Der Hörer wird aufgelegt.)

Tarun: Hallo?

Reederei

Tarun ist fertig mit den Nerven. Wurde die Crew wirklich ge-
foltert? Die Berater sagen: Folter? Extrem unwahrscheinlich.
Kam bisher bei Entführungen kaum vor. Und was wird mit der
Marida passieren, wenn jetzt auch noch Terroristen ins Spiel
kommen? Wahrscheinlich werden sie Gesinnungsbrüder aus
dem Gefängnis freipressen wollen.

Die Berater sagen: Al-Shabaab? Auch unwahrscheinlich.
Nicht darauf eingehen.

91. Tag

Fax von der Crew der *Marida*:

»Für OMCI, Eigentümer der *Marida Marguerite*
Wir sind am 8. Mai entführt worden, und seitdem befinden wir uns in den
Händen der Piraten ... Die Piraten sind sauer auf OMCI/Tarun, weil die
Verhandlungen so langsam vorangehen ... Hiermit bitten wir verzweifelt,
dass die OMCI den Piratenkommandanten sofort nach dem Erhalt des
Faxes anruft, um ihn um eine Verlängerung des Ultimatums zu bitten.
Wir sehen uns gezwungen, Ihnen das zu schreiben, weil wir T. Pal rück-
sichtslos finden und er sich keine Sorgen um unser Leben macht. Bitte
haben Sie Gnade mit uns.«

Marida

Ali lächelt zufrieden, als das Fax gesendet ist. Er ist nirgendwo
eingesperrt. Während der Anrufe hat er neben dem Kommandanten Osman gestanden. Osman ist ein Schlaks, der Größte

unter den Piraten, er hat zwei Klumpfüße, einen seltsamen Gang, in der Crew nennen sie ihn deswegen Pinguin. Er hat keine Ahnung, wie man verhandelt. Also flüsterte Ali ihm und dem Kapitän die Worte ins Ohr, die sie sagen sollten. Und Ali lachte stumm über die hilflosen Antworten. Freute sich, dass Oleg aus Wut über die Reederei wirklich die Fassung verlor.

Natürlich wissen die Piraten, dass nichts dümmer wäre, als ein deutsches Schiff herzugeben.

Reederei

Im Lagezentrum beruhigen sie sich mit den Einschätzungen internationaler Beobachter: Al-Shabaab gilt als Gegner der Piraterie, weil die Scharia, nach der die Islamisten ihr Leben ausrichten, Raub verbietet. Zwar gibt es erste Berichte, wonach die Dschihadisten die Lösegelder der Piraten besteuern, sich also ihren Teil der Beute sichern. Aber noch kennt niemand einen Fall, in dem Al-Shabaab Piraten Geiseln abgekauft hätte. Sie einigen sich darauf, die Frist, die in wenigen Stunden ablaufen wird, verstreichen zu lassen.

Doch Tarun zweifelt. Er fragt sich: Bin ich das Problem? Ist das Fax wirklich ein Bluff? Wieso hat dann Oleg geschrien? Das war nicht gespielt. »Du redest um mein Leben«, hat er gesagt. Oleg hat recht. Was wird aus ihm und seinem Leben, fragt sich Tarun, wenn es schiefgeht?

Die Monate ohne Schlaf haben ihn ausgezehrt. Er geht zu seinem Chef. »Ich komme an mein Limit«, sagt er. Er will kündigen.

Die Reederei stimmt zu. Tarun darf raus.

Sie werden einen Nachfolger etablieren. Jörg Petersen.* Er soll ganz anders verhandeln.

Petersen sitzt eigentlich im Büro der Reederei in Mumbai und hat fast jede Wendung der Entführung mitbekommen. Er ist ein überaus kontrollierter Typ, um die vierzig. Seine Stimme ist tief und klar. Seine Sätze sind kurz. Er strahlt Souveränität aus. Und er weiß, wie die Crew tickt. Er hat die Männer ausgewählt und ihre Gehälter ausgezahlt. Bislang war es sein Job, die Mannschaft für große Schiffe zusammenzustellen.

Die Frist läuft ab. Im Lagezentrum sitzen sie vor dem Telefon. Nichts passiert. Das Warten zermürbt. Noch ist Tarun der Verhandler. Mehr als dreißig Stunden nach Ablauf der Frist nimmt er all seinen Mut zusammen und den Hörer in die Hand.

92. Tag

Anruf der Reederei auf der *Marida* (rekonstruiert)
Pirat: Hallo?
Tarun: Ich kann Sie kaum verstehen. Können Sie Mister Ali oder den Kapitän ans Telefon holen?
Ali: Hey, mir geht es wieder okay.
Tarun: Hey, Mister Ali, Sie sind wieder da. Die Eigentümer werden nicht mehr bieten, wenn die Piraten ihre Forderung nicht reduzieren.
Ali: Okay, ich werde mit dem Kommandanten sprechen. Sie glauben mir nun. Meine Position ist nun besser als vorher.
Tarun: Okay, gut. Wir sprechen wieder.

Reederei

Tarun ist erleichtert. Von den Al-Shabaab-Terroristen war nicht mehr die Rede. Offenbar wirklich ein Bluff. Tarun übergibt allmählich an Petersen. Sie haben sich darauf geeinigt, dass er ihn noch einarbeitet. Die Berater wollen den neuen Verhandlungsführer »Mike« nennen. Du bist nun der harte Mike, sagen sie ihm. Tarun war nett. Aber du bist hart. Er sitzt neben Tarun, hört den Telefonaten zu, gewöhnt sich an die Stimmen und die Beträge.

Drei Tage nach der Al-Shabaab-Drohung folgt die nächste Forderung per Fax: 10,3 Millionen Dollar. Die Reederei bietet 2,535 Millionen. Die Piraten lehnen ab und wollen nun zehn Millionen.

Am 17. August ist es so weit. Mike übernimmt.

102. Tag

Anruf der Reederei auf der *Marida* (rekonstruiert)
Mike: Spreche ich mit Ali?
Ali: Ja.
Mike: Ich heiße Mike. Tarun hat die Firma verlassen. Er ist durchgedreht. Er konnte die Verhandlungen nicht mehr führen. Ich verhandle jetzt. Ich hoffe, dass wir schnell zu einer vernünftigen Lösung kommen.
Ali: Okay, ich freue mich, Ihre Stimme zu hören.
Mike: Wir sprechen wieder.

104. Tag

Anruf der Reederei auf der *Marida*
Mike: Hallo, hier ist Mike. Wer ist da?
Ali: Ja, Mike, ich bin's, Ali.
Mike: Die Forderung der Piraten ist immer noch viel zu hoch.

Das ist lächerlich. Schauen Sie, wir haben schon versucht, alles Geld zusammenzukratzen, das wir haben. Aber es sind immer noch so viele Millionen Unterschied.

Ali: Wie viel bieten Sie?

Mike: Wir bieten, wie gesagt, 2,535 Millionen. Die kann ich in kurzer Zeit in ein Flugzeug legen und abwerfen. Mehr habe ich einfach nicht …

(Die beiden reden durcheinander. Ihre Stimmen überschlagen sich. Mike wird laut.)

Mike: Hören Sie mir zu! Solange die Piraten nicht vernünftig werden, reden wir einfach nicht mehr über Geld. So lange rufe ich nur noch an, um zu erfahren, wie es der Crew geht. Und wir reden über das Wetter in Somalia, okay?

Ali: Ähm … (Er zögert kurz.) Ja, das klingt sehr gut. Sehr gut.

Mike: Alles klar. Danke.

Reederei

Es sind nicht nur die scharfen Worte, die Mike wählt. Er spricht auch ganz anders als Tarun. Härter. Kälter. Als wäre er derjenige, der die Forderungen stellt. Als wäre er bereit, alles abzubrechen, das Schiff und die Männer zu opfern.

Damit hat Ali Jama nicht gerechnet. Er klingt ratlos.

Mike telefoniert jetzt nur alle drei, vier Tage mit ihm. Fragt ihn, wie das Wetter in Somalia ist. Wochen vergehen, am Schiffsrumpf sammeln sich Algen. Die Verhandlungen stehen still.

Marida

In diesen Tagen kommt manchmal ein älterer Mann an Bord.
Die Seeleute schätzen ihn auf Mitte fünfzig. Seine Haut ist etwas
heller als die der anderen Piraten. Er humpelt an einem Metall-
stock und hustet viel. Er trägt ein weißes Gewand, hält eine Gebetskette in der freien Hand. Um seine dicke Hüfte hat er ein
Seil gespannt, an dem ein Revolver hängt. Seine Augen sehen
kalt aus. Oleg schaut gleich weg, als sich ihre Blicke treffen.

Der Mann spricht selten. Aber wenn er spricht, hören alle zu.

Ist er der Investor, der das Geld für Waffen, Skiffs und Proviant vorgestreckt hat? Neben ihm steht immer ein Mann mit
einem dicken Buch, er schreibt auf, was der Alte ihm in die
Einkaufsliste diktiert.

Ali und er kauen Kath. Der August ist schon fast um. Die
Verhandlungen stocken, und Oleg hat ihnen gesagt, dass der
Treibstoff zur Neige geht. Sie glauben ihm nicht. Und sie verdächtigen die Seeleute, irgendwo Satellitentelefone oder Handys versteckt zu haben. »Ihr ruft doch in Deutschland an und
sagt, dass sie nicht zahlen sollen, ihr Schweine!«

Tief in einem Spalt am Steuerpult auf der Brücke finden sie
ein Handy. Der alte Mann und Ali diskutieren auf Somali. Oleg,
der Kapitän und die anderen verstehen ihre Worte nicht. Aber
sie verstehen, was Ali dem Kapitän und Oleg danach verkündet:
»Von nun an werden wir euch jeden Morgen um sechs Uhr und
jeden Abend um sechs Uhr foltern!«

18 Uhr. Die Wachen fesseln Olegs Arme und Beine, verkno-
ten alle Fesseln hinter seinem Rücken. Genauso fesseln sie den
Kapitän, den zweiten Ingenieur und den Nautischen Offizier.
Sie benutzen Kabelbinder, die in die Haut schneiden. Oleg und
der Kapitän schreien, schwören, dass es keinen versteckten
Treibstoff gibt. Die Piraten ziehen die Kabelbinder enger. Der

Nautische Offizier weint, der Kapitän schreit Ali hysterisch an: »Ali, hör auf!« Doch der antwortet nur: »Vergiss meinen Namen!« Erst um Mitternacht schneiden sie sie frei. Sie können sich nicht mehr bewegen, weil kaum noch Blut in Hände und Füße geflossen ist. Die Piraten sagen: Morgen früh geht es weiter.

Sechs Uhr am Morgen. Die Piraten bringen Oleg an Deck, binden seine Hände hinter dem Rücken zusammen und hängen ihn daran auf. Er kann nicht mehr richtig stehen. Nur die Zehenspitzen berühren noch den Boden. Die Sonne brennt. Vier Stunden hängt er am Haken. Er hört den Kapitän schreien. Als sie Stunden später die beiden wieder zur Brücke bringen und dort zu Boden werfen, atmet der Kapitän kaum noch. Auch er hatte am Haken gehangen, sein Kreislauf ist schwach geworden. Die Piraten haben Angst, dass er stirbt, sie schütten kaltes Wasser über ihn. Er lebt.

Die beiden bekommen eine Pause bis zum nächsten Tag. Dann muss Oleg auf die rechte Seite des Schiffes, der Kapitän auf die linke. Drei Piraten mit Sturmgewehr postieren sich vor Oleg, sagen ihm, dass er nun exekutiert werde, bedecken ihn mit einem Laken. Minuten später sagen sie ihm, sie würden ihm nun doch den Hals aufschneiden, wie beim Schlachter, halal. Er solle endlich sagen, wie viel Treibstoff wirklich noch an Bord ist.

Oleg ist wie gelähmt, er kann nicht antworten. Sie lassen ihn niederknien, holen ein Fleischermesser. Er sieht nichts, aber hört einen Piraten das Messer wetzen. Die Klinge drückt auf seine Kehle, aber sie schneidet nicht. Es muss die stumpfe Seite sein.

»Wo ist der Treibstoff?« Sie brüllen es in sein Ohr. Dann stülpen sie ihm eine Plastiktüte über. Er spürt, wie die Luft knapp wird. Kurz bevor er ohnmächtig wird, ziehen sie die Tüte herunter, lassen ihn ein paar Züge Luft schnappen. Seine Lunge pumpt. Wieder und wieder ziehen sie ihm die Tüte über den Kopf. Dann halten sie ihn über Bord, kopfüber, und lassen ihn

Meter für Meter zum Meer hinab. Seine Hände sind immer noch gefesselt. Wenn sie ihn fallen lassen, ertrinkt er. Sie ziehen ihn hoch. Plötzlich hört er Schüsse von der anderen Seite des Schiffes. Ein Pirat kommt angerannt. »Der Kapitän ist tot!«, ruft er.

Sie schleppen Oleg auf die Brücke. Ali beugt sich zu ihm: »Der Kapitän, er ist tot! Tot! Du kannst es der Firma erzählen.« Oleg muss telefonieren, sie drücken ihm dabei ein Gewehr an die Schläfe.

115. Tag

Anruf der *Marida* (rekonstruiert)

Mike: Hallo, wer ist da?

Chefingenieur: Mike? Hier ist der Chefingenieur. Dieser Pirat hat den Kapitän getötet. Den Kapitän gibt es nicht mehr.

Mike: Sorry, noch einmal? Ich habe nicht verstanden.

Chefingenieur: Sie haben den Kapitän getötet. Dieser Pirat will hier einen nach dem anderen töten.

Mike: Oh.

Chefingenieur: Ja. Sie brauchen dieses Geld sehr schnell. Wenn nicht, werden sie die ganze Crew einen nach dem anderen töten.

Mike: In Ordnung, in Ordnung.

Chefingenieur: Das war's, ich hab keine Zeit, viel zu erzählen. Okay, bye. (Oleg legt auf.)

Reederei

Im Lagezentrum herrscht Stille. Sie schauen sich in die Augen. Doch niemand sagt etwas. Was, wenn das stimmt?

Marida

Nach zwei Tagen bringen die Piraten den Kapitän wieder auf die Brücke. Sie hatten ihn eingesperrt.

Und jetzt foltern sie weiter, alle paar Stunden fallen sie über Oleg und den Kapitän her.

Der alte Mann mit dem Revolver sieht zu. Er hält die Gebetskette in seinen Händen, während er foltern lässt. Er lächelt.

Eines Abends schleifen die Piraten Oleg in die Kühlkammer, ziehen ihm die Jeans aus, schalten das Licht aus und schließen die Tür. Er trägt nur noch ein Shirt, er zieht sich die Hose wieder an und beginnt sich zu bewegen, um warm zu bleiben. Die Temperatur im Kühlraum: minus siebzehn Grad.

Die Piraten öffnen die Tür, sehen, wie er sich angezogen bewegt. Also fesseln sie ihn, hängen ihn am Fleischhaken auf und ziehen ihm die Hose herunter. Fast vierzig Minuten hängt er dort. Dann werfen sie ihn auf die Brücke und nehmen den Kapitän mit.

Wieder bleibt er verschwunden.

Die Piraten erzählen der Mannschaft, dass er getötet wurde. Schon wieder. Stimmt es dieses Mal?

In diesen Tagen betet Oleg. Und er sticht sich ein Tattoo. Er hat eine Nadel gefunden, damit brennt er sich eine Spinne auf seinen linken Handrücken. Weil man Spinnen nicht so leicht erwischt. Ihr tötet mich nicht, soll das heißen, ich bin wie eine Spinne.

129. Tag

Anruf von der *Marida*
Mike: Hallo?
Ali: Hallo, Ali Jama hier, ich möchte direkt zum Punkt kommen:

Die Piraten haben angefangen, die Mannschaft zu foltern. Zivilisierte Menschen können bei so etwas nicht zusehen. Sie haben ihnen Plastikkabel um die Eier gebunden. Wissen Sie, was ich meine? Um die Genitalien. Die Eier.

Mike: Ja. Aber das bringt nichts. Die Piraten können das machen, aber das hilft ihnen nicht …

Ali: Sie haben den Kapitän verschleppt. Ich weiß nicht, was mit ihm ist. Er ist auf alle Fälle nicht mehr auf dem Schiff. Ich rufe an, weil ich Ihnen einen Vorschlag machen will. Es gibt zwei Optionen.

(Es knackt in der Leitung.)

Ali: Mike?

(Das Gespräch ist abgebrochen.)

129. Tag

SMS von Ali Jama »Mike, entweder bezahlen Sie die Piraten, oder Sie leiten die Rettungsoperation ein, und ich werde vorbehaltlos kooperieren.«

Marida

Ali spürt, dass es eng wird für ihn. Er versucht, sich zu retten. Denn die Piraten beginnen ihm zu misstrauen. Seine Verhandlungen kommen nicht voran. Sie wollen ihn loswerden.

Sie suchen sich einen neuen Verhandler. Leon.

Leon ist vielleicht Mitte dreißig. Schlank und hochgewachsen. Seine Haut ist dunkel, aber heller als die der anderen, eher wie die eines Inders. Das linke Auge bewegt sich nicht. Ein Glasauge. Er spricht sehr gutes Englisch. Er wirkt, als würde er aus besseren Kreisen kommen.

Der Job auf der *Marida Marguerite* ist für ihn nur einer von vielen. Leon, den die Somalis »Loyan« rufen, verhandelt gleichzeitig auf einem arabischen Tanker, auf dem britischen Schiff *Asian Glory* und einem südkoreanischen Schiff, der *Samho Dream*. Unter Piraten ist er berühmt, bei Reedereien und Marinesoldaten berüchtigt. Niemals nennt er seinen wahren Namen. Er wirkt wie ein Geschäftsmann, das Gegenteil des dicken, faulen Ali Jama.

Ali muss der Reederei ausrichten, dass Leon nun die Verhandlungen übernimmt. Immer noch liegt die Forderung der Piraten bei zehn Millionen, das Angebot der Reederei bei 2,535.

143. Tag

Anruf der Reederei auf der *Marida*

Mike: Hallo? Spricht da Leon?

Leon: Ja, Mike.

Mike: Gibt es gute Nachrichten von Ihrem Kommandanten?

Leon: Er sagt, wenn Sie mehr bieten, kann ich die Angelegenheit schnell beenden. Ihr letztes Gebot ist 2,535 Millionen, richtig?

Mike: Ja, genau. Das ist wirklich alles, was wir auftreiben konnten. Ich habe mein Haus verkauft. Ich bekomme schon kein Gehalt mehr. Ich wohne nun zur Miete. Aber was soll ich sonst noch verkaufen? Selbst wenn ich die Ringe meiner Frau hergeben würde, es würde nicht reichen.

Leon: Mike, ich weiß genau, was hier abläuft. Ich weiß, dass die Versicherung zahlt, weil das Schiff gekapert wurde. Deswegen erzählen Sie mir nicht irgendetwas davon, dass Sie kein Gehalt kriegen oder kein Haus mehr haben. Sie sollten das hier endlich ernst nehmen. Verstehen Sie das?

Mike: Ja, aber …

(Leon unterbricht ihn.)

Leon: Ich habe noch einen Vorschlag des Kommandanten. Wenn die Firma vier Millionen bietet, dann kann er auf neun Millionen runtergehen. Dann können wir zwischen diesen Beträgen landen.

Mike: Ja, aber das wird nicht passieren, weil ich vier Millionen nicht habe. Leon, ich denke, ihr als Profis müsstet wissen, dass es ein kleiner Tanker ist. Die letzte Krise hat uns alle sehr getroffen. Wir stapeln hier das Geld nicht bis zur Decke.

Leon: Sie kamen bisher nicht mit einer einzigen Idee. Wie wollen Sie dieses Problem lösen?

Mike: Tja. Lassen Sie uns wieder in zwei oder drei Tagen sprechen, Leon. Einverstanden?

Leon: Okay.

Reederei

Mike ist als Lügner aufgeflogen. Und er ist keinen Schritt weitergekommen. Im Gegenteil: Er klingt immer unsicherer. Fängt an zu stottern. Man hört seine Angst. Und der neue Verhandler, dieser Leon, ist ein Profi. Er hat ihn auflaufen lassen.

Marida

Mit den anderen Piraten spricht Leon kaum. Nach den ersten Telefonaten mit der Reederei verschwindet er vom Schiff, ist tagelang weg. Er hat auch woanders zu tun. Die *Marida Marguerite* soll seine letzte Entführung sein, erzählt er den Seeleuten. Dann habe er genug verdient.

Die gesamte Crew muss nun wieder auf der Brücke leben, schlafen, kauern. Nur der Kapitän fehlt noch immer. Einige haben die Hoffnung verloren, ihn lebend wiederzusehen.

Die Hitze ist unerträglich, es stinkt. Niemand darf mehr duschen. Wenn sie auf die Toilette wollen, bekommen sie genau eine Minute Zeit. Wer länger braucht, wird von den Wachen mit Stöcken geschlagen.

Doch die schlimmsten Qualen, die Folter an Bord, haben aufgehört. Es war Leon, der dafür sorgte. Seit er die Verhandlungen führt, ist es ruhiger geworden. Die Piraten haben es aufgegeben, noch Treibstoff auf der *Marida* zu finden. Stattdessen pumpen sie von anderen gekaperten Schiffen Öl auf die *Marida*.

Und plötzlich, nach drei Wochen, taucht der Kapitän wieder auf. Die Piraten tragen ihn auf die Brücke. Er wirkt gebrochen. Er war eingesperrt, an einen Stuhl gekettet, sicher, dass er sterben werde, erzählt er. Leon war es, der ihn befreite. »Ich habe dir das Leben gerettet«, sagte er.

Reederei

Seit Tagen erreicht Mike niemanden auf der *Marida*. Er probiert es auf Leons Handy, aber immer, wenn er abnimmt, ist er nicht auf dem Schiff, sondern macht anderswo Geschäfte, bittet um Geduld. Es vergeht fast ein Monat, bis die Reederei ihr Angebot auf 2,8 Millionen erhöht, die Piraten reduzieren auf 9,6. Geht es in diesem Tempo weiter, fürchten sie in der Reederei, dauert es Jahre.

Marida

Der Druck auf die Piraten an Bord steigt. Es hat sich herumgesprochen, dass die Verhandlungen zäher verlaufen als auf anderen Schiffen. Leon hat gerade 9,5 Millionen Dollar für den südkoreanischen Tanker *Samho Dream* ausgehandelt. Auf der *Marida* fragen sie sich, warum es bei ihnen nicht vorangeht. Außerdem drohen andere Piratengruppen, das Schiff und die Verhandlungen zu übernehmen. Der Kommandant drängt Leon. Der schiebt nun öfters ein Gespräch mit Mike ein. Die beiden kommen sich endlich näher.

188. Tag: Die Reederei bietet 3,56 Millionen.

192. Tag: Die Piraten fordern 7,5.

200. Tag: Die Reederei bietet 4,05.

200. Tag: Die Piraten fordern 6,95.

206. Tag: Die Piraten fordern 6,2.

208. Tag: Die Reederei bietet 4,34.

215. Tag: Die Piraten fordern 5,6.

Es ist Anfang Dezember. An einem Tag, an dem Leon mal wieder an Bord ist, wendet er sich an den Kapitän und beruhigt ihn: »Ihr werdet Weihnachten auf jeden Fall zu Hause feiern, der Deal ist fast durch!« So denken sie auch in Deutschland.

Doch plötzlich ist jemand anderes in der Leitung.

215. Tag

Anruf von der *Marida*

Mike: Guten Tag. Wer spricht da?

Ali: Hier ist Ali Jama.

Mike: Ali Jama, lange nicht gehört …

Ali: Sie haben meine Stimme vergessen, oder?

Mike: Ja, fast. Was machen Sie denn nun wieder hier?

Ali: Ich habe mich in letzter Zeit um die Crew gekümmert. Leon, dieser Typ ist immer weg, nie auf dem Schiff. Nun steht der Kapitän hier bei mir, und der Chefingenieur und auch der Kommandant der Piraten.

Mike: Ja.

Ali: Der Grund, warum ich anrufe, ist, dass Leon nun offiziell raus ist. Als Bestätigung dafür können Sie bitte mit dem Kapitän und dem Chefingenieur sprechen.

Mike: Okay.

Kapitän Makane: Hallo, Mike? Hier spricht Kapitän Makane.

Mike: Kapitän Makane, guten Abend!

Kapitän Makane: Der Piratenkommandant hat Leon durch Ali ersetzt. Sie müssen uns so schnell wie möglich freibekommen, noch vor Weihnachten. Sie müssen mit dem Chefingenieur über einige große technische Probleme sprechen. Er hat Albträume, er kann nicht schlafen. (Er redet sehr aufgebracht, gibt den Hörer weiter.)

Chefingenieur: Mike, hier ist der Chefingenieur. Wie soll dieses Schiff jemals wieder starten? Ich kann meine Maschinen nicht mehr reparieren. Die Hälfte der Anlage ist nur noch ein Museumsstück. Ein Stück Scheiße, verstehen Sie mich?

Mike: Ich verstehe.

Chefingenieur: Nein, Sie verstehen nicht. Das ist ein Totaldesaster, die Apokalypse, glauben Sie mir. Wirklich!

(Der Hörer wird weitergereicht.)

Ali: Mike, ich weiß nicht, was zwischen Leon und Ihnen lief. Erzählen Sie mir, wo Sie standen.

Mike: Ich würde gern mal wissen, was der Kommandant über unseren Verhandlungsstand weiß. Was denkt er, wo wir stehen? (Die Piraten reden auf Somali.)

Ali: Wir gehen nicht unter sechs, sagt er.

Mike: Das macht überhaupt keinen Sinn.

Ali: Mike, hören Sie mir zu: Diese Leute bitten nicht um Geld.
Sie fordern es!

Mike: Okay, Ali Jama, mit diesen ganzen Wechseln, das macht
es ziemlich kompliziert.

Ali: Ja, es gab zu viele Akteure bei dieser Angelegenheit, aber
die Entscheidung trifft immer der Kommandant.

Mike: Gut, dann sprechen wir wieder morgen. Um 14 Uhr
Ihrer Zeit. Ich rufe Sie an.

Ali: Eines noch: Ich will Ihnen frohe Weihnachten wünschen.
Lassen Sie mich das schon mal sagen.

Mike: Gut. Wir reden morgen.

Marida

Ali hatte nach seiner vorübergehenden Absetzung Wache auf
Deck schieben müssen, die Piraten hatten ihn vor der Crew de-
gradiert. Doch Leon, der neue Verhandler, ließ sich immer nur
für ein, zwei Tage blicken, verschwand wieder für eine Woche.
Die Angebote der Reederei ließ er sich nicht per Fax schicken,
sodass die Piraten ihm zu misstrauen begannen. Nie bekamen
sie etwas Schriftliches über den Stand der Verhandlungen. So
hat der Piratenkommandant die Geduld mit Leon verloren –
obwohl es doch gerade endlich zu laufen begann.

Reederei

Ist jetzt wieder alles hinfällig, was sie so mühsam erkämpft haben? Mike schickt ein Fax auf die *Marida*, in dem er den Stand
der Verhandlungen beschreibt.

Auch Ali schickt ein Fax: »Denken Sie daran, Mike, wir sind hier auf den letzten Metern, und die sind gewöhnlich die anstrengendsten. Lassen Sie uns gemeinsam die Hürde nehmen und zu einer finalen Einigung kommen.«

Zwei Tage später ein Anruf von Ali: Die Piraten fordern fünf Millionen Dollar.

In Haren trauen sie ihm nicht. Sie wollen ein Fax, wollen es schriftlich.

219. Tag

Fax von der *Marida*

»An: Herrn Mike

Mit diesem Fax wird bestätigt, dass der Kommandant das Schiff und die Besatzung freilassen wird, wenn die Reederei ein Angebot über fünf Millionen US-Dollar abgibt. Nach Erhalt der fünf Millionen US-Dollar werden das Schiff und die Besatzung ohne weitere Bedingungen freigelassen. ...

Viele Grüße

Ali«

220. Tag

Fax der Reederei

»An: Ali Jama und den Kommandanten
Von: Mike

Um zu bestätigen, was Ali Jama und ich besprachen:

– Wir denken, wir können fünf Millionen Dollar bekommen, aber es wird ein paar Tage dauern.

- Die fünf Millionen US-Dollar hängen davon ab, ob ausreichend Treibstoff und Proviant für das Schiff bereitgestellt werden. Der Chefingenieur wird Ihnen genau sagen können, wie viel benötigt wird.
- Sobald wir eine Bestätigung vom Kapitän erhalten haben, dass der
  notwendige Treibstoff geliefert wurde, werden wir Vorbereitungen
  treffen, um das Geld zu liefern. (...)

Mit freundlichen Grüßen
Mike«

Reederei

Fünf Millionen Dollar. Mehr, als sie zahlen wollten. Aber daran denkt nach sieben Monaten niemand mehr. Sie stellen sich andere Fragen: Wie bekommen wir das Geld zur *Marida*? Und wie kommt das Schiff weg aus Garacad? Ist es wirklich bald zu Ende?

Der Crew wird nicht viel Zeit bleiben, denn um sie herum lauern andere Piratengruppen, die sie gleich wieder überfallen können. Die *Marida* muss schnell in die Nähe eines Kriegsschiffes gelangen. Die Reederei will, dass sie nach der Freilassung den Hafen von Salala in Oman anläuft.

Aber woher sollen sie wissen, dass alle Seeleute unversehrt sind? Sie brauchen einen Lebensbeweis für jeden Einzelnen. Sie rufen die Familien an und lassen sich von jeder eine Frage geben, die nur ihr Angehöriger beantworten kann. Die Frau des Kapitäns wählt: Wer hat den Namen für Ihre älteste Tochter ausgesucht?

Antwort: Bhuskute Tai Solapur.

Olegs Frau wählt: Wer ist Rits?

Antwort: Meine Katze.

Marida

Einer der Piraten trägt eine Geldzählmaschine auf die *Marida*. Sie haben Mike wissen lassen, dass sie nur 100-Dollar-Scheine akzeptieren. An Land spricht sich herum, dass bald die Lösegeldübergabe am »German ship« stattfinden soll. Alle Piraten, die in den vergangenen Monaten Wache geschoben haben, machen sich auf den Weg. Bald sammeln sich zweihundert Mann auf der *Marida*. Bald ist Zahltag.

Reederei

Es ist Heiligabend, als sie in Deutschland den Geldabwurf planen. Eine Propellermaschine wird mit kleinen Containern voller Ersatzteile und Geldbündel beladen. Eine Sicherheitsfirma wird diese über dem Meer abwerfen. Die fünf Millionen Dollar entsprechen exakt der Versicherungssumme, aber hinzu kommen erhebliche Nebenkosten. Allein der Geldtransport durch ein spezielles Sicherheitsunternehmen verschlingt mehrere Hunderttausend Dollar, dazu Beraterhonorare, Reisen.

236. Tag

Anruf der Reederei auf der *Marida*
Mike: Hi Ali.
Ali: Hi, erstens: Der Flieger kann starten und das Geld abwerfen. Alles in bar, okay?
Mike: Okay.
Ali: Es wird keinen Beschuss gegen das Flugzeug geben. Das Geld werden wir unter den Augen des Kapitäns an Bord

bringen, und die Crew wird sich in einer Reihe auf Deck aufstellen, sodass der Flieger sie bei klarer Sicht fotografieren kann, um Ihnen das Bild zu übermitteln. (…) Die Piraten werden dann das Geld zählen, und wenn gesichert ist, dass es fünf Millionen sind, wird der Kapitän das den Piloten per Funk bestätigen, sodass sie wieder abdrehen können. Klar?

Mike: Gut. Kann ich den Kapitän sprechen?

Ali: Ja, er ist drinnen.

(Ali gibt den Hörer weiter.)

Kapitän Makane: Guten Morgen, Mike.

Mike: Guten Morgen. Es ist fast vorbei, Kapitän. Wie geht es Ihnen?

Kapitän Makane: Ja, es ist fast vorbei, und das gute Ende wird bald kommen.

Mike: Ja, machen Sie sich keine Sorgen.

Marida

Am Morgen des 27. Dezember scheint die Sonne auf die somalische Küste. Es ist 7.30 Uhr. Auf der *Marida* herrscht Unruhe. Leon, der beleidigte Ex-Verhandler, hat unter den Piraten verbreiten lassen, dass man mehr als fünf Millionen Dollar hätte herausschlagen können. Einige der Piraten fühlen sich betrogen. Sie schießen in die Luft. Tumulte brechen aus. Das Geld, das noch gar nicht an Bord ist, lässt sie die Nerven verlieren. Ein hochrangiger Pirat befiehlt allen Wachen, ihre Waffen niederzulegen, wenn sie später zur Geldausgabe kommen. Allmählich beruhigt sich die Lage wieder.

Am Himmel steuert eine Propellermaschine auf Position 7° 00.3 N – 49° 25.24 E zu. Von hoch oben sieht man den sandigen Strand, an dem nur einige Skiffs zurückgeblieben sind, die meisten tummeln sich jetzt um die *Marida*.

Die Piraten befehlen der Crew, sich an Deck aufzureihen. Zweiundzwanzig ausgezehrte Gestalten stellen sich auf. Ihre schmutzigen Kleider kleben, viele tragen tiefe Narben an den Handgelenken, die Kabelbinder haben sie hinterlassen.

Dann taucht die Maschine auf, alle heben den Blick, sie fliegt über die *Marida*, schießt Bilder der aufgereihten Crew. Alle stehen. Also gibt die Reederei den Abwurf frei. Die Maschine fliegt eine Schleife, dann fallen die Container, Fallschirme lassen sie ins Wasser gleiten. Die Skiffs rasen los.

Um kurz vor elf mitteleuropäischer Zeit ruft Ali in Deutschland an und kündigt an, dass man noch einen Tag brauche, um das Lösegeld aufzuteilen.

Als Ali den Hörer dem Kapitän reicht, erkundigt sich Mike als Erstes, ob noch jemand mithöre. Nein, sagt der Kapitän. Gut, antwortet Mike. Es gebe noch etwas Wichtiges: Wenn die Piraten von Bord seien, dürfe niemand sauber machen. Und nichts wegwerfen! Sobald sie in Salala seien, würden Polizisten auf die *Marida* kommen, um Spuren zu sichern. Sie sollten vor allem auf die Kabinen des Kommandanten und von Ali aufpassen, darin werde man jedes Haar auflesen.

Reederei

Um kurz vor sechs am nächsten Morgen sitzen sie alle im Lagezentrum und warten. Mike wählt noch einmal die Nummer des Schiffstelefons. Es dauere nicht mehr lange, sagt Ali Jama. Vielleicht noch drei Stunden.

Marida

Ali trägt eine schwarze Plastiktüte in seiner Hand, darin bündelweise Geld. Einigen Piraten drückt er Scheine in die Hand und begleicht Schulden. Auf der Brücke stellt er sich noch einmal vor die Crew und hält nun, nach mehr als acht Monaten, seine zweite große Rede. Er klingt aufgekratzt, überschwänglich, stolz. Seine Verhandlung ist fast am Ende. Er entschuldigt sich, dass die Crew all das durchmachen musste. »Aber wir sind Piraten. Wir haben Familien. Wir haben Kinder. Wir haben Ehefrauen. Wir müssen irgendwie leben, und das hier ist ein sehr einfaches Geschäft. Und es wird weitergehen. Es wird niemals aufhören.«

Ali steigt als Letzter über die Reling. Er wendet sich noch einmal an den Kapitän: »Du willst nicht, dass du mich jemals wiedersiehst«, sagt er. »Wenn du mich wiedersiehst, wirst du mich hassen. Es wird euch schon reichen, euch an mich zu erinnern. Ihr werdet mich hassen!« Dann hangelt er sich in das letzte Boot, mit seinem Gewehr, der Tüte und einem Laptop.

Um 8.46 Uhr meldet der Kapitän, dass alle Piraten von Bord sind. Die *Marida Marguerite* ist frei. Nach 238 Tagen. Kurz darauf nähert sich die »USS Momsen«, ein Kriegsschiff. US-Soldaten steigen an Bord. Ein Versorgungsschiff betankt die *Marida*. Oleg und seine Maschinisten kümmern sich um die Motoren. Sie wollen nur weg. Der Schiffsrumpf ist so stark bewachsen, dass sie nur langsam vorankommen. Erst sechs Tage später laufen sie im Hafen von Salala ein.

Noch an Bord untersuchen Ärzte die teils schwer traumatisierten Männer. Deutsche Ermittler treffen ein. Beamte des niedersächsischen Landeskriminalamts sichern Fingerabdrücke auf dem ganzen Schiff und vernehmen die Crew über Tage. Dann erst dürfen die Seeleute nach Hause, endlich.

Epilog

Kapitän Makane ist bis heute schwer traumatisiert, er fährt nicht mehr zur See. Chefingenieur Oleg geht schon kurz nach der Entführung wieder an Bord anderer Schiffe.

Der Fonds, dem die *Marida Marguerite* gehörte, macht Bankrott. Das Schiff wird verkauft. Es fährt heute unter dem Namen *Golden Oak*. Oleg tat auch auf ihm schon wieder seinen Dienst.

Drei Monate nach der Lösegeldübergabe wird der Mann, der sich Ali Jama nannte, von US-Spezialkräften festgenommen, als er über ein entführtes US-Segelboot verhandeln will. In Wahrheit heißt er Mohammad Saaili Shibin. Er wird in den USA zu zwölfmal lebenslänglich verurteilt. Die Spuren, die das LKA auf der *Marida* gesichert hat, tragen entscheidend dazu bei. Im Prozess sagen auch Kapitän Mahadeo Makane und Chefingenieur Oleg Dereglazov aus.

Im April 2013 reist ein somalischer Flüchtling nach Deutschland ein. Als die Bundespolizei seine Fingerabdrücke nimmt, schlägt das System Alarm. Ein identischer Abdruck fand sich auf der Lohnliste, die die Piraten führten. Der Mann wird 2014 zu zwölf Jahren Haft verurteilt und sitzt in Oldenburg ein.

Ein weiterer Somalier kommt 2015 als Flüchtling nach Deutschland, wieder findet sich sein Fingerabdruck im System. Crewmitglieder identifizieren ihn als einen ihrer schlimmsten Folterer. Doch er kann nicht angeklagt werden. Laut Gutachten ist nicht auszuschließen, dass er während der Entführung noch keine vierzehn Jahre alt war.

---

* Der Wortlaut der Anrufe stammt aus Mitschnitten und wird teils gekürzt wiedergegeben. Der Redaktion liegen zudem Kopien der Faxe vor, die zwischen Reederei und *Marida* getauscht wurden. Einige wenige Anrufe mussten aus schriftlichen Polizeiprotokollen rekonstruiert werden, da zu ihnen kein Mitschnitt vorliegt. Diese Anrufe sind mit dem Hinweis »rekonstruiert« gekennzeichnet.

* Namen von der Redaktion geändert

Jochen, »meine große Stütze«

Am Tag der Hochzeit glaubte Hedwig, dass er ihre Liebe wolle. Er wollte etwas anderes

von FRAUKE HUNFELD

Es ist nicht vorbei.

Es ist noch lange nicht vorbei. Er, der Täter, ist wieder frei. Sie, das Opfer, ist es nicht.

Fangen wir also da an, wo alle immer anfangen bei solchen Geschichten: beim Opfer. Wie arglos es war. Wie leichtgläubig. Wie naiv. Was man so denkt über Opfer von Betrügern, Tricksern, Opfer von Heiratsschwindlern. Könnte mir nicht passieren, niemals. Was man so denkt.

Ein Blick auf das Foto. Der? Echt jetzt? Der ist ja nicht mal schön, wie die Heiratsschwindler in den lustigen Filmen.

Ist er nicht. Er hat ein Allerweltsgesicht, dünne dunkelblonde Haare, eine Brille, die Zähne sind nicht ganz gerade. Echte Heiratsschwindler sind fast nie schön, sagt die Forschung. Und das hier ist kein lustiger Film. Das hier ist bitterböseste Wirklichkeit.

Sie heißt Hedwig, ist Hebamme und einundvierzig Jahre alt, als sie auf eine Kontaktanzeige im »Reutlinger General-Anzeiger« antwortet, die ihr gefällt. Sie ist fürsorglich und aufgeschlossen, sie ist fleißig und erschöpft. Sie ist alleinerziehend, aus einer schwierigen Ehe mit Schlägen und Alkohol geflohen nach Süddeutschland. Sie hat sich gerade wieder sortiert, ein Haus mit angebauter Scheune gefunden und mit der Renovierung begonnen, die Kinder eingeschult, eine Arbeit gesucht.

Jetzt mal sehen, ob vielleicht noch ein bisschen Leben auch für sie drin ist.

Er heißt Joachim. Oder Hans oder Jörg oder Johann. Er ist vierzig oder fünfzig oder irgendwas dazwischen, Sternzeichen Waage oder Fisch oder Stier. Er ist: immer der, den man gerade braucht. Getrennter Vater oder kinderlos, ledig oder geschieden. Geschäftsmann, Arzt, Unternehmensberater, Handwerker. Stark oder schwach, schutzbedürftig oder bestimmend, ganz wie erhofft, ersehnt, erträumt. Für Hedwig ist er Jochen. Einfühlsamer Betriebswirt aus bestem Hause. Jetzt mal sehen, ob sie anbeißt.

Er schreibt lange, warme Briefe, jeden einzelnen von ihnen liest sie öfter. Über das Leben und dass nicht immer alles gut gelingt. Er schreibt von seinem Bauernhof, von einer Pflegetochter. Er schreibt manchmal täglich. Einer, der weiß, wie das ist, wenn man allein dasteht. Wie es sich anfühlt, wenn man kämpfen muss. Er schreibt über Hoffnungen, über Träume, über die Bedeutung von Kindern; sie sind es, die alles sind, die Gegenwart, die Zukunft, der Sinn des Lebens. Man muss kein Hellseher sein, um zu ahnen, dass eine Mutter, die von Beruf Hebamme ist, solche Sätze gern liest.

Er schreibt ihr nach Hause. Sie schreibt an sein Postfach. Er habe mit mehreren Frauen Briefkontakt, da wolle er ganz ehrlich sein, schreibt er, und er habe Angst vor unangenehmen Situationen, wenn es dann doch nicht das Richtige sei. Hedwig versteht das. Kennt sie ja, solche Leute, die ausrasten, wenn sie ihren Willen nicht kriegen. Und mit Kontaktanzeigen hat sie keine Erfahrung. Das mache man so, mit dem Postfach, versichert er, das sei ganz normal.

Er schleicht sich auf Briefen in ihr Leben. Er lügt, aber in jeder seiner Lügen ist immer ein Fitzelchen Wahrheit. Das macht sie so authentisch. Das ist sein Rezept.

Er hat Übung und einen siebten Sinn für das, was ein anderer gerade braucht. Jeder braucht doch irgendwas, Aufmerksamkeit, Zuversicht, Fürsorge, Rat oder Bewunderung. Dass er schon immer in fremde Leben gesickert ist wie ein süßes Gift, wie eine Droge, die dich kurz den Himmel sehen lässt, bevor sie dich umbringt, das weiß sie da noch nicht. Dass er diese Leben ausgesaugt hat wie ein Vampir und sie benutzt, sogar noch, nachdem er sie zerstört hat. Der Bauernhof, von dem er so anschaulich schreibt, gehörte einem seiner früheren Opfer. Die Pflegetochter existierte, aber es war nicht seine, und er hat sie nicht gepflegt, sondern ausgenutzt.

Hedwig gibt ihm ihre Telefonnummer. Er ruft an, ein paarmal die Woche, sie fängt an, sich darauf zu freuen. Seine Stimme klingt warm und zugewandt. Einmal, als ihr gerade alles zu viel wird, als sie mal wieder nicht weiß, wie alles gehen soll, mit den vier Kindern, dem Hausbau, der Arbeit und so wenig Unterstützung, ist er am Telefon. Braucht nach einem Tag voller Verzweiflung weniger als eine Viertelstunde, lobt sie, stärkt sie, sagt schöne Sachen, da ist sie wieder froh.

Sie kann ihn nicht anrufen. Sie hat seine Nummer nicht. Aber sie ist verliebt. Sie möchte ihn treffen, jetzt endlich, drei Monate schreiben sie sich doch schon.

Okay. So soll es sein. Aber vorher muss er ihr noch was sagen. Ja klar. Was denn?

Er sitzt im Gefängnis. Er hätte es ja viel eher gesagt, aber er hatte so eine Angst, sie zu verlieren. So eine schreckliche Angst. Ein Schock.

Aber könne sie ihn denn nicht auch verstehen? Im Knast, da hätte er doch keine Chance gehabt bei ihr. Er will ja nicht lügen. Aber er muss.

Er will sich erklären: Er weiß doch, dass er damals einen Fehler gemacht hat. Eine einmalige Sache. Er war ja völlig neben sich, unschuldig in Not geraten. Er hatte einen schweren Unfall, saß in seinem roten Porsche Cabrio, mit seiner zukünftigen Frau, dem ungeborenen Kind, sechster Monat, da sind es schon richtige kleine Menschen. Jemand ist in ihr Auto gerast, er hatte schwerste Verletzungen, war Monate im Dämmerzustand, als er wieder zu sich kam, sagte man ihm, Frau und Kind seien tot. Da war ihm alles egal. Die Reha zog sich, er verarmte, da hat er es halt versucht. Er betrog eine Versicherung um eine hohe Summe, mit dem Geld wollte er nach Australien gehen, wer träumt denn nicht davon, alles hinter sich zu lassen, in so einer Lage.

Es gibt nichts zu entschuldigen, das weiß er doch, deswegen sitzt er seine Strafe ab, aber dann soll es auch vorbei sein, vergeben, vergessen, so sieht er das. Nur ihr hätte er natürlich gleich die Wahrheit sagen müssen.

Hedwig verstummt. Nachts träumt sie wild durcheinander. Knast, Unfall, Australien, tote Freundin, ungeborenes Kind, alles durcheinander. Tagsüber denkt sie: Stimmt das denn auch? Vielleicht ist er ein Mörder. Sie vermisst ihn.

Sie ruft seinen Anwalt an. Will das Urteil lesen. Der Anwalt lässt sie nicht, Schweigepflicht und so, aber ja, sein Mandant sitzt wegen Versicherungsbetrugs, das kann er mündlich bestätigen. Der Anwalt ist wortkarg.

Hedwig besucht Jochen im Knast. Er zeigt ihr Unterlagen. Von seinem Krankenhausaufenthalt nach dem Unfall. Briefe von Freunden aus der Schweiz, die ihm hoch dotierte Jobs anbieten. Die sagen, komm zu uns, wir tun alles für dich. Sie ist beeindruckt. Wer solche Freunde hat, kann kein schlechter Mensch sein. Krankenhausunterlagen kann man nicht fälschen, nicht im Gefängnis, denkt sie eine Sekunde lang. Die Briefe sind nicht in seiner Handschrift geschrieben, die kennt sie ja mittlerweile. Sie schämt sich dafür, dass sie so misstrauisch ist.

Sie verzeiht ihm, dass er ihr den Knast in seinen Briefen verschwiegen hat. Sie glaubt ihm. Sie will ihm glauben. Und die Narben von dem Unfall hat er ja immer noch.

Den Unfall gab es tatsächlich. Und Jochen wurde auch verletzt. Aber sein Wagen war kein Porsche. Es war ein Gefangenentransporter, in dem er saß wegen eines Banküberfalls. Die schweren Verletzungen, von denen er erzählt, waren die des Fahrers. Die Freundin gab es nicht und auch kein ungeborenes Kind. Die Briefe hat er sich wohl selbst geschrieben, mit verstellter Schrift. Der Betrug, dessentwegen er jetzt einsitzt, hat stattgefunden. Aber das Opfer war keine Versicherung. Opfer waren zwei Frauen, Frauen wie Hedwig.

Nach Australien wollte er nie.

Hedwig kommt jetzt öfter. Manchmal bringt sie die Kinder mit. Er malt Bilder für den Kleinen und schickt sie ihm, er schreibt auch an die Großen. Der jüngste Sohn freut sich am meisten. Er wünscht sich so sehr einen Papa.

Als Jochen Monate später aus dem Gefängnis entlassen wird, zieht er sofort bei Hedwig und den Kindern ein. Der Ausbau der Scheune hat sich dahingeschleppt. Hedwig muss viel arbeiten. Die Kinder müssen herumkutschiert werden. Allzu viele Leute kennen sie noch nicht am Ort. Aller Anfang ist schwer.

Aber jetzt ist ja Jochen da. Vom ersten Tag an hängt er sich rein. Er kocht, er baut, er putzt. Er bestellt Baustoffe, Handwerker, er denkt groß. Der Umbau muss dringend vorankommen, denn das Haus ist viel zu klein für alle. Bald liegt der ganze Hof voller Steine, Holz, Material.

Der Kleine nimmt ihn mit zu seinem Spiele-Nachmittag und stellt ihn allen als seinen neuen Papa vor. Bald schon trainiert Jochen die Kinder-Fußballmannschaft, angeblich hat er sogar einen A-Trainerschein.

Zwei Wochen nach Jochens Einzug bricht in der Scheune

ein Brand aus, Ursache unklar. Die Feuerwehr kommt, aber die Scheune ist nicht zu retten und auch das kleine Haus erst mal unbewohnbar. Hedwig und die Kinder sind am Boden zerstört. Das ganze Spielzeug ist verbrannt. Sie müssen vorübergehend in eine Notunterkunft. Ihr Traum, endlich wieder ein gemütliches Zuhause zu haben, ist zerstört, und all die Mühen waren vergebens. Nur Jochen wirkt seltsam heiter.

Der älteste Sohn gibt sich die Schuld, weil Jochen vermutet, er habe vergessen, die Baulampe auszustecken. Hedwig ist sicher, dass Jochen sie jetzt verlässt. Aber Jochen bleibt. Nimmt sie alle in den Arm und sagt: Hauptsache, euch ist nichts passiert. Was für ein Mann.

Jochen kümmert sich. Versicherung, Handwerker, Gutachter – natürlich muss als Erstes das Haus wieder bewohnbar gemacht werden, und vieles kann man dann ja gleich besser, schöner, größer machen. Natürlich braucht Jochen dafür Zugriff auf Hedwigs Konten. Und natürlich zahlt die Versicherung nicht sofort. Zum Glück überweist Hedwigs Vater mehrfach größere Summen zur Überbrückung, wenn Jochen ihn in Hedwigs Namen darum bittet.

Hedwig weiß davon nichts.

Sechs Wochen nach der Haftentlassung heiraten sie. Eine kleine feine Zeremonie. Von Jochens Seite kommt nur ein Knastfreund. Der Vater sei tot, die Mutter im Pflegeheim, die Schwestern raffgierig. Hedwigs Eltern wissen, dass ihr neuer Schwiegersohn im Gefängnis saß. Sie sind trotzdem freundlich. Jeder hat eine zweite Chance verdient, finden sie.

Jochen ist seltsam erpicht auf Hedwigs Nachnamen. Es ist der ihres Ex-Mannes, er kann ihn nicht annehmen, aber er benutzt ihn trotzdem. Jochen von K. klingt gut. Leute lassen sich damit blenden, und die Wirtschaftsauskunfteien spucken zu diesem Namen nichts aus.

Stück für Stück nimmt Jochen Hedwig ihr bisheriges Leben aus der Hand. Ist sie arbeiten, kümmert er sich um die Kinder. Kommt sie nach Hause, hat er gekocht. Tagsüber baut er, verhandelt mit Handwerkern, holt Angebote ein, vergibt Aufträge. Er sieht ihre Bekannten und Freunde fast öfter als sie. Jochen ist wahnsinnig beliebt.

Jochen gibt viel Geld aus. Für Klamotten, für teure Lebensmittel, ein großes Auto, für den Bau. Hedwig hat ein geerbtes Haus verkauft, aber das Geld ist eigentlich für den Umbau gedacht und als Polster für die Zukunft. Jochen lacht und sagt, Hedwig solle sich entspannen. Bald werde er Geld verdienen, gutes Geld, denn er habe eine Top-Ausbildung, habe Betriebswirtschaft und Optik studiert und viele Entwicklungen verantwortet. Dabei hat er nicht mal Abitur, und eine Optikerlehre hat er nur mit Ach und Krach geschafft. Aber wer lässt sich denn von seinem Mann das Studienzeugnis zeigen? Und wer fragt denn die Handwerker, ob sie wirklich bezahlt wurden, wenn der eigene Mann es sagt?

Jochen ist viel im Internet. Er chattet, er surft, er ist immer online und braucht da seine Ruhe. Seine Computerecke, sein Schreibtisch sind für alle anderen tabu. Hedwig hält sich daran. So bekommt sie nicht mit, dass er die meiste Zeit »Age of Empires« spielt. Unter verschiedenen Identitäten. Und dass er in Flirtlines chattet, den einfühlsamen Herrn nach großer Enttäuschung mimt. Dass er schon jetzt vorbaut für das Leben danach. Er erzählt interessierten Damen von seinem angeblichen Sohn, den er so selten sieht, und von der Arbeit mit seinem Haus, das abgebrannt sei. Er vermischt das tägliche Familienleben mit Vergangenem und Ausgedachtem zu immer wieder neuen Lebensgeschichten.

Beim »Age of Empires« lernt er auch den Gründer eines schwächelnden Preisvergleichs-Start-ups aus München kennen.

Im Spielchat gibt er sich als amerikanische Informatik-Professorin aus, die mit Bill Gates studiert habe. Und die empfiehlt einen Unternehmensberater in Deutschland, einen lieben Kollegen von ihr, anständig, kompetent, seriös. Sein Name: Jochen von K. Der nächste Fisch ist an der Angel.

Die Münchner Firma nimmt Kontakt zu ihm auf. Er fährt hin und mimt den Unternehmer von Welt. Dass sein Englisch eher dürftig ist, fällt nicht auf, er streut nur hin und wieder ein paar wohlklingende Anglizismen ein. Er wird erst Berater auf Honorarbasis, nicht lange darauf gehört ihm der Laden. Besser gesagt: Er gehört Hedwig, gemeinsam mit ein paar anderen ahnungslosen Damen, von denen die meisten nichts voneinander wissen. Geschäftskonten, Schecks, Anmeldungen – alles läuft auf Hedwigs Namen, er kann nicht offiziell in Erscheinung treten, das weiß sie ja. Er legt ihr Papiere vor, sie unterschreibt, immer wieder, immer mehr, immer öfter. Sie versteht vieles nicht, aber er ist ja im Thema, meist liest sie die Dokumente nicht mal mehr. Wenn ihr unwohl ist, redet er ihre Sorgen davon. Es geht doch um ihre gemeinsame Zukunft. Er ist jetzt viel in München, arbeiten, wie sie denkt, aber er ruft jeden Tag an, spricht mit ihr, spricht mit den Kindern.

Die Firma braucht immer mehr Geld. Der Firmenwagen läuft auf Hedwig, das Geschäftskonto, ständig wird zwischen privaten und geschäftlichen Konten hin- und hergebucht. Eine alleinerziehende Frau aus Berlin, mit der Jochen schon länger als angeblich ebenfalls alleinerziehender Vater einer Tochter chattet, investiert 330 000 Euro, ihr gesamtes Vermögen, in Anteile des Start-ups ihrer Internet-Bekanntschaft. Vom Knast, von Hedwig und den Kindern weiß sie nichts. Ein örtlicher Handwerker steigt mit seinem Schwarzgeld in die Firma ein. Er überweist 150 000 Euro. Den Papierkram machen sie später, vertröstet Jochen ihn.

Im Januar, gut zwei Jahre nach ihrer Hochzeit, sind Hedwigs Konten gepfändet. Sie kommt nicht mehr an ihr Gehalt und nicht ans Kindergeld. Sie kommt an gar nichts mehr. Jochen beruhigt sie. Der Anwalt sei dran. Nur eine vorübergehende Sache.

Hedwig will nicht glauben, was sie insgeheim ahnt. Hat ihr Mann sich übernommen und will die Wahrheit nicht eingestehen? Geht es der Firma schlechter als gedacht? Es kann doch nicht sein, dass man einer Mutter mit Kindern das Konto komplett sperrt. Darf man das in Deutschland? Jochen ist in München, er verspricht, alles zu regeln.

Das erste Mal seit langer Zeit verlässt Hedwig sich nicht auf ihn. Sie schreibt einen Brief ans Gericht. Sie landet bei der Pfändungsstelle. Von dort aus hatte man sie schon öfter angeschrieben. Aber sie habe ja nie geantwortet.

Hedwig kann sich an keine Post von der Pfändungsstelle erinnern. Bis zu diesem Tag wusste sie gar nicht, dass es so eine Stelle überhaupt gibt. Wo mag die Post geblieben sein? Sie erhält, immerhin, ihr Aktenzeichen und einen Termin zur Einsicht beim Landgericht.

Jochen geht nicht mehr ans Telefon. Auch in München ist er nicht. War er schon lange nicht mehr, wie Hedwig durch einen Anruf erfährt. Die Geschäftsführerin, die ebenfalls Geld in der Firma stecken hat, meldet Insolvenz an. Die Gläubiger wenden sich an sie.

Als Hedwig beim Landgericht ihre Akte öffnet, blickt sie in den Abgrund. Sie erfährt, dass sie schon vor einem Jahr wegen Scheckbetrugs verurteilt wurde. Jochen hatte einen ungedeckten Scheck über 50 000 Euro mit ihrer Unterschrift in Verkehr gebracht. Die Gerichtspost an sie hat er verschwinden lassen. Sie wurde in Abwesenheit zu einer Geldstrafe verurteilt.

Hedwig sieht die Welt wie durch Milchglas. Ihr wird klar, dass Jochen nicht wiederkommt. Stück für Stück versteht sie, was passiert ist. Ihr Mann, der Stiefvater ihrer Kinder, ist ein Betrüger. Sie hat sich reinlegen lassen. Sie hat nichts gemerkt. Alles Geld ist weg, alle Konten sind gesperrt, sie sitzt da mit ihren Kindern, in einem immer noch unfertigen Haus. Die Handwerker sind nicht bezahlt, sie haftet für alles. Sie muss sich Geld von Freunden leihen. Der jüngste Sohn sagt: »Ich will sterben.«

Hedwig geht zur Polizei. Sie will Anzeige erstatten gegen ihren Mann. Aber niemand will die Anzeige aufnehmen. Wer sagt denn, dass sie nicht mit drinhängt? Sie hat doch alles unterschrieben. Und es ist doch ihr Mann.

Sie durchwühlt tagelang, nächtelang Jochens Schreibtisch und die Sachen, die er zurückgelassen hat. Sie durchforstet alle Dokumente, sie wertet seinen Anrufbeantworter aus und seine Computer. Sie kontaktiert alle Namen, die sie finden kann. Jeden Tag läuft sie mit neuen Fundstücken zur Polizei. Man hört sie an. Aber eine Anzeige nimmt man trotzdem nicht auf.

Den Schmerz über den Verrat des Menschen, den sie geliebt und dem sie vertraut hat, drückt sie weg. Erst mal. Eine Zeitlang hofft sie noch, dass wenigstens am Anfang so was wie Liebe und Zuneigung eine Rolle gespielt hat. Doch je mehr sie erfährt, desto klarer wird ihr: Der Mann, den sie geheiratet hat, den gab es gar nicht. Er war eine Kunstfigur, aus ihrer Sehnsucht und seiner Schauspielkunst. Der Jochen, den sie geliebt hat, der hat nie existiert. Sie war vom ersten Tag an sein Opfer, vom ersten Brief an. Und sie ist nicht allein.

Sie redet mit Angelika*, der Frau aus Berlin. Sie trifft auf Nina, eine Frau in Köln, mit der Jochen eine Affäre hatte. Sie lernt die junge Susa kennen, eine Prostituierte, der Jochen, während er angeblich in der Münchner Firma arbeiten war, den wohlhabenden Gönner vorgespielt hat. 2500 Euro pro Monat hat er ihr angeboten und anfangs auch gezahlt. Dafür war sie nur für ihn da. Er zog bei ihr ein, dann lieh er sich Geld, am Ende zahlte das Mädchen drauf. Und er saß auch nicht wegen Versicherungsbetrugs in Haft, sondern wegen Heiratsschwindel.

Hedwig fährt in Jochens Heimatstadt und macht einen Vertrauten seines Vaters ausfindig, der Jochen von Kindesbeinen an kennt. Sie erfährt, dass ihr Jochen schon vor 20 Jahren die ersten Frauen betrogen hat. Dass er mal eine Bank überfallen hat und als Arzt praktiziert, dass er eine Baufirma gründete, die nicht gebaut, nur kassiert hat. Jochen hat alle betrogen, Bankdirektoren und Handwerker, Hotels, Geschäftsleute, Pfarrer, seine Eltern, Jochen hat sogar Betrüger betrogen. Aber vor allem Frauen. Angestrengte, fleißige, fürsorgliche Frauen mit Kindern, da kam seine Masche am besten an. Am Schluss fragt der Mann, der Jochen schon so lange kennt: »Hat es bei Ihnen denn auch gebrannt? Brände säumen Jochens Weg.« Er zeigt ihr ein Bild, Jochen in jungen Jahren, in einer abgebrannten Optikerfiliale seiner Eltern. Er steht da und lächelt. Und dieses Lächeln kennt sie. Fast fällt sie in Ohnmacht.

Sie fühlt sich gedemütigt und beschmutzt. Nachts hämmert es in ihrem Schädel. Wieso hast du ihm geglaubt? Wieso hast du ihm vertraut? Was an ihm hast du geliebt? Wie konnte er dich so täuschen, immer wieder?

Sie ruft bei der Staatsanwaltschaft an. Lange Zähne kriegen die. Das hier riecht nach viel Arbeit und wenig Glanz. Kein spektakulärer Fall, kein Milliardenbetrug, kein Immobilienhai, keine Mafia. Nur eine naive Hebamme, die von ihrem Liebhaber ausgenommen wurde. Das hier riecht nach traumatisierten Opfern, die ihren Schaden nicht beziffern können. Nach komplexen Erzählsträngen, wo man nie genau weiß, was von all den geschilderten Gemeinheiten eigentlich strafbar ist. Vermögensschäden sind justiziabel. Enttäuschte Liebe, zerbrochenes Vertrauen, Lügen und schöner Schein sind es nicht. Irgendwann findet sie einen jungen Staatsanwalt, unerfahren oder enthusiastisch genug, um sich von der vielen Arbeit nicht abschrecken zu lassen. Und einen, der ihr endlich zuhört.

Dass Jochen Monate später verhaftet wird, ist trotzdem nicht der Justiz zu verdanken. Sondern der Hebamme Hedwig und ein paar anderen Opfern, mit denen sie sich zusammengeschlossen hat. In Worms treibt Hedwig ihn zusammen mit ihrem ältesten Sohn und der betrogenen Prostituierten Susa in einem Krankenhaus auf, er hatte einen Herzinfarkt vorgetäuscht, um sich mal richtig umsorgen zu lassen. Er geht ihnen letztlich durch die Lappen, aber wenigstens hat Hedwig den Leasingwagen zurück und einen Koffer mit Dokumenten. Wochen später knackt die Opfergemeinschaft ein Ebay-Konto, findet per Lockvogel seine Adresse heraus und meldet sie der Polizei. Jochen wohnt jetzt bei einer alleinstehenden Frau in der Nähe von Hamburg. Bettina ist verliebt und träumt davon, dass sich ihre Sehnsucht nach einer Familie doch noch ganz unerwartet spät erfüllt. »Sollen wir ein Kind adoptieren?«, hat Jochen ihr vorgeschlagen, und: »Lass uns einen Kredit aufnehmen.« Was hieß: Nimm du einen Kredit auf.

Als Joachim Hans-Georg Karl W. verhaftet wird, chattet er gerade gleichzeitig mit sieben Frauen von Bettinas Arbeitszimmer aus, die von alldem nichts ahnt. Er hat ihre Brieftasche bei sich, ihren Schlüsselbund, er hat dreizehn Alias-Personalien und zweiundsiebzig E-Mail-Adressen.

Hedwig hat sich seitdem tausendmal gefragt, warum gerade sie Opfer geworden ist. Was sie hätte anders machen können. An welcher Stelle sie versagt hat. Wie sie ihm früher auf die Schliche hätte kommen können.

Ja, klar, tausend Dinge hätte sie machen können. Sich nicht mit Knackis einlassen. Einen Grafologen hinzuziehen. Zeugnisse prüfen. Dem Anwalt nicht glauben. Heimlich seine Mails lesen, an seinen Schreibtisch gehen, seine Briefe öffnen, sein Handy checken. Tausend Dinge, die kein Mensch macht, wenn er liebt und vertraut.

Manchmal kommt ihr die ganze Sache vor wie ein Zusammenstoß mit einem Geisterfahrer. Wäre man doch nur eine Stunde früher gefahren, dann wäre man ihm nie begegnet. Sie ist gefahren wie immer. Sie hat gelebt wie immer. Er war derjenige, der falsch rum unterwegs war. Sie hatte einfach Pech. Es ist nicht ihre Schuld.

Was geblieben ist? Ein schweres Trauma, an dessen Folgen sie immer noch trägt. Ein körperlicher und seelischer Zusammenbruch. Zeiten, in denen sie nicht wusste, ob das, was sie fühlt, noch Misstrauen ist oder schon Paranoia. Eine Insolvenz, Schulden, materielle Not. Eine zerstörte Familie, Kinder, die vorsichtig werden, wenn jemand nett zu ihnen ist.

Das Haus, in dem sie lebt, ist wie ein Sinnbild für das Leben, das ihr geblieben ist, danach. Es ist nur noch ein Drittel so groß, wie es mal geplant war, und funktioniert als Zuhause nur eingeschränkt. Es hat Narben und immer noch offene Wunden, Stellen, an denen der Wind reinpfeift, Stellen, die wehtun. Im Garten findet sie manchmal noch verbranntes Spielzeug.

Susa arbeitet heute wieder als Prostituierte. Bettina hat drei Tage nach Jochens Verhaftung in ihrer Wohnung versucht, sich umzubringen. Die Geschäftsführerin aus München hat ihre gesamten Ersparnisse verloren. Sie musste einen Zweitjob annehmen, um Schulden zurückzuzahlen. Die Gläubiger sind auf ihren Forderungen sitzen geblieben. Der Handwerker aus dem Ort hat von seinem Schwarzgeld nichts wiedergesehen.

Jochen oder Hans-Georg oder Joachim, wie er wirklich heißt – aber was ist schon wirklich? –, wurde zu viereinhalb Jahren Haft verurteilt. Hedwig verlangte Auskunft darüber, wo er einsaß, und erfuhr dabei, dass er sich im Knast auf Kosten der Allgemeinheit in Computerkursen und Gesprächstherapien weiterbildete, ausgerechnet Computerkurse, ausgerechnet Gespräche. Dass er sogar den Gefängnisseelsorger um Geld gebracht hat, wundert sie nicht mehr. Inzwischen hat Joachim seine Strafe abgesessen. Was sie denkt, wo er jetzt ist? »Na, irgendwo in Deutschland. Eine andere Frau betrügen, andere Geschäftspartner, eine andere Familie zerstören, andere Leben.«

Er, der Täter, ist wieder frei. Sie ist es nicht.

* Namen weiterer Opfer geändert

Die Eine/Die Andere

Zwei Mütter, sie wohnen im selben Ort. Der Sohn der einen hat der anderen das Kind genommen. Wie können sie weiterleben?

von KUNO KRUSE

Zuerst war es nur eine eilige Skizze, mit dem Kugelschreiber auf einen Collegeblock geworfen. Wie ein Lebkuchenmännchen mit kleinen Kringeln dort, wo bei Mädchen die Brüste sind. Die Zeichnung war aus einem Moment heraus entstanden. Einem Moment der Wut, aber auch des Wissenwollens. Ilona Behrens musste einfach alles irgendwo eintragen, was ihr in diesem Obduktionsbericht Rätsel aufgab. Es ist nur ein Körperschema, sagt sie. Es ist nicht Lisa. Doch der flüchtige Entwurf ist zur Bürde geworden. Die Mutter sieht in jedem Detail eines der Fotos, die der Pathologe bei der Obduktion des Leichnams ihrer Tochter gemacht hat. Und zugleich sucht sie in der Abstraktion Distanz. »Ich habe zwei Schubladen«, sagt sie. »In der einen liegt der Fall Lisa Behrens. In der anderen mein Kind Lisa. Aber in die lasse ich niemanden hineinsehen.«

Für die Justiz der norddeutschen Kleinstadt Itzehoe ist der Fall Lisa Behrens mit dem Urteil des Landgerichts vom 15. Oktober 2014 abgeschlossen. Darin wird der 16-jährige Schüler Daniel Weber* wegen Mordes an Lisa Behrens zu einer Jugendstrafe von neun Jahren verurteilt. Das Gericht ordnete die Unterbringung in einem psychiatrischen Krankenhaus an.

Für die Mutter aber ist der Fall Lisa Behrens längst nicht abgeschlossen. So lange nicht, wie sie nicht weiß, was alles ihrer Tochter widerfahren ist, in jeder Minute, in jeder Sekunde. Deshalb hat sie diese vielen Anmerkungen in den dicken Aktenordnern gemacht, die handgeschriebenen Listen ihrer vielen Fragen dazugeheftet. Deshalb hat sie die Fotos ertragen und die Kälte der Vernehmungsprotokolle. Deshalb muss sie auch dem nachgehen, was die Richter gar nicht mehr interessierte. Die Staatsanwältin hatte den Eltern versichert: »In der Hauptverhandlung ist für alle Fragen Zeit und Raum.« Aber es war dort keine Zeit, kein Raum. »Vier Tage«, sagt die Mutter, »das ist doch ein Witz.«

Ilona Behrens will auch ganz genau wissen, was an und was mit dem Leichnam ihrer Tochter geschah, in den fünf Tagen, bis man ihn am Rande des Ackers fand, bei dem Forsythienstrauch, der bereits gelb blühte. Es war der 24. März 2014. Die Mutter hat sich das Foto mit diesem schneewittchenweißen, jungen Frauenkörper oft angeschaut, der nackt am Feldrand liegt. Ein wenig verdreht, wie eine Schaufensterpuppe. »Ich kann sie so ansehen«, sagt die Mutter. Das lange rote Haar bedeckt Lisas Kopf wie ein großer Kranz.

Lisas Vater hat die Bilder nie angerührt. »Vielleicht werde ich es bald tun«, sagte Nico Behrens. Es klingt, als sage er das seiner Frau zuliebe. Aber sie möchte das gar nicht mehr. »Nico, du musst es nicht!«

Ilona Behrens hatte ihren Mann anfangs oft gedrängt, wenn sie sich wieder durch die Akten arbeitete. »Kannst du mir nicht mal helfen?« Er sagte dann: »Warum begleitest du mich nicht zum Friedhof?«

Oft spüre er, dass Lisa ihn begleite. »Merkwürdig«, sagt er, als falle es ihm jetzt gerade auf, »wenn ich zum Friedhof gehe, dann regnet es nie.« Nico Behrens geht jeden Tag zum Friedhof.

Er ist ein großer Mann mit kräftigen Händen. Manchmal sieht er seine kleine Lisa wieder mit ihrer Decke auf dem Sofa sitzen. »Vielleicht«, sagt er, »guckt sie jetzt zu uns herüber und wundert sich.«

Die Eltern reagierten oft gereizt aufeinander. Es war für beide schwer zu begreifen, dass jeder einen anderen Umgang mit dem Schmerz sucht. Ilona Behrens weiß, man könnte sie mit ihrer Besessenheit für verrückt halten. Aber wie soll eine Mutter da nicht verrückt werden?

Sie weiß nicht, was wäre, wenn es Lea nicht gäbe, Lisas Schwester. Sie ist fünfzehn. Es ist den Eltern wichtig, dass sie sich von alldem löst, ihren eigenen Weg findet. Die Mutter war mit Lea bei Ärzten, auch bei Psychologinnen. Irgendwann drohte das Mädchen: »Mama, wenn du mir jetzt mit noch so einer Tante kommst, packe ich meine Koffer!« Ilona Behrens sagt, Lea und Lisa seien typische Schwestern gewesen: »Sie konnten nicht miteinander. Und erst recht nicht ohneeinander.«

Lea hat der Mutter des Mörders einen Brief geschrieben. Sie hat sie gefragt, wie sie noch in dem Haus leben und jeden Tag durch die Diele gehen könne, in der Lisa von ihrem Sohn erwürgt worden sei.

Die Mutter des Mörders ist eine weiche Frau mit einem runden Gesicht, wie es auch ihr Sohn hat. Das alte Reetdach-Haus der Familie Weber liegt im selben Ort wie das Haus der Familie Behrens, nur am anderen Ende. Es ist ein Pendler-Ort vor den Toren Hamburgs, der sich etwas Dörfliches bewahrt hat. Hinter dem Haus der Familie Weber liegen Felder, die Nachbarn sind Bauern. Daniel liebte es, bei ihnen auf dem Traktor zu fahren.

Innen ist alles sehr reinlich, gerahmte Fotos hängen an den Wänden. Andrea Weber* ist nach der Heirat mit ihrem Mann in ihr Elternhaus gezogen. Hier hatte schon ihre Großmutter gelebt.

Für ihre Mutter wurde ein neues Haus angebaut. So konnte sie jeden Tag für Daniel da sein, wenn Andrea und Claas Weber* bei der Arbeit waren. Sie kochte für den Enkel und fuhr ihn mit dem Auto zur Schule – auch wenn die Klassenlehrerin es ihr auszureden versuchte. Daniel solle lieber mit dem Rad fahren, auch wegen seines Übergewichts. Vergebens.

Wie sollte Andrea Weber auf den Brief des Mädchens antworten? Ihr Mann und sie waren die ersten Wochen nach der Tat in Hotels und Ferienwohnungen untergekommen. Ein Fluchtversuch. Einmal wollten sie irgendwo weit weg einen Kaffee trinken. Im Café lehnte sich eine Dame zu ihnen herüber: »Haben Sie von dem Mord gelesen?«

Andrea Weber hatte selbst geglaubt, sie könne nie wieder in das Haus zurück. Aber gar nicht wegen der Diele, sagt sie. Es sei der Blick hinüber zu diesem Ackerrand, dorthin, wo Lisa gefunden wurde. Sie hat nie wieder gewagt, sich diesem Ort zu nähern.

Die Webers hatten fast schon einen Mietvertrag unterschrieben, in einem anderen Dorf. Aber was hätten sie sagen sollen, wenn dort jemand gefragt hätte, ob sie Kinder haben? Eine Lüge erfinden? »Hier«, sagt Andrea Weber, »wissen es alle.«

Doch die Webers leben hier nicht mehr. Sie wohnen nur noch. »Es ist unerträglich, wie im Hasenstall zu sitzen«, sagt Andrea Weber. Zum Einkaufen fährt sie über die Autobahn in die nächste Stadt. Muss sie doch einmal durch den Ort, versinkt sie tief in ihrem Sitz. Dann pocht ihr Herz.

Ilona Behrens und Andrea Weber sind sich nie auf der Straße begegnet. Sie leben vier Kilometer voneinander entfernt.

»Ich würde sie mit einer Dampfwalze überfahren«, sagt Lisas Mutter.

»Ich kann doch nicht sagen: Es tut mir leid«, sagt Daniels Mutter. Das klinge, als könne irgendetwas vergeben werden. Aber es könne kein Verzeihen geben, wenn einer Mutter ihr Kind getötet werde. Deshalb sei jeder Satz falsch. »Was kann ich sagen? Nur, dass auch ich ewig an Lisa denken werde.«

Ilona Behrens war stolz auf ihre schöne Tochter. Es gab viele Verehrer, was auch der Mutter schmeichelte. Und zugleich war sie zufrieden, dass Lisa ihrem Jan immer treu blieb. Er war ihre erste Liebe und lebte wie ein Schwiegersohn mit im Haus. Sie teilten ein Zimmer. Nach ihrem Tod wollte sich Jan den Namen Lisa eintätowieren lassen, ganz groß. »Nein, lass das«, hatte Ilona Behrens gesagt, »du wirst ein anderes Mädchen treffen.«

Lisa hatte Jan bei einer Feuerwehrübung kennengelernt. Er saß im Löschwagen der Nachbargemeinde. Arbeiter-Samariter-Bund und freiwillige Feuerwehr, das war Lisas Welt. Sie machte eine Lehre als Sprechstundenhilfe in einer unfallchirurgischen Praxis, assistierte bei kleinen OPs, aber danach wollte sie Unfallsanitäterin werden, auf dem Rettungswagen fahren.

Ihre Mutter war wie eine Freundin für sie, Lisa ließ sie gern über die Schulter auf das Display ihres Smartphones schielen. »Was ist denn das für ein Daniel?«, hatte die Mutter einmal gefragt. »Er schickt immer so nette Grüße.« Smileys standen darunter, und er schrieb: »Meine Schöne.« Lisa hatte gelacht und gesagt: »Ach Mama, das ist so ein Kleiner von der Jugendfeuerwehr.«

Als Lisa achtzehn wurde, lud ihre Mutter alle Freunde vom Samariter-Bund und der Feuerwehr ein. Ein Daniel, sagt sie, sei nicht dabei gewesen.

Vielleicht hat Daniel nur deshalb herumerzählt, dass er eingeladen sei, weil er keiner war, den Mädchen zu Partys einladen. Sondern ein fülliger Junge mit weichen Wangen und leichter Akne. Ungelenk in den Bewegungen, unbeholfen bei den Mädchen.

»Wenn Daniel in all den Jahren wenigstens einen richtigen Freund gehabt hätte«, sagt seine Mutter, »nur einen, dann wäre ich schon glücklich gewesen.« Und wenn er mit dem mal irgendetwas ausgefressen hätte. »Aber Daniel war immer pünktlich zu Hause, er war eigentlich viel zu pflegeleicht. Wenn er seine Großmutter im Garten sah, ließ er seine Schulsachen fallen, um ihr zu helfen.« Die Eltern fuhren ihn zum Taekwondo, der Junge war bei der Jugendfeuerwehr. Da gab es auch Mädchen. Lisa zum Beispiel. »Ich hatte den Namen mal gehört«, sagt die Mutter.

Vielleicht war es die Verlorenheit des dicken Jungen, die Lisa dazu bewog, sich ihm an den Gruppenabenden zuzuwenden. »Sie hatte ein Helfersyndrom«, sagt ihre Mutter, »sie war für jeden da, der Hilfe brauchte.«

An jenem Mittwoch schien dieser Daniel Trost zu brauchen. Als sie ins Auto stieg, sagte Lisa ihrer Mutter: »Der Yogi ist gestorben, unser Gerätewart. Daniels Papa hat den Rettungswagen gefahren, und Daniel will jetzt mit mir reden.«

Alle hatten den Gerätewart gemocht, der den Mädchen den Schminkspiegel ins Feuerwehrauto geschraubt hatte. Er hatte tatsächlich einen tödlichen Herzinfarkt erlitten. Aber Daniels Vater, das hat Ilona Behrens schnell ermittelt, ist niemals Rettungswagen gefahren.

Lisas Freund Jan war dann der Erste, von dem die Unruhe Besitz ergriff. Lisa antwortete nicht auf seine Whatsapp-Nachrichten, das fand er ungewöhnlich. Als Jan und die Mutter zum Einkaufen fuhren, schrieb er ihr: »Ich mache mir Sorgen.« Sie fuhren einen kleinen Umweg am Haus der Webers vorbei. Auf dem Parkplatz der Feuerwehr, schräg gegenüber, stand der kleine blaue Škoda, mit dem Lisa unterwegs war. »Siehst du«, sagte ihre Mutter, »sie ist noch da.« Heute denkt sie oft: »Warum habe ich nicht geklingelt?«

Aber sie weiß, es wäre zu spät gewesen. Lisas Smartphone war da schon ausgeschaltet. Das hatte auch der Mutter Angst gemacht. »Ich fühlte, dass ihr etwas zugestoßen ist«, sagt Ilona Behrens. Sie rief bei Daniel an. Er sagte, Lisa sei um 15.30 Uhr gegangen. Er sagte nicht, wie es normal gewesen wäre: um halb vier. Das fiel ihr im Nachhinein auf.

Als der Vater abends nach Hause kam, klingelte er bei den Webers an der Tür. Ihm sagte Daniel, Lisa sei um 16.30 Uhr gegangen. Eine Stunde später. Das fiel der Mutter sofort auf. »Der Junge kam mir gleich merkwürdig vor«, sagt Lisas Vater. Er sagte es auch dem Polizisten, den er gegenüber bei der Feuerwehr traf. Freunde begannen noch am Abend zu suchen. Hundeführer vom Arbeiter-Samariter-Bund kamen. Aber auf dem Grundstück der Webers nahm der Hund keine Spur auf, die vom Haus wegführte. Er kratzte nur von außen an der Tür. Die Webers, sagt Lisas Vater, hätten drinnen vor dem Fernseher gesessen.

Am nächsten Tag half auch Daniel mit suchen. 180 freiwillige Helfer liefen jetzt Felder, Wald und Hecken ab. Jans Vater teilte den Flurplan in Suchquadrate ein, der Metzger schickte Brote.

Gleich morgens mietete der Chef von Nico Behrens' Baufirma einen Hubschrauber. Gemeinsam flogen die beiden Männer mit dem Piloten auch immer wieder über das Haus der Webers, über die Felder dahinter. Sie erkannten die Freunde in den Suchtrupps. Das Mädchen fanden sie nicht.

Nico Behrens' ungutes Gefühl verstärkte sich, als er wieder vor dem Jungen stand. »Da pikste es so komisch im Bauch.« Seine Frau winkte ab: »Das ist doch ein Milchbubi.« Auch die Beamten der Kriminalpolizei, die Daniel befragten, hielten ihn für einen netten, harmlosen Jungen.

Auf dem Telefon und dem Laptop von Ilona Behrens liefen jetzt alle Neuigkeiten ein: ein verdächtiger Lieferwagen, ein gerade vernommener Verehrer, ein Mädchen an einem Brückengeländer. Eine Frau rief an, sie behauptete, ein Medium zu sein, sie spüre, Lisa würde irgendwo liegen, kalt und feucht. Sie lebe, aber ihre Kraft schwinde. Ilona Behrens glaubt nicht an Wahrsagerinnen. »Aber ich klammerte mich daran«, sagt sie, »glaubte auch, meine Tochter zu spüren.« Kalt und feucht, einleuchtend im März. Schrebergartenhäuser wurden durchsucht. Jan fragte Lisas Mutter nun immer wieder: »Was ist, spürst du sie noch?« Ilona Behrens beruhigte ihn: »Ja!« Aber als er sich wegdrehte, taumelte sie in die Arme ihrer Schwägerin. Später sagt sie: »Ich spürte Lisa nicht.«

Bei Andrea Weber klingelt heute fast jeden Abend das Telefon. Daniel darf sie aus der geschlossenen Psychiatrie anrufen. Es ist eine lange Autofahrt dorthin. Alle drei Wochen können die Eltern ihn besuchen.

Andrea Weber weiß, wie das für die Familie Behrens klingen muss. »Wir haben ihn dann nur anderthalb Stunden. Aber sie haben ihre Tochter gar nicht mehr.«

Sie wirft sich vor, ihren Sohn vielleicht »zu rosarot gesehen« zu haben. Sie fragt sich, ob es ihre Dominanz gewesen sein könnte, die in ihm eine Wut auf Frauen wachsen ließ. Der Psychiater sprach vor Gericht über einen »abgeflachten Affekt«, Daniels eingeschränkte Empathie. Warum hatte sie das nicht gesehen? Ist sie vielleicht eine zu sehr liebende Mutter?

Aber deshalb wisse sie auch, was es bedeute, Mutter zu sein: »Ich verstehe Lisas Mutter so gut. Ich wäre genauso so wütend wie sie.« Andrea Weber ist voller Achtung für die Frau, von der sie verachtet wird. »Ich bewundere sie sogar. Es muss viel Kraft kosten, diese Familie zu erhalten.«

Der Vater eines Mitschülers erinnert sich, dass Daniels Mutter durchaus schon früher ihre Beunruhigung über ihren Sohn habe erkennen lassen. Aber gemeinsam bildete das Ehepaar eine Phalanx, wie Eltern sie oft bilden, wenn jemand ihr Kind

beschuldigt. Anlass war damals ein Vorfall mit diesem Mitschüler, er liegt zum Tatzeitpunkt mehr als drei Jahre zurück.

Daniel sollte mit dem Klassenkameraden eine Hausaufgabe
über Würmer schreiben. Die beiden 13-Jährigen saßen am Computer. Plötzlich packte Daniel den Hals seines Mitschülers und
drückte zu. Der Junge bekam keine Luft, wehrte sich, trat. Erst
als er Daniel den Finger ins Auge stieß, ließ der von ihm ab.

Das Gespräch, das der Vater daraufhin mit Daniels Eltern
führte, war sehr unangenehm. Am nächsten Morgen rief Daniels Vater an, überaus forsch. Ob der Klassenkamerad vielleicht
unter einem Aufmerksamkeitsdefizit-Syndrom leide.

»Ich dachte, das wäre so eine Rangelei gewesen«, behauptet
Andrea Weber heute. Ihr Sohn habe schon immer eine grobe
Motorik gehabt, wusste seine Kraft oft nicht zu dosieren. Die
Ergotherapeutin hatte mehrere Matten auf ihn gelegt, damit er
sich endlich spüre.

Die Webers waren es gewohnt, ihren Sohn in Schutz zu nehmen.
Bereits im Kindergarten war es wegen seiner Fülle oft schwierig
gewesen. »Man gab Daniel immer gleich die Schuld, weil er der
Große war.« Wenn er sich umdrehte und ein Kind hinfiel, habe
es gleich geheißen: Daniel hat geschubst.

Aber die Sache mit Anna, »das sei dann doch eine andere
Dimension gewesen«, sagt die Mutter. »Das hat mir Angst gemacht. Da war mir klar, jetzt muss etwas passieren.«

Es war drei Monate nach dem Vorfall mit dem Klassenkameraden. Daniel hatte sich von seiner Mitschülerin Anna gehänselt
gefühlt. Mittags wartete er bei den Fahrrädern auf die 13-Jäh-
rige, lud sie ein, mit ihm zu einer Koppel im Wald zu fahren. Er
wolle ihr etwas zeigen.

Eine Lehrerin, die zufällig mit ihrem Hund an dem Waldstück
vorbeikam, hörte das Mädchen um Hilfe schreien. Sie brüllte in

den Wald hinein: »Ich lasse meinen Hund von der Leine!« Anna kam panisch angerannt, das Haar zerwühlt, das Gesicht rot angelaufen. Das verstörte Kind war gar nicht wieder zu beruhigen. Daniel habe sie gewürgt.

»Sie lügt!«, schrie der Junge, der ihr nachgelaufen kam. »Ich habe nichts gemacht!« Auch er schweißnass. Die Lehrerin herrschte ihn an. »Sie haben mir gar nichts zu sagen«, fauchte der Junge. Er wollte dem Mädchen hinterher, aber da war der Hund. Er drohte, sie würde noch von ihm hören.

Als Daniel nach Hause kam, war sein Vater da. Die Mutter des Mädchens hatte angerufen. Daniel log: Anna sei mit dem Rad gestürzt.

Die Schulleitung reagierte. Daniel war schon vorher aufgefallen, weil er den Kindern auf einem Foto eine Nadel in Augen und Brüste gestochen hatte. Die Mutter erschien mit ihm auf dem Polizeirevier.

So alleingelassen worden zu sein, sagt Andrea Weber heute, das sei es, was sie so wütend mache. Sie weint. »Und hinterher wird auf einem herumgehackt.«

Sie war mit Daniel bei der Familienbildungsstätte, beim Jugendamt, fragte bei einer Beratungsstelle nach. Aber die half nur bei Missbrauch. Sie fuhr zur Jugendpsychiatrie. Für die, habe man ihr gesagt, brauche sie eine Einweisung. Aber es gab doch die Akte beim Jugendamt! Die bei der Polizei! Sie enthob doch alle von der Schweigepflicht! Sie versuchte es bei einer Klinik andernorts: »Mein Kind hätte ein anderes fast erwürgt! Wenn Sie es nicht glauben, fragen Sie doch in der Schule nach.« Man riet ihr, sich an einen niedergelassenen Jugendpsychiater zu wenden. Bei dem gab es Terminprobleme. »Und das bei einer solchen Brisanz«, sagt sie, »da bin ich zickig geworden.« Endlich fand sie einen anderen Psychiater. Der sagte nach einigen

Sitzungen, der Junge sei auf einem guten Weg. Daniel ging noch eine Weile zu einer seiner Mitarbeiterinnen. Als die ihre Stelle wechselte, war die Therapie beendet. »Aber wenn es so einfach gewesen wäre«, sagt die Mutter, »dann wäre Daniel jetzt nicht da, wo er ist. Und Lisa würde noch leben.« Ihre Anwältin hat gesagt, es sei, als ob der Arzt einen Tumor nicht erkenne und beruhige, es sei nur ein Leberfleck. »Aber man vertraut doch den Ärzten.«

»Schwitzkasten?« Wenn Ilona Behrens, Lisas Mutter, die Berichte der Jugendpsychiater in den Akten liest, dann findet sie immer nur dieses Wort, das nach harmlosen Balgereien klingt. Und sie findet viel über Hänseleien, unter denen Daniel gelitten habe, über Lernschwierigkeiten, über die zu enge Bindung an die Mutter. »Aber wo steht«, fragt sie, »dass er jemanden erwürgen wollte?«

Daniel wechselte die Klasse. Warum, das teilte die alte Lehrerin der neuen nicht mit. »Das ist doch auch ein Vertuschen«, sagt Ilona Behrens, »der Leiterin geht es immer nur um den guten Ruf.« Aber die Schüler aus Daniels alter Klasse skandierten vor dem Raum seiner neuen, dass er ein Mädchen gewürgt habe. Daniels Mutter nennt es ein »Spießrutenlaufen«.

Die neue Klassengemeinschaft galt als intakt. Trotz der merkwürdigen Schmährufe empfanden die Schüler den Neuen als »ganz nett«. Niemand hänselte den Dicken. Daniel bekam Nachhilfe. Zweimal die Woche kam nachmittags ein 19-jähriges Mädchen und machte mit ihm Schularbeiten in seinem Zimmer. Er beteiligte sich am Unterricht, hätte wohl die Mittlere Reife geschafft. Und in der neuen Klasse fand er endlich einen Freund. Die beiden schreiben sich noch heute.

Nur das mit den Fotos fanden die Mädchen in der Klasse sonderbar. Daniel hatte über Facebook angefragt, ob sie ihm Bilder von ihren Füßen schicken könnten. Ein Freund brauche sie für ein Projekt. Bis auf drei gaben ihm alle einen Korb. Zwei Schülerinnen berichteten der Lehrerin von Daniels merkwürdigen Wünschen. Die Lehrerin erzählte seinen Eltern davon nichts.

Im Zeltlager der Jugendfeuerwehr fasste Daniel den schlafenden Kindern an die Füße, so wie er es im Urlaub bei seiner Tante gemacht hatte, während sie schlief.

Dann suchte er Darstellerinnen für »eine Art Horrorfilm«. Er schrieb auch Lisa an. Sie wich freundlich aus, sie könne nicht schauspielern.

Es war nicht die Polizei, sondern eine Frau aus dem Ort, die im Internet Daniels Spur aufnahm. Das war am Sonnabend, drei Tage nachdem Lisa verschwunden war. Sie hatte eines der Flugblätter gelesen, die Lisas Vater verteilte, und war auf einen Bericht der »Hamburger Morgenpost« gestoßen. Ein Daniel hatte der Reporterin berichtet, das vermisste Mädchen sei zuvor bei ihm gewesen.

Den Vornamen und dass er bei der Feuerwehr war, mehr musste sie gar nicht wissen, um nach einigen Klicks auf Daniels Youtube-Account zu stoßen. »Die Filme haben sie in völlige Panik versetzt«, sagt Ilona Behrens. Die Frau fuhr gleich am nächsten Morgen um sieben Uhr zum Polizeirevier. Es war der entscheidende Hinweis. Noch am Sonntag wurde auch die Mordkommission eingeschaltet.

Die Filme, die Daniel auf seinem Account als Favoriten markiert hatte, tragen Titel wie »Girl strangled to death« oder »Woman drowned in her own bath«. Die jungen Frauen darin werden geknebelt, ertränkt, erstochen, erstickt, erhängt oder erdrosselt. Sie sterben an Pfählen, in Badewannen oder Duschen, sie schreien und nässen sich ein, werden penetriert, während ihres Todeskampfes, davor oder danach. Manche Filme dauern wenige Minuten, andere eine Dreiviertelstunde. Immer zappeln die Opfer mit den Füßen.

Daniel sah diese Filme morgens vor der Schule. Die zuckenden Füße und dieses Röcheln stimulierten ihn bis zur Ejakulation. Beim Psychiater waren die Filme nie ein Thema, auch die Füße nicht.

»Wenn man sowieso schon als Oberglucke verschrien ist«, sagt Andrea Weber, »dann schnüffelt man doch nicht bei seinem Jungen auf dem PC herum.« Der Kriminalbeamte habe ihr später versichert, dass die Filme sehr schwer zu finden waren. »Ich hätte das nicht auf sich beruhen lassen!« Aber Andrea Weber sah in seinem Zimmer nur den Trecker-Simulator auf dem Rechner ihres Sohnes.

Ilona Behrens hat die Fotos gesichtet, die bei der Durchsuchung im Haus der Webers gemacht wurden. Ihr fiel sofort die Bettwäsche auf. Einer der Bezüge aus dem Ehebett lag in Daniels Zimmer, Daniels Bezug im Ehebett. Der Junge, las sie in den Akten, hatte auch mit sechzehn noch häufig bei der Mutter geschlafen.

»Wenn mein Mann Nachtschicht hatte«, sagt Andrea Weber. »Wir haben es immer wieder versucht, dass er nach oben in sein Zimmer gehen sollte. Als er zehn war, haben wir gedacht, irgendwann wird es schon kommen.«

Andrea Weber ist bewusst, wie sonderbar das klingt. »Aber er lag ja nicht in meinen Armen.« Die Mutter arbeitet oft sehr lange. »Und ich dachte, ich werde dem Kind nicht gerecht. Dann haben wir abends oft noch lange geredet. Er erzählte von der Schule. Ihm war es wichtig. Ich wollte keinen Stress. Natürlich, ich fand es auch schön. Die Gespräche abends waren ein Baustein des Familienlebens.«

Ilona Behrens wird nichts auf sich beruhen lassen. »Ich habe im Gerichtssaal auch nach dem Sperma gefragt, das an Lisas Oberschenkel gefunden wurde«, sagt sie. »Und woher der Abdruck an der Brust kam, der aussah wie von Fingern. Und woher kommt die Verletzung an der Scheide?«

Nichts nimmt sie diesem »falschen Jungen« ab. Schon gar nicht, dass er die tote Lisa gleich mit dem Bollerwagen an den Feldrand weit hinterm Haus gefahren hat. Hat er sie nicht woanders versteckt? Wo er sie dann wieder anfassen konnte? Daniel Weber selbst hat bei allen Vernehmungen immer nur von einer Erektion gesprochen, die er bekommen habe, als er Lisas Füße streichelte. Die Frage nach dem Sperma habe Daniels Eltern im Gerichtssaal erschreckt, sagt Lisas Mutter. Franziska Hammer, die Anwältin, habe sie dann beiseitegenommen.

Andrea Weber hat alles erschreckt. In einem Mordprozess wird kein Geheimnis bewahrt. Ihr Sohn hatte die Anwältin gebeten, seiner Mutter nichts von den Füßen zu erzählen. Das, so erfuhr die Mutter von der Anwältin, sei ihm vor ihr besonders peinlich gewesen.

Lisa hatte ihre rosa-weißen Turnschuhe an der Tür nicht ausgezogen an jenem Mittwoch, an dem sie bei den Webers in die Diele trat. Die dicke Jacke behielt sie ebenfalls an. Sie wollte auch nichts trinken. Für Daniel muss da klar gewesen sein, dass dies nur ein kurzer Besuch sein sollte.

Daniel sagte später, sie habe über Probleme mit ihrem Freund gesprochen. Vielleicht erwähnte Lisa wirklich, dass sie sich über Jan ärgerte, weil er in der Berufsschule eine schlechte Arbeit geschrieben hatte. Vielleicht dachte Daniel sich das später aber auch nur aus, um den Verdacht auf Jan zu lenken.

Am Morgen hatte Daniel einen dieser Filme gesehen. Das war um 7.20 Uhr. Dann hatte er Lisa angerufen, ob sie wirklich komme. Um 8.16 Uhr rief er noch ein Video auf. Ein weiteres im Laufe des Tages. Er war erkältet und ging nicht zur Schule.

Als Daniels Vater mit einem Kriminalbeamten, der sich einmal im Haus umsehen wollte, zum Stallboden hinaufstieg, wies er darauf hin, dass er gerade erst am Vortag die morschen Bretter abgesichert habe. Das wunderte den Beamten, da sagte der Vater, dass er die Leiter hinaufsteigen wollte, um nachzusehen, ob sich diese Lisa dort vielleicht versteckt habe. Der Polizist hakte nach. Ob der Vater vielleicht auch andere Befürchtungen gehabt habe? Dem Beamten fiel ein Paar Turnschuhe auf, die auf dem Stallboden standen. »Die gehören meiner Frau«, sagte Daniels Vater.

»Es gibt diese eine Sekunde am Morgen«, sagt Andrea Weber heute, die eine Sekunde nach dem Aufwachen. Dann sei alles normal. Alles gut. »Und dann kommt es wie ein Hammerschlag: Nichts ist normal. Nichts ist gut. Von dem Moment an gibt es keine Ruhe mehr. Das wird mein Leben lang so sein.«

Auch sie denkt immer wieder an diese fünf Tage, die Lisas Mutter keine Ruhe lassen. An dem Mittwoch, als nach dem Mädchen gefragt wurde, sei Daniel nervös gewesen, weil überall Leute herumliefen. Er habe gesagt: »Jetzt kriege ich wieder die Schuld.«

Wie kann es aber sein, dass sie, die Mutter, ihm an den folgenden Tagen nichts anmerkte? »Dass Daniel das so wegschließen konnte«, sagt sie.

Und warum war sie so blockiert, dass sie die Parallele zu Anna nicht sah, die ihr Sohn gewürgt hatte? Weil mehr als drei Jahre vergangen waren? Weil er eine Therapie gemacht hatte? Weil er in der neuen Klasse endlich einen Freund gefunden hatte und ein 19-jähriges Mädchen mit ihm nachmittags für die Schule lernte? »Ich habe das überhaupt nicht in Zusammenhang gebracht«, sagt sie. Es habe ja erst geheißen, Lisa sei ein Stück gelaufen, ein Auto habe angehalten. Am Montag, als Daniel dann festgenommen wurde, waren ihr Mann und sie wie immer sehr früh zur Arbeit gegangen. »Ich habe nicht einen Moment gedacht, ich müsste bei Daniel bleiben, falls die Polizei kommt.«

Es ist diese blinde Liebe zum eigenen Kind, die die andere Mutter mit Hass erfüllt. Diese Parteinahme der ganzen Familie. Dieser verbohrte Satz der Großmutter, noch kurz bevor man Lisa fand, und der dieser alten Frau jetzt leidtut. Ilona Behrens fand ihn im Polizeiprotokoll: »Was hat dieses Mädchen unserem Jungen angetan!«

Ilona Behrens versucht es zynisch: »Ja, ja, Lisa hat bestimmt gesagt: Erwürg mich!« Ihre Stimme überschlägt sich. »Und begrabbel mich auch gleich noch!« Ihr so sarkastisch kühl angelegter Satz gerät zum schrillen Aufschrei. In diesem Moment ist sie nur bei ihrem Kind Lisa, nicht beim Fall Lisa Behrens.

Am Montagvormittag holten zwei Beamte der Mordkommission Daniel aus der Schule und brachten ihn zum Revier. Es dauerte nicht lange, bis er gestand. Etwa zur selben Zeit fanden Polizisten den Leichnam von Lisa beim Acker hinter dem Haus.

Lisa sei in der Diele vor ihm gegangen, erzählte Daniel den Beamten, »da kam das hoch von den Videos, und ich habe das selber gemacht«. Er habe nicht loslassen können. Er habe ihr Schreien und Röcheln nicht wahrgenommen, nur dass sie ihn trat, dass sie zusammen umfielen. Dass er mit den Knien auf ihr saß. »Es war, als wenn irgendetwas die Hände auf dem Hals festhält.«

Ilona Behrens glaubt ihm nicht, dass er nicht wisse, warum Lisa plötzlich nackt vor ihm lag. Für sie ist der Blackout nur eine Lüge. Lisa hatte diese dicke Jacke getragen, den Schal, mit dem er sie erwürgte, ihre Turnschuhe waren immer zugeschnürt, die Jeans sehr eng.

Daniel hat die Kleidung in einem gelben Müllsack auf den Dachboden gestellt. In den folgenden Tagen hat er Lisas Sachen immer wieder angesehen.

Die Leiche aber, versichert er, habe er gleich auf einen Bollerwagen gehievt und zum Feld gefahren. Er habe darauf gewartet, dass man sie sofort finden würde, aber nicht den Mut gehabt zu gestehen, was er getan hatte.

Die Suchmannschaften, die Hubschrauber, die Hunde – niemand soll den weißen Körper neben dem Acker gesehen haben? Der Jäger sagte: »Da wären Füchse rangegangen.«

Das ist es, was diese Ungewissheit der Mutter nährt, die nur Unruhe zulässt und keinen Frieden.

Der Gerichtsmediziner hielt eine Umlagerung der Toten für unwahrscheinlich. Denn die Leichenflecken entsprächen den Abdrücken der Steine und Stöcke am Fundort.

Lisas Eltern hatten auch jetzt noch auf ein biologisches Gutachten gehofft, bei dem mithilfe von Maden, Käfern und Tierbissen die Dauer der Leichenablage bestimmt wird. »Nicht tatrelevant!« So habe es der Richter gesagt, »wir haben hier einen Mord aufzuklären«. Das Ergebnis würde das Strafmaß nicht ändern. Ilona Behrens sagt: »Vor Gericht geht es immer nur um die Täter.«

Andrea Weber hat ihren Sohn beschworen, alles zu sagen. Und auch Daniels Anwältin Franziska Hammer, der er vertraut hat, bat ihn: »Wenn da noch etwas ist, dann lass uns darüber reden.« Es sei für Lisas Mutter wichtig, endlich Klarheit zu erlangen. Und für seine eigene Mutter auch. Doch Daniel sagte, da sei nichts mehr.

Epilog

Die Webers sind mittlerweile in einen anderen Ort gezogen. Für die Familie Behrens vergeht bis heute kein Tag, an dem nicht über Lisa gesprochen wird. Und keine Woche, in der Nico nicht mindestens zweimal ans Grab seiner Tochter geht.

Es gibt ihn nicht mehr

Aber er hat Rätsel und Erinnerungen hinterlassen
Der Tunnel von Steglitz – die Geschichte eines spektaku-
lären Bankraubs

von NICOLAS BÜCHSE und DOMINIK STAWSKI

Streng genommen war er nur ein Loch im Märkischen Sand. Aber der Tunnel von Berlin hat Bewunderer. Einen zu graben, ist die Königsdisziplin des Bankraubs. Ein Coup. Altmodisch in Zeiten von Computer-Hackern, die nie einen Spaten anrühren würden. Ehrliche Schweißarbeit, soweit man hier von ehrlich sprechen kann. Auf jeden Fall Handwerkskunst. Aber das Wichtigste: Der Tunnel verwundet zunächst keine Menschen. Kein Schrecken, keine gezückten Pistolen. Sondern ein unbemerktes Auftauchen und leises Verschwinden. Nur möglich durch exakte und geduldige Planung, durch Entbehrungen und ein Zusammenspiel von Talenten im dunklen Untergrund. Es sind die Zutaten für Hollywoodfilme wie »Ocean's Eleven«.

Doch der Tunnel bleibt ein Verbrechen. Ein Einbruch. Fast dreihundert Menschen wurden Geld, Schmuck, die Altersvorsorge und geliebte Erinnerungsstücke geraubt. Sie verloren Werte von insgesamt mindestens zehn Millionen Euro.

Die Raffinesse des Tunnels ist ihr Unglück. Für das Landeskriminalamt Berlin ist es eine der umfangreichsten Ermittlungen, die es je gab. Und für Kriminalhauptkommissar Torsten Schulz ganz sicher die größte Herausforderung in fünfundzwanzig Jahren Polizeidienst.

Vorgang 130114-0630-032465 erzählt von einem Duell: Polizei gegen Verbrecher. Es ist nicht klar, wer in der Bevölkerung mehr Sympathien hat. Schulz ist 46 Jahre alt und nicht der typische Polizist. Würde man ihn in einen Anzug stecken und sich den Dreitagebart wegdenken, könnte er mit seinem grau melierten Haar in der Chefetage einer Bank arbeiten. Er fuhr nie Streife, hat fünfundzwanzig Jahre lang Verbrechen analysiert. Behält im Chaos großer Ermittlungen den Überblick. Ist in Berlin der Mann für die großen Nummern, im Behördendeutsch sagen sie dazu »qualifizierte Einbruchsdelikte«. Schulz leitet dieses Sachgebiet. Da war zum Beispiel der spektakuläre Raub im Kaufhaus des Westens 2009, als Schmuck im Wert von mehreren Millionen Euro erbeutet wurde. Und da war auch der Einbruch bei Wolfgang Schäuble. Der Kommissar kam damit in die Presse, dabei war es wohl nur ein verirrter Wohnungseinbrecher und damit für ihn kriminalistisch völlig uninteressant.

Der Tunnel ist genau das Gegenteil. Schnell besaß Schulz eine ziemlich genaue Vorstellung von den Tätern. »Die Durchführenden kommen aus Südosteuropa. Ein Organisator wahrscheinlich aus Berlin. Ein bauernschlauer Handwerkertrupp, gute Logistiker, fünf bis sechs Leute, die sich gut kannten. Die schon mal zusammengearbeitet hatten. Eine verschworene Gemeinschaft.«

An einem Aprilvormittag 2015 steht er im Foyer der Steglitzer Volksbank, Ecke Wrangelstraße und Schlossstraße, eine belebte Kreuzung, über die der Stadtverkehr auf die Ausfallstraßen rauscht. Milchglasscheiben trennen ihn vom Schalterraum. »Hier links geht es runter zu den Schließfächern«, sagt er.

Dorthin ging am 30. September 2011 ein junger Mann, eine gepflegte Erscheinung mit freundlichem Gesicht. Er mietete zwei Schließfächer, die schmalen, fünf Zentimeter hoch, »für

Dokumente«, und wies sich mit einem Ausweis auf den Namen Pavel Hatira aus, wohnhaft in den Niederlanden, Geburtsdatum 8. März 1977. Der Bankmitarbeiter ließ ihn im Tresorraum allein. Diskretion ist Vorschrift. Es gibt keine Kamera, auch das Vorschrift, aber man kann annehmen, dass sich der Mann nicht nur für seine Schließfächer 727 und 1807 interessierte. Vielleicht hatte er Kamera und Zollstock dabei, um den großen Raum abzumessen, neun mal sechseinhalb Meter. Wahrscheinlich fiel ihm auf, dass einige Schränke an der Wand aufeinandergestapelt waren – sie wären von hinten einfacher umzustoßen als die massiven daneben. Bestimmt aber prägte er sich die Bewegungsmelder ein.

Hier mussten sie also landen.

Vom Eingang der Bank sind es nur ein paar Schritte zur Tiefgarage auf dem Nachbargrundstück, Schulz geht vorbei am Kundenparkplatz der Bank, passiert ein italienisches Restaurant im Erdgeschoss eines Wohnblocks und läuft die Rampe hinunter zu den vier Stellplätzen, Nummer 2 bis 5, die am 19. Januar 2012 von einem gewissen Simon Segura gemietet wurden. Zum Schrauben an Motorrädern, sagte der dem Hausmeister. Man würde ein Rolltor anbringen, weil man das Werkzeug und die Maschinen sicher wissen wollte. Und so bauten sich die Täter ihr Basislager. Es gab keinen besseren Ort: Über ihnen verschluckte der Lärm einer Straßenbaustelle verdächtige Geräusche.

Über den Parkplatz geht Torsten Schulz nun den Weg zurück zur Bank. Den Weg, den die Bankräuber damals mehr als vier Meter unter ihm gruben. Bis er an der Hauswand ankommt. »Die ist 80 Zentimeter dick, Stahlbeton«, sagt er. »Ein Wahnsinn, da durchzukommen.« Er starrt auf die Pflastersteine unter seinen Füßen, als die Filialleiterin der Bank herauseilt.

»Was machen Sie hier?«

Als Schulz aufschaut, sagt sie: »Ach, Sie sind das.«

Schulz sagt, er wolle noch einmal den Tatort zeigen.

»Ich möchte nicht, dass das hier ein Wallfahrtsort wird«, sagt die Bankerin.

Schulz fragt: »Haben Sie schon die restlichen Wertsachen den Besitzern zuordnen können?«

»Haben Sie denn schon die Täter ermittelt?«, blafft die Frau zurück.

Schulz' Suche dauert nun schon mehr als zwei Jahre. Sie beginnt an einem Montagmorgen, dem 14. Januar 2013. Es hat einen Feueralarm in der Bank gegeben, und kaum ist die Feuerwehr angerückt, gibt es einen zweiten in der Tiefgarage.

Der Brandgeruch ist beißend, Schulz steht in der verqualmten Luft hinter dem aufgebrochenen Rolltor. Er sieht einen Sandhaufen, verkokelte Autoreifen, zerschnittene Nummernschilder, eine versengte Papiermülltonne. Und vier riesige Bohrlöcher in der Wand. Sie haben die Form eines Schmetterlings und legen den Weg frei in die Dunkelheit. Schulz leuchtet hinein, aber der Qualm nimmt ihm die Sicht.

Aus Angst vor Sprengfallen organisieren die Kriminaltechniker über die Wasserwerke einen Roboter, doch der bleibt stecken. Es langt aber für einen ersten Eindruck. »Das hier ist ein großes Ding«, sagt Schulz zu den Kollegen. Er ist überwältigt. Die Chancen stehen gut. Das Holz im Tunnel hatte nicht Feuer gefangen, dafür reichte der Sauerstoff nicht, und so sind viele Spuren erhalten. Im Tunnel würden sie genügend DNA finden. Schulz schätzt seine Aufklärungsquote auf fünfzig Prozent, dieser Fall würde sie verbessern.

Vor den Absperrbändern rund um die Bank sammeln sich Schaulustige und Kunden, einige rufen: »Was ist mit meinem Geld?« Am nächsten Morgen titeln die Zeitungen »Volksbank getunnelt« und »Stadt der Maulwürfe«, die Journalisten sind begeistert, der Polizeipräsident will über jeden Schritt informiert werden, Schulz soll eine 20-köpfige Soko gründen, voller Fach-leute aus den Abteilungen.

Kollegen sagen ihm: »Jetzt kannst du dich beweisen.« Und auf die Tafel im Konferenzraum schreibt jemand: »Die brau-chen immer wieder Glück, wir nur einmal.«

Während die Täter in diesen ersten Tagen nach dem Raub ihre Beute sortieren, befragen die Ermittler aus der Soko den Hausmeister der Tiefgarage und die Bankmitarbeiter. Auch die üblichen Verdächtigen aus dem Milieu werden ausgehorcht. Schulz geht nur kurz zum Schlafen nach Hause, er legt Zettel und Stift auf den Nachttisch, falls die Träume ihn mit einem Einfall hochschrecken lassen.

Am vierten Tag steigt er hinein. Er muss sich bücken, die Decke ist nur 1,33 Meter hoch, er fühlt sich nicht wohl, aber auch nicht unsicher. Selbst als Laie erkennt er sofort, dass die Täter ganze Arbeit geleistet haben.

Er blickt sich in der dumpfen Stille des Tunnels um: Holz-bohlen, oben, unten, an den Seiten. Exakt gesägt, jede 25 Zen-timeter breit, sie stoßen bündig aneinander. An der Wand hän-gen noch verkohlte Kabel der Lichterkette, die den Einbrechern bei der Arbeit Licht gespendet haben muss. Gebückt geht er an einem Autoreifen vorbei, der an einer Wand lehnt. Es riecht nach Abgasen, die von der Tiefgarage in den Tunnel wabern. Mit jedem Schritt fragt sich Schulz, wie die Täter es fertigge-bracht haben, aus fast fünfzig Meter Entfernung direkt vor dem Tresorraum der Bank anzukommen. Der Tunnel macht gleich auf den ersten Metern eine Kurve, es geht ein wenig abwärts. Wieder eine Kurve, sie nimmt ihm die Sicht auf den weiteren Verlauf des Tunnels. Langsam tastet sich Schulz vor und merkt, wie der Tunnel auf den letzten Metern breiter wird. Auf dem Boden liegt eine Bohrkrone. Hier brauchten sie also mehr Platz, standen stundenlang, bohrten, stemmten sich gegen die Wand, bohrten wieder. Und fürchteten bestimmt, auf den letzten Metern zu scheitern.

Im Dunkel des Tunnels erhellt sich für Schulz das Bild: Die vielen Stunden in der Enge – es müssen zähe Männer sein. All die Kubikmeter Erde – sie müssen stark sein. Die leeren Dosen Energydrinks auf dem Boden – sie arbeiten diszipliniert. Die Luft ist abgestanden, aber Schulz entdeckt die Halterung für den Belüftungsschlauch, den es vor dem Brand noch gab – er hat es mit wahren Profis zu tun.

In Konferenzen versammelt er seine Kollegen, die sich in so viele Spuren verbissen haben, dass Schulz Mühe hat zu dirigieren. Aber es gefällt ihm. Die Staatsanwaltschaft stellt drei Leute ab, die der Soko die Genehmigungen für ihre Nachforschungen erteilen.

Die erste Frage: Warum ausgerechnet diese Bank? Oder vielmehr: Warum schon wieder diese Bank?

Im Oktober 2010 hatte es den Versuch gegeben, mit einem Kernbohrer in den Tresorraum durchzubrechen. Damals wurde die Bank gerade umgebaut, sie hatten ein Fenster aufgehebelt, stiegen in den Keller und setzten den Bohrer gleich vor der Tür des Tresorraums an. Als sie scheiterten, legten sie Feuer. Etwa ein Jahr später ein neuer Versuch. Wieder durch das Fenster, ein Laptop wird geklaut. Schulz ist sich sicher: Damals testeten die Täter nur die Bewegungsmelder. Sie wollten sich auf alle Eventualitäten vorbereiten. Und sie waren geduldig.

Was hat Schulz noch?

Die Personenhinweise. Den Mietvertrag für die Garage. Ausgestellt auf den Namen »Simon Segura«. Die Firma, die das Rolltor anbrachte, wurde per Überweisung bezahlt, von einem Volksbank-Konto. Dem Konto von Pavel Hatira. Bingo. Passt zu den Schließfächern. Es gibt sogar eine Berliner Meldeadresse. Die Kollegen rasen hin, finden aber nur einen Postkasten, den die Täter neben andere am Hauseingang geschraubt haben. Auf einem Vertrag finden sie ein Fragment eines Fingerabdrucks. Das Labor teilt aber mit, dass das Material nicht reiche. »Haben sie halt mal Glück«, sagt Schulz zu den Kollegen. »Das kann nicht ihr einziger Fehler gewesen sein.«

Die Spurensicherung hat einen anderen Trumpf geliefert. DNA an den Werkzeugen im Tunnel und an einem Schließfach im Tresorraum. Ein Moment der Euphorie in der Soko. Dass der Brand erstickte, war der größte Fehler der Täter. Sie wollten doch nur den Tunnel und Asche hinterlassen. Schulz schickt die DNA ins Labor, wartet auf den Abgleich mit den Datenbanken.

In der Zwischenzeit kümmern sie sich um die Holzbohlen. Hunderte. Wer so viele beschafft, fällt auf. Außer er klaut sie sich in der ganzen Stadt zusammen. Die Kollegen fahren von Baustelle zu Baustelle, aber niemanden kümmert es, wenn wieder nachts was verschwindet.

Die Winkel. 1000 Stück, alle aus Holz. Mit denen hatten die Räuber die Bohlen verschraubt. Dabei hatte ihm ein Fachmann erklärt, dass es die gar nicht gebraucht hätte. Diese Winkel, sie waren seine Hoffnung. Er dachte: Jetzt habe ich sie! Die Kollegen machten sich auf die Suche, woher sie kamen.

Der Aushub. 74 Kubikmeter. 140 Tonnen. Sechs Lkw-Ladungen. Die müssen auffallen. Ein Laster? Da hätten sie gleich eine Fahne aufstellen können. Was nicht auffällt, ist ein unscheinbarer Kombi, der über Wochen zweihundert Mal aus einer Tiefgarage fährt.

Die Kollegen von Schulz nehmen Bodenproben und suchen nach passenden Sandhaufen in der Stadt. Den Bürgern wird in den Wochen nach der Tat jeder Haufen verdächtig. Eine Frau steht unten am Eingang des LKA. Sie wolle ihren Mann anzeigen. Warum? Er verhalte sich verdächtig. Er hinterlasse Sand in der Badewanne. Und er habe neuerdings so starke Unterarme. Auch Hellseher melden sich.

Dann die polnischen Spuren. Fünfzehn Bierdosen der Marken Lech und Zywiec, eine Kirschwodkaflasche, zwei Dosen Instantkaffee und zehn importierte Zigarettenschachteln. Der Tunnel wurde ihr zweites Zuhause. Montagearbeiter auf einer besonderen Baustelle. Warum nicht während der Pause ein Bier? Oder eine Zigarette? Wenn sie doch schon die Belüftung montiert haben. Und der Kaffee für die Nächte. Vorn in die Garage stellten sie sich einen Bürostuhl. Es muss gutgetan haben, darauf zu sitzen, die Lehne nach hinten zu neigen, den Rücken durchzustrecken, der geschmerzt haben wird, weil sie ihn im niedrigen Tunnelgang immerzu krümmen mussten.

Schulz denkt an die importierten Dosen und Zigaretten: So viel deutet nach Polen, dass er skeptisch wird. Eine falsche Fährte? Er denkt noch einmal darüber nach. Für eine falsche Fährte hätte weniger Aufwand gereicht. Die Kollegen durchstöbern alle polnischen Supermärkte Berlins. Und finden alles wieder, doch es ist Massenware. Und es gibt keine verdächtigen Kunden.

Endlich meldet sich das Labor. Die DNA sei astrein. Aber leider melden die Datenbanken keinen einzigen Treffer. Weltweit.

Sie probieren sogar ein neues Verfahren aus, entwickelt von israelischen Chemikern. Das mit Goldstaub Fingerabdrücke sichtbar macht. Die erhofft Schulz sich auf einem Buch, das sie im Tunnel gefunden haben. Ein polnischer Krimi, Titel: »Wahre Gangster«. Er hielt es für eine Provokation. Aber jetzt fiebert er den Ergebnissen des Labors entgegen. Doch die BKA-Spezialisten in Wiesbaden finden keinen einzigen Fingerabdruck.

Verdammt, wieso dieses Buch?, fragt sich Schulz. Und es ärgert ihn, als ihm die Antwort immer klarer wird. Sie waren wohl so gelassen, dass sie Pausen machten, um zu lesen.

In den Wochen nach der Tat geht Schulz über die labyrinthischen Gänge des LKA Richtung Kantine. Inzwischen kennt ihn jeder, er ist der berühmte Tunnelermittler aus Funk und Fernsehen. Die anderen scherzen, vielleicht wollen sie auch ein bisschen sticheln. »Was macht der Tunnel, Torsten?«

Seine Kollegen und er fahren immer wieder zum Tatort. Sie können nicht glauben, dass wirklich niemand etwas vom Tunnelbau mitbekommen hat. Gegenüber der Volksbank liegt das Schlosspark Theater. Sie finden heraus, dass dieser Ort am 1. und 2. Oktober 2012, einige Wochen vor dem Raub, wohl einer der meistgefilmten der Republik war. Dutzende Kamerateams hatten berichtet, als der Tod des TV-Comedians Dirk Bach vermeldet wurde. Er sollte dort auftreten. Irgendetwas Verdächtiges, vielleicht sogar das Auto der Tunnelräuber, muss doch auf einer Aufnahme zu sehen sein.

Es wird den Tätern gespenstisch vorgekommen sein, als plötzlich die Übertragungswagen auf der Straße über ihnen parkten. Aber wenn sie in diesen Tagen überhaupt auf der Baustelle waren, dann werden sie den Kameras aus dem Weg gegangen sein. So finden Schulz und seine Kollegen nichts Verdächtiges auf den Aufnahmen.

Was ihnen bleibt, ist die Hoffnung auf eine Serie. Wenn ein Täter mit seiner Methode Erfolg hat, wendet er sie meist noch einmal an. Der Erfolg wird zu einem Rausch.

Und der Tunnel erinnert Schulz an ein anderes Verbrechen. Vier bewaffnete Männer waren 1995 in die Commerzbank-Filiale in Berlin-Zehlendorf gestürmt. Sie hatten sechzehn Geiseln genommen, den Kassierer gefesselt und mit Stofftasche über dem Kopf ans Fenster geschoben. Als das SEK die Bank stürmte, fand es die Geiseln und aufgebrochene Schließfächer – aber keine Räuber. Die waren durch zwei Tunnel entkommen, insgesamt 70 Meter lang. Doch die Täter von damals sind heute so alt, dass sie gar nicht mehr in der Lage wären, einen solchen

Tunnel zu graben. Außerdem sind die Räuber von Zehlendorf eine Ausnahme. Wer einen Tunnel gräbt, will normalerweise keine Gewalt anwenden. So wie die Bankräuber im brasilianischen Fortaleza 2005. Die hatten in einem Nachbarblock der Zentralbank zur Tarnung eine Gärtnerei eröffnet und gruben von dort einen 78 Meter langen Tunnel zum Tresorraum. Beute: 56 Millionen Euro.

Solche Bankräuber werden schnell Helden der Popkultur. Auch über seine aktuellen Täter liest Schulz wahre Hymnen in den Zeitungen. Es ärgert ihn nur wenig. Denn er weiß auch, dass die meisten Bankräuber, die solch einen großen Coup begehen, schon bald gefasst werden. Irgendwann zerstreiten sich Diebesbanden über die Beute. Irgendwann verrät die DNA einen Täter.

Bis dahin bleibt Schulz nur der Tatort. Der Tatort, sagen Kriminalisten, ist das Spiegelbild des Täters.

Schulz und seine Leute zeigen dem Bochumer Bergbauingenieur Siegfried Müller ihre Fotos. Der gerät ins Schwärmen ob der vorbildlichen Berücksichtigung der Arbeitssicherheit. Die Ermittler erfahren, dass die Täter mindestens zwölf Stunden für einen Meter gebraucht haben müssen, dass es also mindestens fünfzig Arbeitstage dauerte, bis sie vor der Stahlbetonwand standen.

Fünfzig Tage? Zwischen der Anmietung der Garage und dem Durchbruch in den Tresorraum lag ein Jahr. Warum so lange? Vielleicht arbeiteten die Männer nur am Wochenende. Oder sogar nur samstags, spottet Schulz gegenüber Kollegen. »Weil sie sonntags als gläubige Katholiken lieber in die Kirche gehen!« Vielleicht hatten sie auch reguläre Jobs auf Baustellen, um nach Feierabend zum Tiefbau in Steglitz zu wechseln. Und sie haben Familien in Polen, denen sie erzählten, dass sie Büros für wohlhabende Deutsche bauen, und in Wirklichkeit gruben sie einen Tunnel zu deren Ersparnissen. Egal, wie es war, es bringt Schulz nicht weiter.

Der Bergbauingenieur erzählt noch, dass es ungeheuer schwierig sei, unter der Erde zu navigieren, weil keine GPS-Signale durchdringen. Und nun? Tja, sie haben wohl einen Kompass benutzt.

Die Ermittler wissen, dass es den Kernbohrer, mit dem die Täter die Wände durchgefräst haben, nicht im Baumarkt gibt. Ein teures Profi-Werkzeug. In Berlin findet man Verleiher, aber niemand vermisst die Bohrkrone aus dem Tunnel. Und auf den Berliner Baustellen ist zumindest für diesen Gegenstand kein Diebstahl bekannt.

Sie untersuchen den Tunnel nochmals genauer. Und je genauer sie auf die Rekonstruktionen schauen, die die Kriminalvermesser ihnen dreidimensional auf dem Computer vorführen, desto mehr Fragen haben sie. Wieso macht der Tunnel einen Knick? Was ging bloß in ihren Köpfen vor?

Das ist der Moment, in dem Schulz etwas tut, was er noch nie getan hat. Er fordert die Operative Fallanalyse des LKA an, die sogenannten Profiler. Es sind jene Kollegen, die bei scheinbar unlösbaren Fällen hinzugezogen werden und immer noch neue Wege finden. Schulz will endlich die Lösung. Die Profiler kümmern sich sonst um Mordfälle und Sexualdelikte. Versuchen in die Gedankenwelt der Täter zu dringen, sichten Akten, stellen die gesamte Arbeit einer Soko in pedantischer Kleinarbeit auf den Kopf. Über den Tunnelraub hatten die Profiler schon in den Zeitungen gelesen. Warum nicht auch mal einen Einbruch analysieren?

Schulz ist skeptisch, er sagt den Profilern: »Wir haben leider nicht viel.«

Die Profiler antworten: »So viele Hinweise hatten wir noch nie.«

Sie legen los, doch Schulz muss, so komplex wie dieser Fall ist, Monate auf Ergebnisse warten.

Bei Einbruchsdelikten spielt den Ermittlern die Zeit in die Hände. Diebesgut landet bei Hehlern, die es zu Geld machen wollen. Irgendwer redet immer. Im August 2013, ein halbes Jahr nach der Tat, steht Torsten Schulz im Studio von »Aktenzeichen XY … ungelöst« und zeigt Fotos eines Diamantcolliers im Wert von einer Million Euro. Und eines blau strahlenden Schmetterlingsrings, Wert 400 000 Euro. Er ahnt da schon, dass die Täter zu schlau sind, um damit aufzufallen.

Aber Schulz hat noch etwas mit ins Studio gebracht. Zwei Phantombilder. Seine Kollegen haben einen Tischler in Polen ausfindig gemacht, der die Holzwinkel hergestellt hat. Er beschreibt seinen Auftraggeber: 30 bis 35 Jahre alt, schwarzhaarig, 1,75 bis 1,80 Meter groß, kräftig gebaut. Er kam in einer alten, grünen Mercedes-S-Klasse mit Berliner Kennzeichen.

Das zweite Bild entsteht nach den Schilderungen von Besuchern einer Silvesterparty, die in der Nähe der Garage stattfand. Sie haben einen bulligen Mann mit einer Warze oder einem Muttermal auf der linken Wange beobachtet, 30 bis 40 Jahre alt. Wer weiß, vielleicht hat er mit seinen Komplizen den Lärm dieser Nacht genutzt, um mit schwerem Gerät voranzukommen.

Dutzende Hinweise gehen ein. Vor allem Anrufe. »Der dicke Mann ist doch die Zschäpe vom NSU!« Schulz nennt so etwas »Beklopptenhinweise«. Die Kollegen in der Kantine scherzen: »Klar, ich kenn den Mann mit der Warze, Torsten.« »Ja, das glaubst du und leider sehr viele andere«, antwortet er.

Doch die Sendung könnte andere auf Ideen gebracht haben: Einige Tage danach brachen Unbekannte in den Schließfachraum einer Deutschen-Bank-Filiale mit einem Kernbohrer durch. Es war ein Gerät wie in Steglitz, nur die Täter waren ungeschickter. Über der Bank waren Wohnungen, und die Täter suchten sich ausgerechnet den ruhigen Sonntagabend aus, um die Maschine anzuwerfen. Gerade noch konnten sie vor der Polizei fliehen – ohne Beute.

Die Profiler haben noch nie so lange an einem Fall gearbeitet wie an diesem. Dabei beschäftigen sich gleich vier von ihnen mit dem Tunnelraub, die versiertesten. Sie hören Experten, stellen Hypothesen auf, verwerfen sie wieder.

An einem Mittwoch im März 2014, mehr als ein Jahr nach der Tat, nimmt Schulz im Saal des LKA Platz. Die Profiler präsentieren ihre Ergebnisse. Vierzig Leute sind im Raum, unter ihnen der Polizeipräsident, der LKA-Leiter und die Staatsanwälte.

Der Profiler Claus Tomalla wirft zwei Stunden lang Schaubilder, Hypothesen und Zahlen an die Wand. Rechenbeispiele, die Schulz schon auswendig kennt. Ein Schließfach aufbrechen, Kassette herausziehen, Inhalt verstauen = eine Minute. Tomalla entwickelt Theorien, warum der Tunnel einen Knick machte: störendes Gestein, Messfehler, Streit im Bautrupp.

Schulz fragt sich: Was bringt mir das?

Tomalla empfiehlt ihm, die Bankmitarbeiter noch einmal darauf zu überprüfen, ob nicht durch jemand die Täter mit Tipps versorgt haben könnte. Als hätte er das nicht längst getan, selbst ehemalige Mitarbeiter hat er durchleuchtet. Auch die Mitarbeiter des Sicherheitsdienstes scheinen ihm unverdächtig. Obwohl ihr Verhalten irritierend war. Als die Tunnelräuber in den Tresorraum durchbrachen, lösten sie den Alarm aus. Der Wachmann rückte aus dem Berliner Zentrum nach Steglitz an. Doch er stieg nicht in den Tresorraum, weil er dachte, dass mal wieder eine Maus den Alarm ausgelöst habe.

Auf Ratschlag der Profiler veröffentlicht Schulz die Fotos von den gefälschten Ausweisen. Es meldet sich ein Lehrer aus Bayern. Sein Ausweis ist ihm 2004 gestohlen worden. Irgendwie sind die Täter an sein Bild für den gefälschten Ausweis von Simon Segura gekommen. Nun traut sich der Lehrer nicht mehr vors Haus. Und ein Student aus Wuppertal wird so oft bei der Polizei gemeldet, dass er sich in seiner Wohnung einschließt. Die Bankräuber haben sein Bild aus Facebook kopiert und in den gefälschten Ausweis auf den Namen Pavel Hatira eingefügt. Schulz zieht die Fotos sofort zurück.

Der Frust wächst, da meldet sich völlig unverhofft ein Zeuge. Er kenne den Mann vom Phantombild. Nur eine Warze habe er in Wahrheit nicht. Schulz ist wie elektrisiert: »Die Zeugen haben vielleicht nur Dreck an der Wange gesehen«, sagt er den Kollegen. Sie scheinen ihrem Ziel so nah zu sein. Der Verdächtige ist polizeibekannt, vorbestraft wegen Einbruchs. Er ist mittleren Alters, stammt aus Berlin. Sie durchsuchen seine Wohnung. Als Schulz ihm in der Vernehmung gegenübersitzt, glaubt auch er den Mann vom Phantombild wiederzuerkennen. Doch was hilft das Schulz, wenn er es nicht beweisen kann? Sie müssen ihn gehen lassen.

So beginnt auch das Jahr 2015 mit einem Ritual. Am 14. Januar treffen sich die ehemaligen Soko-Mitglieder zu einem Umtrunk, die intensiven Wochen der Zusammenarbeit haben sie zusammengeschweißt. Beim Treffen am ersten Jahrestag war die Stimmung noch ausgelassen. Dieses Mal kommen weniger Kollegen, man scherzt lieber über die Wahrsager, die in den ersten Tagen ihre Hilfe anboten, als darüber zu spekulieren, ob man den Fall überhaupt einmal aufklären wird. Sie fragen sich, was aus ihren Räubern geworden ist. Südsee? Australien?

1200 Spuren haben ihnen die Täter nähergebracht, aber nicht nah genug. Nach mehr als zwei Jahren Ermittlungen schließt Schulz in diesen Tagen die Akte. Er hat eine Kollegin, die ein letztes Mal jede Spur in Tabellen sortiert und zu einem Abschlussbericht formt. »Abschlussbericht« klinge endgültiger, als es ist, sagt Schulz. Die Ermittlungen könnten jederzeit wieder aufgenommen werden. Ihm bleiben schließlich noch siebeneinhalb Jahre, dann erst verjährt der schwere Bandendiebstahl.

Die Überreste des Tunnels werden nur einhundert Meter von Schulz' Büro entfernt verwahrt. In der Polizeihistorischen Sammlung. Es gibt dort eine Dauerausstellung, aber Schulz' Tunnel lagert versteckt in einem modrigen Luftschutzkeller. Eine Mitarbeiterin schließt das Lager auf. Er streicht über die Holzkonstruktion. Märkischer Sand rieselt von den Balken. »Ich dachte, der Tunnel steht oben in der Ausstellung«, sagt er. »Sie haben die Täter ja nicht gefunden!«, sagt die Mitarbeiterin.

hilf!

Sie war neu in der Mordkommission, belächelt von den Kollegen. Bis sie auf eine alte Dame traf, die seit Jahren ihre Tochter vermisste

von LISA MCMINN und FLORENTIN SCHUMACHER

Zum Abschied spendiert Marianne Atzeroth-Freier ihren Kollegen eine Platte Mettbrötchen vom Fleischer. So ist es üblich in der Hamburger Mordkommission, es ist das Jahr 1995. Im Gegenzug bekommt sie einen Duden geschenkt. Auf der Innenseite des Buchdeckels haben alle unterschrieben, sogar der Dienststellenleiter. Am Abend dieses Januartages tritt Atzeroth-Freier, damals achtundvierzig Jahre alt, seit fast zwanzig Jahren bei der Polizei, zum letzten Mal als Ermittlerin der Mordkommission durch die gläserne Doppeltür des Präsidiums ins Freie. Sie empfindet Wehmut.

Marianne Atzeroth-Freier ist erst spät Polizistin geworden. Sie war Sportlehrerin, und als ihr Meniskus riss, brauchte sie einen neuen Job. Mit einunddreißig begann sie die Ausbildung zur Schutzpolizistin. Sie schloss eine Zusatzausbildung für den Dienst bei der Kriminalpolizei an und arbeitete sich mit Wochenenddiensten und Weiterbildungen hoch bis in die Mordkommission des Landeskriminalamts. Eine unglaubliche Karriere für eine Quereinsteigerin. Frauen kannten die Ermittler der Mordkommission in den frühen 90er-Jahren fast nur als Sekretärinnen und Praktikantinnen – oder als Opfer. »Was wissen

Sie schon über Mord?«, fragte ein Kollege Atzeroth-Freier, als sie ihre Stelle in der Mordkommission antrat.

Drei Jahre blieb sie dort. Drei Jahre und den einen Fall.

Marianne Atzeroth-Freier ist heute siebzig Jahre alt, eine schmale Frau mit hellen Haaren. Über den Wohnzimmertisch ihres Hauses am Rande von Hamburg hinweg blickt sie in den Garten, auf ihren Knien liegt ein Stapel Fotos. Bis heute hat sie sich nicht von ihnen getrennt, auch nicht von den Zeitungsartikeln, die eine ganze Kladde füllen und in denen sie fast nie vorkommt, obwohl es doch ihr Fall ist. Sie sagt: »Für meine Kollegen war es ja gar kein Fall. Die haben gelacht. Die Neue, die Anfängerin. Aber ich habe mich verantwortlich gefühlt für die Angehörigen. Es war meine Pflicht.«

Atzeroth-Freier nimmt das oberste Foto vom Stapel. Es zeigt das füllige, müde Gesicht einer Frau. »Christa S. Mit ihrer Entführung hat der Fall für mich begonnen«, sagt sie und erzählt.

Ein Freitagabend im September 1991. Gerade erst ist Marianne Atzeroth-Freier nach Hause gekommen. Sie freut sich aufs Wochenende. In jenem Sommer arbeitet die Kriminalhauptkommissarin noch im Betrugsdezernat. Nach einer psychologischen Weiterbildung gehört sie zudem der sogenannten Verhandlungsgruppe an, die sich bei Geiselnahmen und Entführungen um die Angehörigen kümmert. An jenem späten Freitagabend, dem 6. September 1991, ruft sie der Leiter der Verhandlungsgruppe an.

Am nächsten Morgen betritt Atzeroth-Freier einen Bungalow in Hamburg-Poppenbüttel. Im Wohnzimmer steht schon der klotzige »Reuter-Koffer«, das Gerät, mit dem die Hamburger Polizei zu dieser Zeit Gespräche mit Entführern aufzeichnet.

Am Tisch sitzt Kurt K., der Hausherr. Sein Haar ist grau, seine Finger zieren goldene Ringe. Ein Kürschnermeister, der vor dem Ruhestand einen Pelzhandel mit mehreren Angestellten betrieb. K.s Lebensgefährtin Christa S., 53, ist am Vortag nicht in dem Krankenhaus erschienen, in dessen Verwaltung sie arbeitet. Kurz nach ihrem Verschwinden klingelte bei Kurt K. das Telefon. Jemand forderte 300 000 Mark für die Freilassung von Christa S. Der Kürschnermeister verständigte die Polizei.

Die Stimme am Telefon war hoch, berichtet K. Eine Frau. Er ist sicher, dass er ihre Stimme kennt. Aber er kommt nicht darauf, woher.

Marianne Atzeroth-Freier schlägt mit Kurt K. dessen Fotoalben auf. Wenn er die Stimme am Telefon erkannt hat, könnte die Person aus seinem Bekanntenkreis stammen. Sie schauen sich auch Bilder von K.s Urlaubsreisen an. Bis vor einigen Jahren hatte ihn noch seine Ehefrau Hilde begleitet.

Hilde. Vor fünf Jahren war sie einfach verschwunden, erzählt K. Erst schrieb sie ihm noch ein paar Karten. Dann hörte er nichts mehr von seiner Frau. Über ihren Verlust wurde K. herzkrank und einsam – bis er in der Klinik Christa S. kennenlernte.

In den nächsten Tagen blättern die Kriminalbeamtin und der Pelzhändler immer wieder durch die Alben. Danach sitzt K. stundenlang in seinem Ledersessel, Kopfhörer auf den Ohren, die Augen geschlossen, und hört sich die Mitschnitte weiterer Telefonate mit der Entführerin an.

Eine Woche lang umsorgt Atzeroth-Freier den Mann, als wäre er ein guter Freund. Sie kauft für ihn ein, macht ihm Frühstück. Einmal bittet er sie um eine Flasche Doppelkorn. Er trinke eigentlich nicht, aber jetzt brauche er in der Nacht manchmal ein Glas. Ermitteln soll sie als Angehörigenbetreuerin nicht.

Vergebens warten sie auf einen erneuten Anruf. Stattdessen erhält Olaf S., der Sohn der Entführten Christa S., ein Päckchen mit einer Geldforderung. Am Telefon nennt die Entführerin dem Studenten Ort und Zeit für die Lösegeldübergabe.

Am kommenden Samstag solle er das Geld auf einem Friedhof im Hamburger Norden ablegen.

Doch dazu kommt es nicht mehr. So plötzlich, wie S. verschwunden ist, so plötzlich taucht sie wieder auf. Am Vorabend der geplanten Übergabe, am Freitag, dem 13. September, läuft sie in eine Polizeiwache in Hamburg-Langenhorn. Sie wirkt so gefasst, dass die Polizisten zunächst bezweifeln, dass wirklich sie es ist, Christa S., die Entführte, die die Hamburger Polizei seit einer Woche sucht. Die Beamten auf der Wache bringen S. ins Präsidium.

Es ist nach Mitternacht, als auch Atzeroth-Freier dort eintrifft. Sie soll dabei sein, wenn ein Arzt Christa S. auf Verletzungen untersucht. Auf dem Weg in den Untersuchungsraum nimmt ein Kollege sie beiseite. »Glaub ihr kein Wort«, warnt er sie, »die Alte spinnt.«

Acht Tage war Christa S. verschwunden. Ihr graues Haar fällt ihr in fettigen Strähnen ins Gesicht. Die blau-weiß gestreifte Bluse riecht säuerlich. Sie sei von einem Mann in einem Verlies festgehalten worden, erzählt sie – oder nein: in einem Atomschutzbunker. Der Mann habe sie aus ihrem Haus entführt, tagelang festgehalten und nun, ganz plötzlich, wieder freigelassen und zur nächsten Polizeistation gefahren. Die Sterne stünden schlecht für ihn, hatte er zur Begründung gesagt.

Ihre eigenen Worte bewegen S. kaum. Sie zittert nicht. Sie weint wenig, und wenn doch, beherrscht sie sich schnell wieder. Es wirkt, als sei die Geschichte, die sie erzählt, nicht ihre eigene. An ihrem Körper findet der Arzt keine Spuren von Misshandlungen, keine Wunde, keinen blauen Fleck. Die Handschellen, die sie gefesselt haben sollen, haben keine Striemen hinterlassen. Den Vorschlag des Arztes, die Nacht im Krankenhaus zu verbringen, lehnt sie ab.

Die Vernehmer halten die Geschichte für absurd. Ein Entführer, der seine Gefangene plötzlich freilässt? Und sie auch noch vor einer Polizeiwache absetzt? Weil die Sterne schlecht stehen? Die Beamten schicken Christa S. nach Hause. In den frühen Morgenstunden führt Marianne Atzeroth-Freier sie aus dem Präsidium.

Fragt man die Kommissarin heute, ob sie S. die Geschichte damals glaubte, antwortet sie: »Ich habe Frau S. weder geglaubt, noch habe ich ihr nicht geglaubt. Ich habe sie erzählen lassen und ihr nicht widersprochen.«

Am Freitag zuvor habe sie gerade zur Arbeit fahren wollen, erzählt S., nachdem sie auf den Rücksitz des Streifenwagens gerutscht ist. Wie an jedem Morgen ging sie in die Garage und startete den Motor ihres Autos – da riss jemand die Fahrertür auf. Der Mann stieß ihr ein Elektroschockgerät in die Rippen, drückte ihr eine mit Folie abgeklebte Sonnenbrille ins Gesicht, drängte sie auf den Beifahrersitz und fuhr einige Kilometer.

Das Verlies, in das er sie sperrte, bot kaum vier Schritte Platz. Es hatte keine Fenster, Wände und Boden waren aus Beton. In dem Raum standen ein Stuhl, ein Stockbett aus Metall und eine Chemietoilette. Der Mann fesselte sie ans Bett und ging.

Am nächsten Morgen brachte er ihr Kaffee und frische Brötchen. »Ich bin ein guter Entführer«, sagte er, »ich helfe dir hier raus.« Sie lehnte das Frühstück ab, aus Angst, er wolle sie vergiften.

Manchmal verbrachte er Stunden in ihrem Verlies, setzte sich an ihre Bettkante, erzählte von Planetenkonstellationen und erstellte ihr Horoskope. Einmal sprach er auch von Kurt K.s Frau Hildegard. Woher er sie kannte, sagte er nicht, doch er wisse, dass sie jetzt in Madrid lebe. S. prägte sich das Gesicht des Mannes ein. Die tief liegenden Augen, die spitze Nase, den Oberlippenbart. Er machte sich nicht die Mühe, sich zu maskieren.

Wenn er ihr Angst machen wollte, zeigte er Polaroidfotos. Die Frauen darauf hatten geschorenes Haar, hingen mit gefesselten Händen an einem Haken. Auf einigen Fotos war ein Bett zu sehen. Sie kannte es. Es war das Bett, in dem sie schlief.

Ob er so etwas auch mit ihr gemacht hat, verrät S. nicht.

Als ihr Hunger unerträglich wurde, fragte sie nach frischem Obst – das schien ihr schwerer zu vergiften. Er brachte ihr Paprika und Äpfel. Auf einem der Früchte haftete ein kleines Etikett. Sie zog es ab und klebte es an die Wand hinterm Bett. »Als Beweis, dass ich wirklich in dem Raum eingesperrt war«, sagt S.

Die Entführungsgeschichte lässt Marianne Atzeroth-Freier das Wochenende über nicht los. Woher kennt der Entführer Kurt K.s Frau Hildegard? Wer sind die Frauen auf den Polaroids? Ihre Kollegen tuscheln, Christa S. und der vermeintliche Entführer hätten gemeinsame Sache gemacht und die Entführung vorgetäuscht, um Kurt K. zu erpressen. Atzeroth-Freier bemüht sich, unvoreingenommen zu bleiben. Angehörigenbetreuer sind nicht dazu da, Fragen zu stellen, und erst recht nicht dazu, sie zu beantworten. Sie sollen sich um die Opfer und deren Familien kümmern. Doch Atzeroth-Freier will wenigstens loswerden, was Christa S. ihr erzählt hat. Als sie am Montagmorgen in ihrem Büro sitz., fertigt sie ein Protokoll der Nacht an. Wer weiß, wozu es gut ist.

Drei Tage später fährt ein mobiles Einsatzkommando vor einem backsteinernen Reihenhaus in Hamburg-Rahlstedt vor. Die Nummer 35D gleicht den Nachbarhäusern, und auch der kleine Garten würde sich durch nichts von den anderen Gärten unterscheiden, ragten nicht aus dem Rasen zwei Rohre.

Die Polizisten klingeln. Von drinnen antwortet eine helle Stimme, hoch wie die einer Frau, doch als sich die Tür öffnet, steht vor den Beamten ein Mann. Breitbeinig lehnt er in der

Tür, nicht groß, aber stämmig, die Haut gebräunt, das Haar wächst strähnig in den Nacken, die Augen sind wasserblau.

Als Christa S. ihrem Lebensgefährten Kurt K. den Entführer und das Verlies beschrieb, hatte der sich erinnert. Einer seiner ehemaligen Angestellten hatte ihm mal von einem Atomschutzbunker erzählt. Die Stimme des Mannes war fistelig hoch.

Dank einer Fangschaltung konnten die Ermittler zudem die Telefonate des Entführers mit Christa S.' Sohn Olaf zurückverfolgen: zu einer Telefonzelle in Basedow. In dem kleinen Ort im Süden Schleswig-Holsteins besitzt Kurt K.s ehemaliger Mitarbeiter am Ufer eines Sees ein Wochenendhaus. Später wird der Mann aussagen, bei einem Telefonat mit Olaf S. habe plötzlich das Licht in der Telefonzelle geflackert. Er bekam Angst, dass die Polizei ihn abhöre – und ließ Christa S. frei.

Unter der Woche lebt Lutz R. mit Frau und Tochter in dem Reihenhaus in Rahlstedt, er ist dreiundvierzig Jahre alt und Kürschner. Nach seinen Gesellenjahren führte er einige Zeit das Pelzgeschäft seiner Mutter, jetzt ist er arbeitslos. In R.s Keller finden die Beamten den Zugang zu einem Bunker. Den hatte R. auch nie verheimlicht. Jeder konnte die Lüftungsrohre im Garten sehen. Zur Zeit des Kalten Krieges war ein Atomschutzbunker keine Seltenheit. Am Ende des gut zehn Meter langen Raums verbirgt sich hinter Werkzeugen eine schmale Luke, ähnlich der in einem U-Boot. In dem Raum dahinter finden die Beamten das Metallbett. Als sie es zur Seite schieben, pellt sich ein Obst-Aufkleber von der Wand.

Acht Monate später, im Mai 1992, erhält Marianne Atzeroth-Freier eine Vorladung. Mittlerweile ist sie in die Mordkommission gewechselt. Sie soll als Zeugin im Prozess gegen Lutz R. aussagen. Vor dem Gerichtssaal spricht sie eine Frau an. »Sie sind doch Kriminalbeamtin?«

Die Frau stellt sich vor. Ihr Name ist Margarete R. Ihr graues

Haar hat sie in Wellen gelegt, ungefähr siebzig Jahre ist sie alt, schätzt Atzeroth-Freier. »Ich vermisse meine Tochter Annegret.« Vor knapp vier Jahren sei sie verschwunden, sagt Margarete R. – genau wie zuvor die Frau des Kürschners, davon habe sie in der Verhandlung gehört. »Auch meine Tochter kannte den Angeklagten. Er war der Trauzeuge ihres ersten Mannes.« Margarete R. greift in ihre Handtasche und zieht ein Foto hervor. Darauf ist eine attraktive Frau zu sehen, blonde Locken fallen ihr ins Gesicht, sie lacht. »Das habe ich der entführten Frau in einer Verhandlungspause gezeigt«, sagt Margarete R. Die habe Annegret wiedererkannt: Sie sei eine der gefesselten Frauen auf Lutz R.s Polaroids gewesen.

Wie sie auf diesen Satz reagierte, weiß Atzeroth-Freier heute nicht mehr, nur dass er in ihrem Kopf etwas lostrat, einen Gedanken, der kurz umherraste und dann explodierte: Annegret B. und Hildegard K. – beide verschwunden, beide bekannt mit Lutz R.

Noch am selben Tag fordert sie die Vermisstenakten der Frauen an. Zwei schmale blaue Schnellhefter, viel war in beiden Fällen nicht zusammengetragen worden. Es ist das erste Mal, dass jemand die Frauen miteinander in Verbindung bringt.

Hildegard K., Tag des Verschwindens: 12.03.1986.

Annegret B., Tag des Verschwindens: 05.10.1988.

In jeder Akte liegt ein handgeschriebener Brief, adressiert an das Polizeipräsidium. Einen Absender tragen sie nicht. Atzeroth-Freier faltet das erste Schreiben auseinander und liest.

»Ich möchte hiermit klarstellen, daß ich, Annegret B., nicht vermißt bin.«

Sie nimmt den Brief aus der anderen Akte und überfliegt die Zeilen. In der Mitte des Textes bleibt sie hängen.

»Ich möchte mit diesem Brief klarstellen, daß ich nicht vermißt bin.«

Beide Frauen schreiben, freiwillig gegangen zu sein. Sie bitten darum, nicht an Landesgrenzen aufgehalten zu werden. Nur die Schriften unterscheiden sich. Annegret B. schreibt fein und elegant, Hildegard K.s Buchstaben sind die einer Schülerin. In Atzeroth-Freier wächst ein Gefühl, das sie später »Bauchlage« nennen wird. Die Briefe können zwar nicht von derselben Person geschrieben worden sein, aber jemand muss Annegret B. und Hildegard K. gezwungen haben, sie zu verfassen. Und diese Person, da ist sich Atzeroth-Freier sicher, ist ihr Entführer. Und ihr Mörder.

Einige Tage später betritt sie mit einem Blatt Papier in den Händen das Büro des Leiters der Mordkommission. Auf dem Blatt hat die Kommissarin ihre Erkenntnisse zusammengefasst. Sie will gegen Lutz R. ermitteln.

»Als Polizistin habe ich die Pflicht, die Mutter einer verschwundenen Frau ernst zu nehmen. Wenn mein Sohn verschwinden würde, dann würde ich das Gleiche von einem Polizeibeamten erwarten«, sagt sie heute.

Um den Schreibtisch ihres Chefs stehen die Leiter der vier Mordbereitschaften, über die das Landeskriminalamt in jener Zeit verfügt. Je vier Ermittler sind ihnen unterstellt, und an der Spitze von allem thront der Dienststellenleiter.

Eine klare Hierarchie. Anfängern wurde damals üblicherweise ein »Bärenführer« zur Seite gestellt, ein erfahrener Kollege, der dem Neuen beibrachte, was er zu tun hatte und was er lieber bleiben ließ. Atzeroth-Freier schien mit Mitte vierzig zu alt dafür zu sein, und so hatte ihr niemand die Codes der Ermittler erklärt. Sie war ein Fremdkörper geblieben in dieser Männerwelt.

Die Kommissarin tritt vor den Dienststellenleiter. Sie berichtet von ihrer Entdeckung, von den Parallelen bei den Fällen der drei Frauen. Ihr Chef schaut seine Bereitschaftsleiter an, dann die Frau vor seinem Schreibtisch. »Frau Atzeroth-Freier«, sagt er, »Sie sind hier bei der Mordkommission. Wir bearbeiten Tötungsdelikte. Keine Vermisstenfälle. Machen Sie Ihre Arbeit.«

Die Männer lachen.

Marianne Atzeroth-Freier antwortet nicht. Sie hält noch immer das Blatt Papier in ihren Händen, als sie sich umdreht und den Raum verlässt. An ihrem Arbeitsplatz wählt sie die Nummer von Margarete R. Sie sagt einen folgenschweren Satz: »Man wird sich um Ihre Angelegenheit kümmern.«

Am 26. Mai 1992 verurteilt das Gericht Lutz R. wegen erpresserischen Menschenraubs an Christa S. zu drei Jahren Haft. Die Strafe fällt milde aus, der Täter sei bisher nie straffällig geworden, heißt es im Urteil, und sein Opfer habe er gut behandelt, »soweit es die Lage zuließ«.

Die Sadomaso-Fotos seien Zeugnis seines Hobbys, hat R. gesagt. Eine besondere Vorliebe, ja, aber doch kein Verbrechen. Der Gerichtspsychologe beschreibt R. als seelisch ausgeglichen. Er sei »absolut keine Gefahr für die Allgemeinheit«.

In der Justizvollzugsanstalt Glasmoor in einem Vorort Hamburgs bezieht er eine Zelle. Im Gefängnis kann er sich frei bewegen, spielt Karten mit Mithäftlingen, scherzt mit den Wärtern, fährt Essen aus, wischt die Flure, verteilt Post. Alle mochten ihn, heißt es später.

Marianne Atzeroth-Freier muss sich um andere Fälle kümmern – ihre Arbeit machen, wie es der Dienststellenleiter nennt. Jeden Morgen treffen sich die Ermittler zur Besprechung, berichten von den Fortschritten. Über Ermittlungen gegen Lutz R. sprechen sie nie. »Den Namen gab es nicht. Nicht für den Dienststellenleiter und somit auch nicht für meine Kollegen«, sagt Atzeroth-Freier.

Doch sie hat nicht vergessen, was sie Margarete R. am Telefon gesagt hat. Atzeroth-Freier ermittelt nebenbei, in der Mittagspause, nach Feierabend, am Wochenende.

Die erfahrenen Ermittler in ihrer Mordbereitschaft belächeln den Eifer der neuen Kollegin. Falls sie einen Rat wolle, sagt Josef Tielsch, mit dem sie sich das Büro teilt: Es sei nur zusätzliche Arbeit. Nur eine Vermisstensache, kein Mord. Für die Ermittler gilt: keine Leiche – kein Fall.

Fragt man Atzeroth-Freier heute nach ihrem Antrieb, dann sagt sie: »Ich wollte dafür sorgen, dass die Angehörigen endlich Sicherheit bekommen, und wenn es nur ein Ort zum Trauern ist.« Man wird sich um Ihre Angelegenheit kümmern – der Satz wurde ihr zu einem bindenden Versprechen.

Sie beschließt, ihren Chef zu übergehen. Der Sache wegen.

Marianne Atzeroth-Freier zieht eine leere Mappe aus dem Büroschrank. Die Ermittlungsakte für einen Fall, den niemand außer ihr für einen Fall hält. Auf das erste Blatt schreibt sie: Mit Genehmigung des Dienststellenleiters führe ich, Marianne Atzeroth-Freier, die Anfangsermittlungen im Fall Lutz R.

Am Abend, wenn sie das Präsidium verlässt, besucht sie die Mutter von Annegret B. oder fährt zum Bungalow von Kurt K. und Christa S. Sie erfährt, dass die beiden vermissten Frauen am Tag ihres Verschwindens eine Notiz in ihren Wohnungen hinterließen.

»Mir ist sowieso egal was Sie machen. Ich ziehe aus«, stand auf dem Zettel, den Annegret B. ihrer Putzfrau auf den Tisch legte.

»Hab arbeiten satt, ich will nicht mehr arbeiten, will nur noch leben«, schrieb Hildegard K. ihrem Mann.

Annegret B. erklärte ihrer Mutter und ihrem Freund in Briefen, dass sie sich in einen Schweizer verliebt habe, und kündigte ihren Job bei einem Pharmaunternehmen. Noch Monate nach ihrem Verschwinden erhielt ihre Familie Postkarten, erst aus Süddeutschland, dann aus der Schweiz, die letzte war in Rio de Janeiro abgestempelt.

Hildegard K. schrieb ebenfalls. Ihrem Mann warf sie vor, er habe sie vernachlässigt. Er solle auf keinen Fall die Polizei einschalten. An ihrem Geburtstag schickte sie eine Karte von Teneriffa: »Es geht mir gut, kann endlich wieder lachen.«

Aus Annegret B.s Wohnzimmer war am Tag ihrer Entführung eine Stereoanlage verschwunden. Eines ihrer Konten war um 16 000 Mark überzogen worden, auf einem anderen fehlten 6000 Mark. Im Kleiderschrank von Hildegard K. fehlte ein Pelz, den sie laut ihrem Mann selten getragen und nie gemocht hatte. Aus einem Versteck im Badezimmer hatte jemand 20 000 Mark mitgenommen.

Ihre Unterwäsche ließen beide Frauen im Schrank.

Atzeroth-Freier bittet die Angehörigen von B. und K. um handgeschriebene Briefe der Vermissten, um sie mit den Karten vergleichen zu können. Annegret B. schrieb vor ihrem Verschwinden oft und ausführlich, ihre Worte waren gewählt, die Orthografie sicher. Seit ihrem Verschwinden machte sie Fehler. Genau wie Hildegard. An deren Postkarten wundert Atzeroth-Freier noch etwas anderes: dass sie überhaupt schreibt. Als sie Kurt K. nach einer Schriftprobe fragt, winkt er ab. Eine Karte von Hilde? Nein, für Urlaubsgrüße sei er verantwortlich gewesen. Nach langem Suchen findet er doch etwas. Ein Kochrezept.

Atzeroth-Freier bringt die Karten, Annegret B.s alte Briefe und das Kochrezept zu einem Sprachwissenschaftler. Er soll prüfen, was die Kommissarin schon lange vermutet: ob Lutz R. die Briefe diktiert hat. Als der Sprachwissenschaftler die Schrift auf den Postkarten vergrößert, bemerkt er, dass manche Buchstaben einen Hauch dicker geschrieben sind als die anderen.

»Liebes Bruderherz«, steht auf einer Karte Annegrets an den Bruder. »Gesundheitlich für dich alles Gute«, steht auf einer Karte mit Weihnachtsgrüßen an die Mutter. Die nachgezogenen

Buchstaben ergeben zwei Worte: »Luz« – ein Hinweis auf den Täter. Und: »hilf«.

In dieser Zeit wird ein junger Kollege in Atzeroth-Freiers Mordbereitschaft versetzt. Andreas Lohmeyer ist intelligent und beredt und erst Anfang dreißig. An einem seiner ersten Arbeitstage fragt er Atzeroth-Freier, ob er die Vermisstenakten auf ihrem Schreibtisch lesen dürfe. Als er sie zurückgibt, hat er eine Liste mit Fragen und Ungereimtheiten ausgearbeitet. »Man kann nach dem Lesen gar nicht anders, als dir zu glauben«, sagt er.

1000 Seiten Papier, ihre Ermittlungsergebnisse in drei Leitz-Ordnern, liegen mittlerweile auf Atzeroth-Freiers Schreibtisch. Sie hat so viele Indizien zusammengetragen, dass sie glaubt, auch ohne Zustimmung ihres Chefs eine Hausdurchsuchung von der Staatsanwaltschaft genehmigt zu bekommen.

Für Staatsanwalt Gerald Janson ist es das erste Tötungsdelikt seines Lebens. Erst vor zwei Wochen hat der 32-Jährige sein Büro bezogen, kurz nach dem zweiten Staatsexamen. Nun muss er seine Probezeit überstehen. Jede Entscheidung, die Janson trifft, muss von seinem Vorgesetzten gegengezeichnet werden.

Marianne Atzeroth-Freier tritt, begleitet von Andreas Lohmeyer, in Jansons Büro und legt die Ordner auf den Schreibtisch. Sie berichtet, was sie herausgefunden hat. Ihr akribisches Vorgehen, ihre Beharrlichkeit, die dicken Ordner, all das beeindruckt Janson. Doch allein kann er nicht entscheiden.

Sein Vorgesetzter schaut kaum hoch, als der junge Staatsanwalt mit Atzeroth-Freier sein Büro betritt. Während er weiter auf die Papiere auf seinem Schreibtisch blickt, erklärt die Kommissarin, was er in den drei Ordnern lesen wird. Als sie fertig ist, schaut der Alte hoch. Sein Urteil ist vernichtend. »Das ist Unsinn«, sagt er und wendet sich wieder seinen Papieren zu.

Auf dem Flur spricht Staatsanwalt Janson noch einmal mit der Kommissarin. Sie soll die Ordner in seinem Büro liegen lassen.

Die nächsten Tage werden lang für Marianne Atzeroth-Freier. Sie sitzt im Präsidium und kann nur warten. Zwei Wochen lang. Dann erhält sie einen Anruf. Sie könne den Durchsuchungsbeschluss abholen. Unterzeichnet ist er von Gerald Janson. Dem Schreiben hängt eine Begründung an: Genehmigt wegen Verdacht des Mordes.

Als Atzeroth-Freier ihren Vorgesetzten bittet, die Hausdurchsuchung zu veranlassen, erwidert er gleichgültig: »Machen Sie mal.«

Am frühen Morgen des 16. September 1992 versammelt sich die Mordkommission zur Einsatzbesprechung. Unter der Leitung von Marianne Atzeroth-Freier und Gerald Janson sollen R.s Reihenhaus in Rahlstedt und seine Gefängniszelle in Glasmoor durchsucht werden. Außerdem das Wochenendhaus in Basedow, fünfzig Kilometer östlich von Hamburg.

Andreas Lohmeyer holt R. zur Vernehmung aus dem Gefängnis und bringt ihn ins Präsidium. Atzeroth-Freier fährt mit Janson zu R.s Wohnhaus nach Rahlstedt.

Zimmer für Zimmer arbeiten sich die Beamten durch das verwinkelte Reihenhaus. In ihrer Hand hält Atzeroth-Freier ein Diktiergerät und spricht hinein, was sie entdeckt: Notizbücher, vollgekritzelt mit Zahlenreihen, Videokassetten, eine Schreibmaschine. Sie steigt die Treppe zum Schlafzimmer hinauf und öffnet Schränke und Kommoden. In einer Schublade findet sie Postkarten. Auf der Vorderseite Motive aus der Schweiz, Teneriffa, Chile. Die Rückseiten sind blank.

Zwei Stockwerke tiefer führen die Beamten die Leichenspürhunde in den Keller. Schon an der Treppe verharren sie, kratzen an den steinernen Stufen. Im Nebenraum des Bunkers beißen sie sich in der Matratze auf dem Metallbett fest.

In R.s Ferienhaus in Basedow finden die Beamten eine Stereoanlage.

Lohmeyer hat den ganzen Tag mit R. auf dem Präsidium verbracht, ihn ausgefragt, doch R. ließ ihn nicht an sich heran, er machte Späße und wies alles von sich.

Nun bittet Lohmeyer den Kürschner, sich zu erklären. Wir haben in Ihrem Haus eine Stereoanlage gefunden. Genau das Modell, das Annegret …

R. ringt nach Luft, sein Körper krümmt sich, er hustet, keucht, bittet um sein Asthmaspray. Näher werden die Beamten einem Geständnis nicht kommen.

Die Sonderkommission, die der Dienststellenleiter widerwillig für Atzeroth-Freier und ihren Fall einrichtet, heißt Soko 924. Die Kommissarin legt die Leitz-Ordner in einen Karton, schließt ihre Bürotür im siebten Stock, trägt die Unterlagen zum Fahrstuhl und fährt in den 20. Stock. Drei Büros sind der Soko dort zugeordnet, Atzeroth-Freier, Lohmeyer, Tielsch und zwei weitere Kollegen sollen ermitteln, was Lutz R. den beiden vermissten Frauen angetan hat.

Mit den Fotos der Verschwundenen gehen Atzeroth-Freier und ihre Kollegen in Rahlstedt und Basedow von Tür zu Tür, befragen Nachbarn und Freunde. Niemand erkennt die Frauen, aber R. kennen viele. Die einen lud er zum Grillen ein, anderen verkaufte er Pelze, schwarz, an der Haustür. Er war Bademeister und Tennislehrer, Astrologe und Schatzsucher. Ein Sprücheklopfer, einer, der auf Partys Frauen um sich scharte und damit prahlte, dass er sie auch mal härter rannehmen könne.

Ein Nachbar erinnert sich, dass Lutz R. ihm einmal ein Marmeladenglas zeigte, darin ein ausgebleichter Maulwurf. R. hatte das Tier in Säure eingelegt. Um zu beobachten, wie es sich zersetzt.

Die Ermittler durchsuchen die Notizbücher aus R.s Häusern nach Hinweisen. Sie wählen alle Zahlenfolgen, die Telefonnummern sein könnten, sie kontrollieren die vermerkten Adressen,

Codes und Kontonummern. So stoßen sie auf eine Garage und mehrere Schließfächer.

Bei Befragungen von R.s Freunden und Bekannten kommt heraus, wie es ihm gelang, Briefe und Postkarten aus so unterschiedlichen Ländern abzuschicken. Eine befreundete Stewardess nahm eine Karte mit nach Brasilien, der Bruder von R.s Spanischlehrerin warf eine Karte in Chile ein. Die Empfänger sammelten Briefmarken, hatte R. seine seltsame Bitte einmal gerechtfertigt. Die Briefe an die Polizei hat R. wahrscheinlich selbst eingeworfen – sie tragen keinen Absender.

In seiner Garage, wenige Straßen von seinem Haus entfernt, finden die Beamten der Soko Schmuck- und Kleidungsstücke, die von Frauen stammen müssen. Einige gehören Hildegard K. und Annegret B. Von wem die anderen Schmuckstücke sind, finden die Polizisten nicht heraus.

In einem Karton entdecken sie Polaroidfotos. Frauen, aufgehängt an der Decke. Frauen mit kahl geschorenen Köpfen. Frauen, umwickelt mit Klebeband. Auf einer Aufnahme ist Annegret B. zu sehen: Nackt und breitbeinig steht sie vor einer Betonwand, die Arme sind mit Sisalbändern gefesselt, die Brüste mit schwarzem Gaffer-Tape abgeklebt.

In einem Schließfach der Hamburger Commerzbank finden die Kommissare ein Tonband. Die Stimme auf der Aufnahme gehört Annegret B. Sie klingt schwach, verzweifelt, flehend. Es ist das Protokoll ihrer Qualen. »Die Pistole hat er mir schon gezeigt«, flüstert sie, »ich denke, ich muss sterben.« In einem anderen Schließfach liegen mehrere Zähne mit Goldfüllungen, die offenbar mit Gewalt herausgebrochen wurden.

Vieles deutet darauf hin, dass R. nicht nur Hildegard K., Annegret B. und Christa S. in seinen Keller verschleppt hat. In der Hoffnung, Hinweise auf weitere Opfer zu bekommen, lädt die Mordkommission zu einer Pressekonferenz, auf der die unbekannten Schmuck- und Kleidungsstücke gezeigt werden sollen.

Der Dienststellenleiter will verhindern, dass Atzeroth-Freier an der Veranstaltung teilnimmt. Wenige Tage zuvor war ein Artikel mit der Überschrift »Eine Frau sammelte die Beweise« erschienen. Ihr Chef unterstellt ihr, sich wichtigzumachen. »Das können Sie mir nicht verbieten! Das sind meine Ermittlungen.« Es ist das einzige Mal, dass die Kommissarin laut wird. Die Pressekonferenz bleibt ohne greifbares Ergebnis.

Auf der Suche nach weiteren möglichen Opfern R.s sieht Atzeroth-Freier die Akten ungeklärter Frauenmorde durch. Drei Fälle lassen sie aufmerken.

Elvira P., 31, die zuletzt am 13. Dezember 1990 in Hamburg gesehen wurde und deren Leiche ein Zeitungsausträger am 3. Februar 1991 in einem Schilfgürtel der Elbe entdeckte.

Erika M., 42, eine Sekretärin der Staatsoper, die im Frühjahr 1987 verschwand. Teile ihrer Leiche wurden am 13. April 1987 in Barsbüttel gefunden, 20 Kilometer östlich von Hamburg. Der Körper war mit einer Säge zerlegt worden.

Und Gabriele E., eine sechsundzwanzig Jahre alte Fernsehassistentin, die 1985 nach einem Discobesuch in Hamburg entführt, missbraucht und getötet wurde. An der Leiche fanden sich Tierhaare. Möglicherweise von Pelzen.

Alle drei Morde fallen etwa in den Zeitraum, in dem Hildegard K. und Annegret B. verschwanden. Und mindestens zwei der Frauen kannte R.: Elvira P. arbeitete als Pelznäherin für Kurt K., als R. sein Geselle war. Gabriele E. ging in denselben Fitnessklub wie R.

Marianne Atzeroth-Freier verlässt kaum mehr das Präsidium. Auf ihren Schreibtisch hat sie einen Korb gestellt. Dort legen ihre Kollegen Notizen und Protokolle hinein, alles, was sie draußen zusammengetragen haben.

Am Ende ist es ein Gespräch, wie es die Beamten zu Dutzenden geführt haben, das den entscheidenden Hinweis bringt. Eher nebenbei erzählt ein Nachbar in Basedow, dass R. einmal in seinem Garten eine Grube ausgehoben habe, so tief, dass sein Kopf kaum mehr herausschaute. Er wolle einen Kompost anlegen, behauptete er. Dabei hasste er Gartenarbeit doch so.

Am Abend des 1. Dezember 1992 graben Bereitschaftspolizisten R.s Wochenendgrundstück um. An der beschriebenen Stelle stoßen sie in gut zwei Meter Tiefe, unter einer dicken Betonschicht, auf eine graue Plastiktonne. Der Deckel ist schwarz und sitzt nur lose auf einer gelben Gummidichtung. Als ihn die Beamten abnehmen, schlägt ihnen ein stechender Geruch entgegen. Aus der schwarzbraunen Flüssigkeit ragt etwas heraus.

Noch in derselben Nacht kippen zwei Beamte der Soko 924 den Inhalt des Fasses langsam auf den Seziertisch in der Hamburger Rechtsmedizin, während sich ihr Leiter, Klaus Püschel, über den Edelstahltisch beugt. Den türkisfarbenen OP-Kittel hat er auf dem Rücken verschnürt und sicherheitshalber über jede Hand zwei Gummihandschuhe gezogen.

Was aus der Flüssigkeit ragte, entpuppt sich als menschlicher Oberkörper. Er ist stark zersetzt von Salzsäure, wie alle Körperteile in der Tonne. Sisalschnüre drücken sich ins Fleisch. Vermutlich hatte R. das gefesselte Opfer nach dem Mord mit einer Säge zerteilt. Die Tote ist eindeutig eine Frau. Ihre Fußnägel sind rot lackiert, die Fingernägel silbern, das Kopfhaar wurde geschoren. Obwohl die Salzsäure der Leiche stark zugesetzt hat, beweisen die Reste des Gebisses, wer die Tote ist. Marianne Atzeroth-Freier hat Annegret B. gefunden.

Am nächsten Tag ist die Kommissarin spät dran. Zehn nach acht, die Morgenbesprechung im Präsidium hat schon begonnen. Leise öffnet Atzeroth-Freier die Tür des Konferenzraums. Ihre Kollegen blicken auf. Dann lassen die ersten ihre Fingerknöchel auf die Tischplatte fallen. Tock, tock, tocktocktock. Sie klopfen, bis sie sitzt.

Im Verhör streitet Lutz R. die Schuld an Annegret B.s Tod ab. Ein Unfall. Annegret sei bei einem gemeinsamen Saunagang kollabiert und dann verstorben. Ihre Leiche habe er aus Angst vor der Polizei verschwinden lassen.

Die Ermittler drohen R., sein Grundstück in Rahlstedt umgraben zu lassen und notfalls auch das Haus abzureißen. Erst als sie ihn daran erinnern, dass seine Frau und seine Tochter das alles miterleben werden, verrät R., wo er ein weiteres Fass im Garten seines Reihenhauses vergraben hat.

Die Obduktion der zweiten Leiche wird Gerichtsmediziner Püschel später als »Goldsuche« bezeichnen. Der Körper in dem Fass ist noch viel weiter zersetzt als der von Annegret B. Auf der Suche nach identifizierbaren Körperresten ziehen die Rechtsmediziner die Flüssigkeit durch ein Sieb. Letztlich liefert eine spezielle Zahnkrone den stärksten Hinweis darauf, dass es die Leiche von Hildegard K. ist.

Außerdem findet Püschel in dem Fass eine Metallzwinge, eine Kabelschelle, mehrere Bänder und eine Wäscheklammer sowie den roten Kopf einer Pinnnadel. Gegenstände, mit denen R. sein Opfer wohl gequält hat.

Für einen Mordfall braucht es Leichen. Die hat Atzeroth-Freier gefunden. Ihr Versprechen an Margarete R. ist erfüllt – aber warum sollte es nicht genauso für alle anderen Angehörigen von Vermissten gelten, für die Eltern von Elvira P., Gabriele E. und Erika M.?

Atzeroth-Freier will ermitteln, ob Lutz R. etwas mit dem Tod der Frauen zu tun hat. Ihr Chef hält davon nichts. Es gehe nicht darum, R. mit möglichst vielen Taten in Verbindung zu bringen, sondern ihm die Morde an Hildegard K. und Annegret B. nachzuweisen, felsenfest und wasserdicht.

Am 11. Januar 1995 beginnt vor dem Hamburger Landgericht der Prozess gegen Lutz R. Angeklagt ist er der Morde an Hildegard K. und Annegret B. Doch er streitet die Taten ab. Mit Annegret habe er ein heimliches Verhältnis gehabt, sie wollten nach Südamerika auswandern. Plötzlich habe sie den Mut verloren, die Trennung gewollt. Hildegard K. will er nicht berührt haben. Sie habe sich ihm anvertraut, habe seinen Rat gesucht. Schließlich sei sie die Treppe hinabgestürzt.

Laut den Ermittlungen der Soko 924 hielt R. Annegret B. fast vier Wochen gefangen, er räumte ihre Wohnung und ihre Konten leer, missbrauchte und folterte sie, bis er sie im Rausch einer sexuellen Misshandlung tötete und ihre Leiche nach Basedow brachte. Hildegard K. war eine Woche lang im Bunker eingesperrt, R. ließ sie hungern, malträtierte sie mit Schraubzwingen, bis er sie auf unbekannte Weise umbrachte.

Ob R.s Frau und seine Tochter mitbekamen, was in dem Keller geschah, ist unklar. Seine – mittlerweile geschiedene – Frau verweigert vor Gericht die Aussage.

Nach anderthalb Jahren Prozess und dreiundneunzig Verhandlungstagen verurteilt die Große Strafkammer 22 des Hamburger Landgerichts Lutz R. zu lebenslanger Haft mit anschließender Sicherungsverwahrung. Ein psychologisches Gutachten bescheinigt ihm eine sadomasochistische Fehlentwicklung und eine »schwere seelische Abartigkeit«. Ob R. gieriger nach Geld war oder nach Befriedigung, darüber sind die Ermittler uneins. Bis heute sitzt Lutz R. in der Justizvollzugsanstalt Hamburg-Fuhlsbüttel.

Einige Tage nach Prozessbeginn erhielt Marianne Atzeroth-Freier mehrere Kartons von der Staatsanwaltschaft. Darin lagen die Akten der getöteten Elvira P., Gabriele E. und Erika M. Die Staatsanwaltschaft forderte die Kommissarin auf, noch einmal genau zu prüfen, ob R. etwas mit dem Tod der Frauen zu tun habe. Sie fühlte sich bestätigt.

Als jedoch der Dienststellenleiter die Kartons sah, drängte er seine Mitarbeiterin, die Akten zur Seite zu stellen. Die Mordkommission habe genug mit anderen Fällen zu tun. Am selben Nachmittag erhielt Marianne Atzeroth-Freier einen Anruf. Der Leiter einer anderen Dienststelle. Er suche neue Mitarbeiter.

Am nächsten Morgen bat Atzeroth-Freier ihren Chef um Versetzung. Zwei Wochen später, im Januar 1995, verließ sie zum letzten Mal als Mitglied der Mordkommission das Polizeipräsidium. Sie wechselte in das Dezernat Interne Ermittlungen. Bis zu ihrer Pensionierung 2006 ermittelte Marianne Atzeroth-Freier fortan gegen Kollegen.

Ihr ehemaliger Dienststellenleiter bei der Mordkommission will sich heute zu dem Fall nicht äußern. Mittlerweile hat eine DNA-Spur ergeben, dass Lutz R. nicht als Mörder von Gabriele E. in Betracht kommt. Wer Elvira P. und Erika M. getötet hat, ist bis heute ungeklärt. Mit den Fällen beschäftigt sich seit einigen Monaten eine neu gegründete Cold-Case-Einheit der Hamburger Polizei. Das Zahngold und der Schmuck aus den Bankschließfächern konnten bis heute niemandem zugeordnet werden.

* Namen von der Redaktion geändert

Wie Silvia verschwand

Jede Familie hat ihre Turbulenzen. Man streitet sich. Geht auseinander. Versöhnt sich. Und manchmal übersieht man dabei, was vor aller Augen geschieht

VON NINA POELCHAU

Es ist dieses Hüpfen, das sie misstrauisch macht. Bis ins Mark trifft es sie, als sie es bemerkt an diesem Vormittag, der so aufwühlend begonnen hat.

Kurz nach sechs Uhr hat das Klingeln des Telefons Helga Frey* geweckt. Peter Tauber, ihr Schwiegersohn: »Ist die Silvi bei dir?« – »Wieso bei mir?«, fragte sie zurück. Die Silvi sei die ganze Nacht nicht zu Hause gewesen, sagte er. Helga Frey meinte, man müsse zur Polizei gehen. Der Schwiegersohn antwortete: »Die unternehmen doch erst mal eh nichts!« Aber sie ließ sich nicht davon abbringen.

Bald darauf standen sie zusammen im Polizeipräsidium Ravensburg, erster Stock, 27. März 2006, neun Uhr, Helga Frey zitterten die Hände. Der Beamte beschwichtigte: »Wir warten bei Erwachsenen vierundzwanzig Stunden. Fast alle sind dann wieder da.«

Und nun geht sie benommen die Treppe hinunter zum Ausgang, neben ihr Peter Tauber. Auf einmal macht er beim Gehen kleine Hüpfer, ganz unbewusst, ganz leichtfüßig.

Plötzlich ist da eine entsetzliche Vorahnung.

Die Geschichte von Silvia und Peter beginnt Mitte der 80er-Jahre. Da lernen sich die beiden in der oberschwäbischen Kleinstadt Ravensburg kennen, sie jobben im selben Kino. Silvia ist fast sechzehn, sie macht eine Ausbildung zur Zahnarzthelferin, ein schönes Mädchen, fast 1,80 Meter groß, ausdrucksstarke Augen, schlank, lange blonde Haare.

Gegenüber Jungs ist sie reserviert, fast abweisend. Wer sie näher kennt, sagt, dass sich dahinter eine tiefe Unsicherheit verbirgt. Als Kind ist Silvia gehänselt worden, weil sie eine Brille mit dicken Gläsern tragen musste. Seit sie zwölf ist, setzt sie immer Kontaktlinsen ein, wenn sie das Haus verlässt. Aber das Gefühl, ein hässliches Entlein zu sein, ist schwerer abzulegen als eine Brille.

Silvia ist in einer Familie aufgewachsen, in der es wenig Sicherheit und viel Durcheinander gab. Oft auch lauten Streit. Mit zwanzig bekam ihre Mutter Helga ihr erstes Kind, Anja. Mit zweiundzwanzig dann Silvia. Das Geld reichte nie. Helga Frey hätte gern das Leben einer reichen Dame geführt, aber war nun mal als uneheliches Kind in eine ostpreußische Flüchtlingsfamilie geboren worden. Sie arbeitete als Verkäuferin in einem Modehaus. Ihre Kinder sollten immer adrett und höflich sein, die Fassade sollte glänzen.

Als Silvia drei war, ließ die Mutter sich scheiden. Anja zog zur Großmutter. Silvia beneidete die ältere Schwester glühend. Die beiden sahen sich sehr ähnlich. Aber Anja brauchte keine Brille. Sie hatte mehr Spielzeug. Und vor allem hatte sie ihren Stiefgroßvater, den zweiten Mann der Großmutter. Der Opa vergötterte das kleine Mädchen, das jetzt bei ihnen wohnte. Silvia hatte dagegen bald einen Stiefvater im Haus. Der Mann, ein Polizist, war genauso streng wie ihre Mutter. Wehe, sie war ungezogen oder ihr Faltenröckchen war dreckig geworden. Dann gab es Geschrei und Schläge.

Silvia ging gemeinsam mit Anja in eine von Nonnen geführte Mädchenschule, in der die beiden als Scheidungskinder beschimpft wurden. Anja kam besser zurecht, denn sie hatte etwas Strahlendes, das ihrer kleinen Schwester fehlte. Silvia lernte früh, sich möglichst unsichtbar zu machen. Peter Tauber hingegen hält es schwer aus, wenn er übersehen wird. Als Silvia und er sich kennenlernen, macht er gerade sein Abitur an einem Technischen Gymnasium, anschließend lässt er sich zum Groß- und Außenhandelskaufmann ausbilden. Viele empfinden ihn als wichtigtuerisch, aber auch als Söhnchen. Zum Job als Filmvorführer im Kino bringt er Tupperdosen mit, die seine Mutter mit Maultaschen oder Kartoffelsalat gefüllt hat.

Die Kinomitarbeiter treffen sich immer wieder außerhalb der Arbeit, es ist eine große Clique, zu der auch Silvias Schwester Anja gehört. Peter erzählt den anderen gern von seinen Wertpapiergeschäften und verkündet, dass er bald Millionär werde.

Was er weniger gern erzählt, ist, dass der Vater, ein Polizist, Alkoholprobleme hat. Und dass er sich mit ihm oft streitet. Aber die Mutter nimmt Peter immer in Schutz.

Der schüchternen Silvia weicht Peter kaum mehr von der Seite. Er gibt ihr in den Pausen etwas aus seiner Tupperdose ab, ganz fürsorglich wirkt er da, so etwas mag sie sehr. Sie ist zum ersten Mal über beide Ohren verliebt.

Er kauft sich gleich nach dem Abitur einen Audi, den er von seinem Lehrlingsgehalt abstottert, so etwas kann Silvias Mutter sehr beeindrucken. Helga Frey ist angetan vom Freund der Tochter.

Sie bleibt es über viele Jahre. Peter hilft der zukünftigen Schwiegermutter in den Mantel und beim Umzug, er hat bei Tisch ausgezeichnete Manieren. »Die Silvi muss sich keine Sorgen mehr machen, die hat einen Millionär«, erzählt Helga Frey später stolz Stammkunden im Modehaus.

Aber Peter hat auch immer schon etwas Sonderbares an sich gehabt. Das sagen die Angehörigen von Silvia heute. Er lächelte so selten. Seine Mimik war insgesamt nahezu regungslos. Fast, als habe er gar keine Gefühle.

An einem frühen Abend, zwölf Jahre nach Silvias Verschwinden, sitzt ein Teil der Familie bei Anja im Wohnzimmer. Fotoalben liegen auf dem Tisch. Helga Frey ist gekommen und auch Silvias Halbschwester Caroline. Sie ging aus Freys zweiter Ehe mit dem Polizisten hervor. Auch diese Ehe ist mittlerweile geschieden.

Heute machen sich Silvias Angehörige Vorwürfe. Waren sie alle zu sehr mit sich selbst beschäftigt gewesen? Hätten sie nicht ahnen müssen, dass da etwas nicht stimmte? Aber es war eben schon immer so, dass Silvia in all dem Wirbel leicht verloren ging.

Anja wirkt sehr traurig. Sie sagt: »Dass Silvia und ich uns nicht mehr versöhnt haben, belastet mich jeden Tag.« Ostern 1996 war es zum Bruch gekommen. Es ging um ein Geschenk, das Silvia nicht gefiel. Beide Schwestern waren so verletzt, dass sie sich seitdem aus dem Weg gingen. »Absurd, dieser Anlass«, sagt Anja.

Heute denkt sie: Vielleicht steckte ja der Peter dahinter. Vielleicht wollte er, dass Silvia alle engen Verbindungen abbricht, damit niemand von außen sieht, was in dieser Beziehung vor sich geht.

Silvias Angst, Peter zu verlieren, ist von Anfang an extrem.

Einmal, Anfang der 90er-Jahre, sitzt ihre Schwester Anja neben Peter vor dem Kino, und einer aus der Clique sagt zu Silvia: »Schau mal, wie der Peter mit der Anja flirtet.« Ein Scherz. Aber Silvia rennt weg, die Freunde finden sie erst eine Stunde später, einige Kilometer entfernt, zusammengekauert auf dem Bürgersteig, mit verweinten Augen.

Peter verlässt sie nicht. Sie bleiben ein Paar, von außen betrachtet wirkt es, als würden sie regelrecht zusammenwachsen.

Silvia und Peter heiraten 1993, beide groß gewachsen, sie blond, er dunkel, schön sehen sie auf den Hochzeitsbildern aus. Sie bekommen zwei Mädchen – Natalie und Laura. Sie ziehen in ein verschachteltes Einfamilienhaus aus den 30er-Jahren, es wirkt von außen hübsch und gepflegt, aber in Wahrheit ist es baufällig.

Die Familie kann sich eine Renovierung nicht leisten. Das Haus gehört zwar Peter Tauber, seine Mutter und seine Großmutter haben es ihm überschrieben, doch es ist mit einer Hypothek belastet. Seine Wertpapiergeschäfte haben sich als Flops erwiesen. Für Kredite muss er monatlich weit über 1000 Euro zahlen. Und ständig pendelt er zwischen Anstellung und Arbeitslosigkeit. So geht es die nächsten Jahre. Wenn Tauber einen Job findet, verliert er ihn meist schnell wieder. Er kommt zu spät, lässt vieles liegen, seine Großspurigkeit ärgert Kollegen und Chefs. Er bekommt schließlich um die Jahrtausendwende eine Stelle als Einkäufer in einer Maschinenfabrik am Bodensee, netto verdient er etwa 2100 Euro, doch er jammert, der Weg zur Arbeit sei so lang.

Das Geld reicht nicht. Silvia muss einen 400-Euro-Job als Verkäuferin in der Kinderabteilung des Modehauses annehmen, in dem ihre Mutter arbeitet. Sie wollte eigentlich zu Hause bleiben, nur für die Mädchen da sein, die nicht so aufwachsen sollten wie sie selbst.

Wie sehr sie unter ihrer Situation leidet, erfährt niemand. Im Lauf der Zeit hat Silvia nicht nur den Kontakt zu ihrer Schwester verloren, sondern auch zu ihren Freundinnen. Von früher ist nur ihre Mutter geblieben. Und Peter. Sie macht alles, was er sagt.

Nach außen versucht sie weiter den Schein zu wahren. Wenn sie morgens mit dem Hund die erste Runde dreht, sind Silvias Haare schon geföhnt, sie trägt immer schicke Kleidung. Sie ist liebevoll zu den Kindern. Regelmäßig sieht man sie im Garten stehen und ganz preußisch die Teppiche klopfen. Silvia sei für sie der Inbegriff der perfekten Mutter und Hausfrau gewesen, sagt eine Nachbarin heute.

Peter hingegen ist kaum zu greifen. Mal steht er am Zaun und plaudert über Belanglosigkeiten, ohne zu merken, dass die Nachbarin keine Zeit hat, an anderen Tagen nickt er ihr nicht mal zu. Fast nie nehmen Silvia und er an Festen teil, und wenn, dann bleiben sie nur kurz und sprechen wenig. Die Nachbarin fragt sich, ob es in der Familie Probleme gibt. Aber dann bewundert Silvia wieder das Neugeborene der Frau und erzählt, dass sie sich auch so sehr ein drittes Kind wünsche. Die Nachbarin sagt darauf zu ihrem Mann: »Bei denen ist alles in Ordnung.«

In Wahrheit ist nichts in Ordnung. Die Familie sitzt auf Schulden, aber Peter schafft sich ein Motorboot an, mietet einen teuren Liegeplatz am Bodensee. Er hat auch eine neue Geschäftsidee, leiht sich noch mehr Geld und steckt 30 000 Euro in ein Ulmer Bordell, das auf Sadomaso-Praktiken spezialisiert ist. Aber seine Gewinnbeteiligung lässt er sich vor allem »in Naturalien« auszahlen. »Richtig hart« habe es ihm gefallen, wird eine Prostituierte später sagen.

Heute, Jahre danach, rätselt ihre Familie noch immer, ob Silvia etwas von alldem mitbekommen hat. Und die Angehörigen fragen sich, was wohl in Peter vorgegangen sein mag. Ob er sich in seinen großspurigen Träumereien verloren hat und irgendwann keinen Ausweg mehr wusste. Oder ob er einfach nur kaltblütig möglichst viel mit möglichst wenig Aufwand für sich haben wollte. Ob sie von Anfang an hätten sehen müssen, auf welchen Menschen sich die zurückhaltende Silvia eingelassen hat. Dass sie in ihrer Ehe ständig dicht am Abgrund wandelte.

Es ist im Sommer 2003, da schlägt ihr Peter vor, für einen

Bekannten Schwarzgeld in die Schweiz zu bringen – über den Bodensee, mit seinem Boot, getarnt als Familienausflug. Silvia reagiert entsetzt. Mit Kriminalität will sie nichts zu tun haben, so etwas passt überhaupt nicht in ihr Bild einer unbedingt vorzeigbaren Welt. Sie beginnt sich zu distanzieren, von nun an schlafen die beiden Kinder mit ihr im Ehebett, Tauber wechselt ins Kinderzimmer.

Vielleicht war das der Zeitraum, in dem Peter die Sorge beschlich, dass er die Kontrolle über die brave Silvia verlieren könnte?

Heute wundert sich Helga Frey über sich selbst: Warum hat sie die Warnsignale nicht gesehen? Warum hat sie zum Beispiel diesen einen Satz nicht ernst genommen, den ihre Tochter ihr eines Tages zuflüsterte? »Ich könnte schon tot sein, und der Peter wäre reich«, hat Silvia damals gesagt.

Das war kurz nach dem Feuer.

Es geschieht in der Nacht. Am 7. März 2003 bricht im Keller ein Brand aus.

Silvia schläft diesmal nicht bei den Kindern, sondern auf dem Sofa im Erdgeschoss, direkt über dem Brandherd, die Töchter liegen im Ehebett im Stockwerk darüber, dort oben schläft auch Peter Tauber. Silvia wacht noch rechtzeitig auf. Die Feuerwehr kommt. Die Polizei.

Die Ermittler gehen von einem Defekt an der Heizung aus. Aber bald darauf brennt es zum zweiten Mal. Diesmal finden sie sogar Reste eines Brandbeschleunigers. Und Schrammen an der Außentür zum Keller. Es sieht auf den ersten Blick nach Einbruchspuren aus – und auf den zweiten so, als habe jemand einen Einbruch nur vorgetäuscht.

Ja, vielleicht hätte sie damals schon eins und eins zusammenzählen können, sagt sich Helga Frey heute.

Ein paar Wochen vor dem Brand hat Silvia ihre Mutter

besucht und beiläufig etwas erwähnt, auf das dieser nur ein Satz einfiel: »Seid ihr größenwahnsinnig?«

Peter und Silvia haben eine gemeinsame Lebensversicherung abgeschlossen. Die Prämie beträgt 2500 Euro pro Jahr. Die Versicherungssumme für den Fall, dass einer sterben sollte: 1,25 Millionen Euro. Es handelt sich um einen »fallenden Vertrag«, der zehn Jahre gilt, pro Monat reduziert sich die Versicherungssumme im Todesfall um 10 000 Euro. Bei einem Selbstmord zahlt die Versicherung auch, steht im Vertrag. Allerdings gilt eine Sperrfrist von drei Jahren. Ein Selbstmord müsste also nach dem 1. März 2006 stattfinden.

Als ihre Mutter angesichts der hohen Prämie entsetzt reagierte, wiederholte Silvia die Argumente ihres Mannes: Peter wolle sich ganz um die Kinder kümmern können, falls ihr etwas geschehe. »Und wenn ihm was zustößt, dann bin ich auch abgesichert.« Sie sagte: »Du würdest das doch auch unterschreiben, wenn dein Mann dich fragt, oder?«

Und dann wechselten sie das Thema.

Die Brandermittler wissen zunächst nichts von der kürzlich abgeschlossenen Versicherung. Aber sie verdächtigen Peter Tauber, das Feuer selbst gelegt zu haben. Sie stellen viele Fragen. Und so erfährt auch Silvia, wie katastrophal die finanzielle Lage tatsächlich ist und dass bald ein sechsstelliger Kredit fällig wird. Tauber ist nicht nachzuweisen, dass er sein eigenes Haus anzünden wollte. Die Ermittlungen werden eingestellt. Er kassiert sogar Geld. Er hat auch eine Brandschutzversicherung abgeschlossen.

Silvia lässt danach nur diesen einen stillen, aber angstvollen Satz gegenüber ihrer Mutter fallen: »Ich könnte schon tot sein, und der Peter wäre reich.«

Sie zieht sich immer weiter zurück. Ihre Mutter sieht sie nur noch selten. Sie hat auch keine Energie mehr für Unternehmungen mit ihrer mittlerweile erwachsenen Halbschwester Caroline. Früher waren sie manchmal zusammen zum Tanzen ausgegangen, Caroline war stolz auf die große Schwester, die jedes Mal ein, zwei Bewunderer anzog, doch nie auf deren Werben einging.

Peter stürzt sich weiterhin in finanzielle Abenteuer. Die Familie steuert direkt auf den Bankrott zu. Sein Boot verkauft er trotzdem nicht, er legt sich sogar einen großen Mercedes-Geländewagen zu, um es besser ziehen zu können.

Seine Frau wird immer schwächer, aber sie hält das Martyrium durch. Im August 2005 bemerkt Silvias Mutter, dass ihre Tochter, wenn sie steht, so merkwürdig hin und her schwankt. Sie drängt sie, zum Arzt zu gehen, und bietet an, die zehn Euro Praxisgebühr zu übernehmen. Hat Silvia Multiple Sklerose? Einen Eisenmangel? Das Ergebnis: Körperlich ist da nichts.

Auch die Chefin im Modehaus stellt fest, dass Silvia sich nur schwer auf den Beinen halten kann. Sie fragt, was denn los sei, da vertraut sich Silvia ihr an: »Es geht nicht mehr mit dem Peter.« Näheres will sie nicht sagen.

Die Chefin rät ihr, zu einer Scheidungsanwältin zu gehen. Doch als diese ihr vorrechnet, wie es für sie finanziell bei einer Trennung aussieht, unternimmt Silvia nichts mehr.

Bald darauf sieht die Chefin, wie Peter seine Frau abholt und sie unter seinen Regenschirm nimmt. Sind die beiden doch liebevoll miteinander verbunden? Oder kann Silvia sich einfach nicht befreien?

Ein paar Monate nach dem Besuch bei der Scheidungsanwältin geschieht jedenfalls etwas, das Silvia die Trennung nicht leichter macht. Peter hat Stickstoff in eine Taucherflasche gefüllt, versucht ihn einzuatmen, aber er kann, kaum setzt die Wirkung ein, das Mundstück nicht mehr halten. Es ist ein Suizidversuch, der gar nicht gelingen kann.

Peter sagt seinem Hausarzt, er habe ihn aufgrund seiner aussichtslosen finanziellen Lage unternommen. Der überweist ihn wegen einer »reaktiven Depression« in eine Klinik. Jeden Tag besucht Silvia ihren Mann dort. Nach zwei Wochen wird der »antriebs- und freudlose« Patient entlassen. Acht Tage später nimmt er an einem Eistauchlehrgang teil. Niemand kann in seinem Gesicht lesen, was in ihm vorgeht.

Silvia sieht fast ätherisch schön aus, sehr blass und sehr schmal, als sie ein paar Wochen später, am 26. März 2006, eine Familienfeier besucht. Es ist Sonntag, der Stiefgroßvater hat Geburtstag, alle sind da, nur ihre Schwester Anja ist nicht gekommen, da sie auch zur Mutter den Kontakt abgebrochen hat und ihr nicht auf dem Fest begegnen will.

Silvias Töchter tragen gestärkte Jeanskleidchen und geflochtene Zöpfe. Peter sitzt die ganze Zeit bei seiner Frau, er hält ihre Hand, streichelt ihren Nacken, so als wäre er frisch verliebt. Helga Frey erinnert sich, dass sie dachte: »Das wird wieder mit den beiden!«

Am Abend fährt sie mit ihrer Tochter nach Hause, sie gehen zusammen durch den Garten, sie mahnt: »Silvia, du musst die Rosen schneiden, damit sie wieder Kraft kriegen.« Sie wirft auch einen Blick in den Waschkeller und sieht, dass sich ein riesiger Berg Bügelwäsche angesammelt hat, ihrer Tochter wächst der Haushalt über den Kopf. Zwei volle Körbe nimmt die Mutter mit.

Caroline bringt keine zwei Stunden später einen Korb mit gebügelten Kinderkleidern zurück. In der Tür steht ihre Schwester in einem Bademantel aus rosa Plüschstoff, daneben Peter in Boxershorts. Einträchtig sehen sie aus. Caroline fährt gleich wieder weg. Silvia ruft bei ihrer Mutter an, bedankt sich für die Wäsche. Sie klingt heiter, erzählt, sie werde sich noch einen Film ansehen, dann schlafen. Kurz vor 22 Uhr wünscht sie der elfjährigen Natalie eine gute Nacht und löscht am Ehebett das Licht. Laura, die Jüngere, schläft da schon.

Als Natalie nachts aufwacht, blickt sie auf den Radiowecker. 1.50 Uhr. Sie wundert sich, wo die Mutter ist. Sie steht auf, geht ins Kinderzimmer, der Vater scheint tief zu schlafen, sie rüttelt ihn wach. Sie gehen ins Erdgeschoss, wo noch der Fernseher läuft. Natalie schaut in den Keller, denkt erst, da würde die Mutter liegen, doch es ist nur ein Berg Wäsche. Sie fragt den Vater: »Wo ist die Mama nur?« Der murmelt: »Wahrscheinlich im Garten und schneidet Rosen.«

Nachts um zwei? Der Vater träumt wohl noch. Natalie weiß außerdem, dass die Mama Angst im Dunkeln hat, auch sie selbst fürchtet sich, aber sie will hinaus, sie drängt den Vater mitzukommen. Der will nicht. Er legt sich mit ihr zu Laura ins Bett. Natalie beruhigt sich, sie schläft in seinem Arm ein.

Der Gerichtsmediziner misst später in Silvia Taubers Blut etwas über ein Promille Alkohol, was erstaunlich ist, weil sie so gut wie nie Alkohol trank.

Hatte ihr Mann sie dazu animiert, um sie leichter überwältigen zu können? Irgendwann, so rekonstruiert später die Kriminalpolizei, ging sie wohl ins Badezimmer, er dürfte ihr gefolgt sein, er schloss die Tür hinter sich. Er trug Latexhandschuhe. Dann packte er Silvia am Hals und drückte zu. Oder er erdrosselte sie mit einem seilartigen Gegenstand. Genauer lässt sich das nicht rekonstruieren. Wahrscheinlich versuchte sie verzweifelt, sich gegen ihn zu wehren, Kratzspuren, die später an seinem Arm gefunden wurden, weisen darauf hin. Wahrscheinlich tropfte ihr Blut aus der Nase oder aus dem Mund, denn winzige Reste fanden sich im Bad an einem Strauß Plastiksonnenblumen und an den Kacheln – auch wenn der Raum nach der Tat offenbar gründlich geputzt worden war. In den Augen platzten durch den Druck viele kleinen Äderchen. Dann gab sie auf, wurde bewusstlos. Nach zehn oder fünfzehn Minuten, während derer er ihren Hals zudrückte, war sie tot. Die Kinder, die ein Stockwerk darüber schliefen, hörten nichts. Peter Tauber muss seine tote Frau in den Keller geschleift haben, dabei schlug ihr Kopf wohl immer wieder auf die Steintreppen, dafür sprechen die Wunden und Hämatome am Schädel. Tauber verstaute sie vermutlich in der Garage in seinem Auto, um sie am folgenden Tag fortzuschaffen.

Am nächsten Morgen bringt er die Töchter in Silvias Twingo in die Schule und in den Kindergarten. Dann fährt er mit seiner Schwiegermutter zur Polizei und hört von der 24-Stunden-Frist: Nach seiner Frau wird erst am nächsten Tag gesucht werden.

In diesem Wissen geht er neben Helga Frey die Treppe des Präsidiums hinab, sein Gesicht ohne Mimik, wie immer. Aber irgendwie brechen sich auch bei einem Menschen wie Tauber die Gefühle Bahn. Es sind ganz leichte tänzelnde Sprünge, die seine Schwiegermutter an ihm wahrnimmt. Wie bei einem Kind, das erleichtert ist, dass keiner schimpft, schießt es ihr durch den Kopf.

Und nach all den Jahren, die sie diesen Mann kennt, schöpft sie erstmals nicht nur Verdacht, sie spürt eine Gewissheit, ein rabenschwarzes Gefühl.

Am Nachmittag ist Peter Tauber bei den Kindern, abends löst seine Mutter ihn ab, er will zu einem Vereinsabend der Deutschen Lebensrettungsgesellschaft. Vorher fährt er in ein nahe gelegenes Waldstück und wirft die Leiche seiner Frau in eine Hütte. Er übergießt ihren Hals, ihr Gesicht und ihre Hände mit aggressiver Schwefelsäure, wohl um seine DNA zu vernichten.

Beim Vereinsabend sagt er nicht, dass Silvia vermisst wird, er ist wie immer. Die Kameraden nehmen nicht die geringste Veränderung an ihm wahr. Gegen 22 Uhr macht er sich auf den Heimweg.

Die Kripo wartet schon auf ihn. Helga Frey hat, kaum war sie am Morgen des 27. März aus dem Präsidium zurück, ihren Ex-Mann angerufen, den Polizisten. Sie beschwor ihn, dafür zu sorgen, dass die Suche schneller als üblich beginnt.

Im Handschuhfach von Silvias Twingo finden die Beamten Latexhandschuhe und Kleidungsstücke von Peter Tauber, daran Blutspuren seiner Frau und rötlicher Ziegelstaub aus dem Keller. Die Flasche mit der restlichen Schwefelsäure entdecken sie in der Garage des Hauses seiner Mutter. Sie wird kurzzeitig verdächtigt, ihrem Sohn geholfen und für ihn das Bad geputzt zu haben. Doch dafür gibt es keinen Beweis, die Staatsanwaltschaft erhebt gegen sie keine Anklage.

Im Keller von Peter Tauber wird eine Schachtel hochgiftiges Antimon sichergestellt, das er bei einem seiner früheren Arbeitgeber mitgenommen hatte. Es dient eigentlich zur Härtung von Legierungen. Hatte er versucht, Silvia zu vergiften? Schwankte sie deshalb so merkwürdig? Es ist Peter Tauber nicht nachzuweisen.

Er wird festgenommen und kann nicht mehr umsetzen, was auch immer er für die nächsten Stunden geplant hat. Es dauert nur zwei Tage, bis Silvia Tauber in der Waldhütte gefunden wird. »Eine Sexpuppe«, denkt der Waldarbeiter, der sie entdeckt, im ersten Moment. Tauber hat Silvia bis auf die Unterhose entkleidet. Die Kleidungsstücke, die sie beim Familienfest trug, und auch ihre Brille hat er irgendwo entsorgt, um den Eindruck entstehen zu lassen, dass sie abends noch losgezogen sei. Allerdings hat er wohl vergessen, dass sie immer ihre Kontaktlinsen einsetzte, wenn sie vor die Tür ging – die lagen aber zu Hause.

Helga Frey übernimmt die Aufgabe, den Kindern zu sagen,

dass ihre Mutter tot ist. Beide schreien und weinen. Die Sechsjährige stößt hervor: »Gott sei Dank haben wir unseren Papi noch!«

Peter Tauber zeigt vor Gericht keine Regung. Er spricht kein Wort. Nicht über die Tat, nicht über sein Motiv, nicht über seine Gefühle.

Der psychiatrische Gutachter bezeichnet ihn als voll schuldfähig, einen Menschen ohne Empathie, extrem kontrolliert, narzisstisch veranlagt. Er spricht in der Verhandlung von narzisstischer Wut, die Tauber zu dieser Tat gebracht habe, nachdem sich das hochtrabende Bild, das er von sich selbst hatte, nicht erfüllte: Seine Frau hatte aufgehört, ihn zu bewundern, die finanzielle Lage war aussichtslos.

Das Gericht verurteilt ihn wegen Mordes in einem besonders schweren Fall zu lebenslanger Haft. Er habe die Versicherungssumme, die sich zu diesem Zeitpunkt auf 875 000 Euro belief, einstreichen wollen. Ob er vorhatte, Silvia in den See zu werfen, in der Hoffnung, dass sie trotz der Säurespuren für ertrunken gehalten wird? Dass es aussieht, als sei sie lebensmüde ins Wasser gegangen? All das ließ sich ohne seine Aussage nicht klären.

Die Töchter leben seither bei Helga Frey. Die Mädchen möchten nicht mehr über die Vergangenheit sprechen. Einmal klingelte ein entlassener Gefängniskumpel des Vaters bei ihnen an der Tür, er sollte sie grüßen und zu einem Ausflug an einen See mitnehmen. Helga Frey schickte ihn weg. Die Kinder wollen mit ihrem Vater nichts mehr zu tun haben. Manchmal haben sie Angst vor dem Tag, an dem er freikommt.

Anja hat sich erst Monate nach dem Tod ihrer Schwester mit ihrer Mutter versöhnt. Zur Trauerfeier war sie nicht eingeladen worden. Erst im Winter 2006 zu einer Gedenkfeier in einer kleinen Kapelle. Anja kam als eine der Letzten. Sie ging den

Gang entlang nach vorn zu einem großen Foto, das ihre Schwester zeigte. Sie kniete davor nieder. Natalie und Laura, die beiden Kinder, konnten nicht wissen, wer sie war, sie waren der Tante noch nie begegnet. Die Mädchen flogen auf sie zu, sie umklammerten sie, ließen sie gar nicht mehr los. Fast so, als hätten sie gedacht, ihre Mutter sei wieder da.

* Die Namen sämtlicher Familienmitglieder sind geändert.

Der Trieb

Niemand sei zum Mörder geboren, heißt es. Aber was ist dann mit Volker Eckert?

von DOMINIK STAWSKI und JOHANNES RÖHRIG

Die Tür des Chefarztbüros öffnet sich, zwei Polizisten führen einen Mann in Gefängniskleidung in das Zimmer. Der Mann ist schmächtig, trägt Vollbart, sein Gesicht ist hager und blass, die Haare wirken etwas ungepflegt. Er schaut traurig.

»Nehmen Sie doch bitte Platz, Herr Eckert«, sagt der Professor mit weicher Stimme und zeigt auf den Stuhl auf der anderen Seite seines großen Schreibtischs. Die beiden Polizisten, die im Raum warten, winkt er hinaus.

Es ist der 5. März 2007 in der forensischen Psychiatrie der Universität München. Das Licht strahlt durch die großzügigen Fenster auf den Tisch zwischen den beiden Männern.

Professor Norbert Nedopil war gespannt auf diesen Montagmorgen. Das ist er also. Volker Eckert, siebenundvierzig Jahre alt, mehrfacher Mörder.

Nedopil hat viel über den Mann gehört, über den er in den kommenden Tagen ein forensisches Gutachten verfassen soll. Dinge, die selbst für einen erfahrenen Psychiater wie ihn außergewöhnlich waren. Seit vierzig Jahren schaut er in menschliche Abgründe. Sein Spezialgebiet sind sadistische Mörder, er saß unzähligen gegenüber, doch dieser Eckert, das hatte Nedopil schon geahnt, würde sein extremster Fall werden.

»Wie geht es Ihnen körperlich? Irgendwelche Beschwerden?«, fragt der Professor. Er beginnt gern so wie ein Hausarzt.

»Hoher Blutdruck«, antwortet Eckert leise. »155 zu 100. Und Herzrhythmusstörungen.« Am Wochenende sei er von einem Gefängnis ins andere verlegt worden, da habe er vergessen, seine Tabletten zu schlucken. Nun fühle er einen leichten Druck in der Brust.

Eckert spricht schnell. Mit einem nuschelnden sächsischen Dialekt. Nedopil hat einen Stuhl an die Seite seines Schreibtischs gestellt, damit er ihn Eckert in den Weg werfen kann, falls der ihn angreift. Aber Eckert wirkt schüchtern, harmlos.

Liegen denn ernste Vorerkrankungen vor? Seine Wirbelsäule sei abgenutzt, erzählt Eckert, deswegen habe er keine Arbeit mehr als Maler annehmen können, und so sei er zum Lkw-Fahren gekommen. Körperlich sei er aber sonst völlig gesund. Drogen konsumiere er auch keine. Nur die Zigaretten.

Es ist nie einfach. Es gibt nicht diese eine Ursache, die Professor Nedopil finden muss, damit er erklären kann, was anderen Menschen unerklärlich erscheint. Schon gar nicht im Fall Eckert.

Nedopil hat sich wie immer akribisch vorbereitet. Die Staatsanwaltschaft in Hof ließ ihm die Akte zukommen. Eckert hatte bei der Polizei ein umfangreiches Geständnis abgelegt.

Er hat über die Jahrzehnte eine typische Vorgehensweise entwickelt, seinen eigenen Modus Operandi. Während seiner Auslandstouren durch Europa lockte er Prostituierte mit Geld in seinen Lkw und fiel dort über sie her. Würgte sie bewusstlos, zog sie aus, nahm dann einen Strick und hängte sie an der Decke seines Führerhauses auf. »Ich freute mich auf ihren Todeskampf«, schrieb er einmal in einer Art Chronik seiner Morde, die er im Lastwagen verwahrte, um sich mit diesen niedergeschriebenen Erinnerungen wie mit einer Pornozeitschrift zu befriedigen.

Er beschrieb darin, wie sehr es ihn erregte, die Frauen am Strick zappeln zu sehen. Wie sie langsam die Kontrolle über ihre Bewegungen verloren. Wie sie dann nur noch zuckten. Wie das Leben aus ihnen verschwand. »Ihr Gesicht wird dick, die Augen laufen rot an, die Lippen werden blau, Speichel läuft aus ihrem Hurenmaul«, schrieb er und schwärmte von dieser »geilen Macht über Leben und Tod«. Während sie starben, verging er sich an ihnen. Erlebte die schönsten Orgasmen, wie er schrieb. Filmte und fotografierte die röchelnden Frauen und sammelte »Trophäen«, wie er es nannte. So konnte er sich immer wieder befriedigen, auch wenn die Leichen längst aus seinem Lkw geworfen hatte.

Das Ausmaß von Eckerts grausamer Lust ließ Nedopil erschauern. Es gibt zwar Sadisten, die noch brutaler vorgehen, Täter, die den Opfern ihre Organe entreißen. Erschütternd war aber schon die schiere Zahl von Eckerts Taten: Sechs Morde hatte er gestanden, doch wahrscheinlich waren es etliche mehr. Dazu kamen Dutzende Frauen, die er nachts in Parks würgte und missbrauchte, aber am Leben ließ. Sein Verlangen schien so stark ausgeprägt, wie es Nedopil bisher bei keinem anderen Mörder begegnet war.

Zugleich fand der Psychiater in den Akten keine Hinweise auf die üblichen Probleme in der Biografie eines Sexualtäters, keine Berichte von Missbrauch oder überbordender häuslicher Gewalt.

Aber es gab etwas anderes, das noch viel interessanter war: Alle Opfer hatten langes Haar. Es schien vor allem eines zu sein, was Eckert wieder und wieder morden ließ. Er wollte, wie er selbst geschrieben hatte, immer und überall dieses »unglaublich weiche Haar« spüren können.

Die Ermittlung, die in diesen kalten Märztagen im Büro des Chefarztes stattfindet, führt nicht an Tatorte und Seziertische.

Sie führt in Eckerts Kopf. Es ist die Suche nach dem Warum. Wie wurde Volker Eckert zu einem der schlimmsten Serienmörder Europas? Nedopil wird mit ihm über die Taten sprechen, über Sexualität, über seine Kindheit. Er wird zwischen den Themen springen. Jedes Detail wird in sein Gutachten einfließen. Aus ihm und den Erinnerungen von Nedopil an diese Tage lässt sich die Erkundung von Eckerts Psyche heute rekonstruieren.

»Ich will Sie kennenlernen«, sagt der Professor. »Und, Herr Eckert, wir brauchen keinen Eiertanz zu machen. Ich bin ein Profi auf meiner Seite, und Sie sind ein Profi auf Ihrer.«

Für Nedopil ist Eckert auch eine seltene Chance. Denn Eckert schreckt vor dieser Ermittlung nicht zurück. Er hätte sich auch weigern können herzukommen. Aber er sagt, er wisse selbst, dass etwas mit ihm nicht stimme. Er wolle dazu beitragen, dass man ihn endlich versteht. Er wolle sich selbst endlich verstehen.

Eckert schämt sich in Nedopils Büro nur ein wenig, weil er am Wochenende im Gefängnis weder duschen noch die Kleidung wechseln durfte. Er wäre dem Professor an diesen besonderen Tagen gern gepflegter gegenübergetreten, sagt er. Er mustert den Psychiater. Nedopil ist noch ein bisschen kleiner als er. Er wirkt erfahren, mit dem weißen Bart. Und viel unaufgeregter als die Polizisten. Mit ihm würde man vielleicht über alles reden können.

Nedopil hat in der Akte einige Fotos aus Eckerts Trophäensammlung gesehen. Ein Polaroid fiel ihm besonders auf: dunkler Hintergrund, angeblitzt im Zentrum ein nackter Frauenkörper. Schlaff. Und blass. Am Hals Würgemale. Der Kopf hängt an einem Strick, die langen Haare fallen über das erstarrte Gesicht. Auf den unteren Rand des Polaroids hatte Eckert mit Kuli etwas geschrieben: »Miglena, 20 Jahre. Ich musste sie einfach erwürgen.« Das Wort »musste« hatte Eckert unterstrichen.

Miglena. Die Letzte. Der Professor schaut fragend. Wie war das?

Eckert erzählt, dass er bei dieser Tat aggressiver gewesen sei, weil die Tat davor ihn nicht genügend befriedigt habe. Und bei Miglena? »Ich habe mich richtig ausgelassen«, sagt er. Als aber »die Kleine tot war«, habe er auf einmal Mitleid mit ihr gespürt. Das erste Mal bei einem Opfer. Er habe sich gefragt, ob er da die Falsche erwischt habe, weil sie möglicherweise ein guter Mensch gewesen und nur durch unglückliche Umstände zur Prostitution gekommen sei. Üblicherweise sei eine Frau, die sich auf die Straße stelle, ein Mensch, der sich aufgegeben habe und den er verachte. Diese Letzte aber habe er als »Unglückliche« gesehen.

Nedopil fragt ihn, wie lange es bis zur nächsten Tat gedauert hätte, wenn er nicht festgenommen worden wäre. Oh, die nächste Tat, sagt Eckert, die wäre schneller passiert. Und sie wäre schlimmer gewesen als die Taten davor. Es sei mit jedem Mal schlimmer geworden. Er wäre vielleicht auch an den Punkt gekommen, dass ihn das Töten nicht mehr befriedigt hätte, er habe aber nicht gewusst, wie es zu steigern sei. Im Prinzip sei ihm aber, so schreibt es Nedopil später auch in seinem Gutachten, immer etwas Neues eingefallen. Ein anderer Strick. Eine neue Kameraperspektive. Irgendwas. »Ich habe mich immer wieder verbessert.«

Eckert redet. Nach Jahrzehnten hat endlich jemand die richtigen Fragen an ihn. Auch sein Verteidiger hatte ihn darum gebeten, seine Lebensgeschichte aufzuschreiben, vielleicht würde es vor Gericht helfen, wenn er sich öffne. Eckert hatte mit diesen Sätzen begonnen:

»Am 1. Juli 1959, morgens, wurde ich auf eine Reise geschickt, die ich am liebsten rückgängig machen würde. Es war der Tag meiner Geburt. … Mein Vater, ein Malermeister, der in Plauen arbeitete, und meine Mutter, Krankenschwester in Oelsnitz, hatten ihr Wunschkind zur Welt gebracht. Christian und Christel hatten einen Teufel gezeugt.«

Nedopil spricht nie von einem Teufel, von einem Monster oder vom Bösen. Dies sind nicht die Kategorien eines Psychiaters. Für ihn ist Volker Eckert ein Proband, der ihn neugierig macht, weil er trotz allem gar nicht so weit weg ist von jenen, die nicht töten. Eckerts Verhalten erscheint unmenschlich. Doch für Nedopil ist auch das Monströse menschlich. Triebmörder haben Bedürfnisse wie andere Menschen, auch sie wünschen sich Nähe. Doch aus irgendeinem Grund, den Nedopil finden muss, erfüllte sich Eckert diesen Wunsch auf eine Art, die abnorm ist, kriminell und tödlich. Weil irgendetwas in seiner Psyche fehlgeschaltet ist, in dem komplexen System aus Bedürfnissen und deren Befriedigung. Und es muss eine zweite Fehlschaltung geben: Auch die Bremse ist defekt, die Empathie, die Menschen darin hemmt, anderen Leid zuzufügen. Das Mitgefühl mit den Opfern.

Nach außen hin hatte sich Eckert perfekt angepasst. Er hatte die letzten Jahre in einer kleinen Wohnung im fränkischen Hof gelebt. Die Nachbarn erinnern sich an einen freundlichen und zuverlässigen Mann. In den Augen seiner Kollegen führte er ein völlig normales Singleleben, in dem der Beruf und die Beziehung zu seiner sieben Jahre jüngeren Schwester und seinem besten Freund als das Wichtigste erschienen. Selbst ein Mordermittler, der ihn vernahm, sagte, dass Eckert ein Typ sei, mit dem man abends ein Bier trinken würde.

In der Münchner Psychiatrie lässt er in diesen Tagen alle Tests über sich ergehen. Als die Ärzte seinen Körper begutachten, fällt das leichte Untergewicht auf, außerdem der eintätowierte

Bundesadler auf der linken Schulter. Organe in Ordnung. Die neurologischen Tests der Reflexe ergeben nicht eine einzige Auffälligkeit, auch die Messung der Hirnströme liefert keinen besonderen Befund. Die Ärzte wollen noch einen Hirnscan machen, vielleicht finden sie dort etwas. Doch den Termin für den Kernspintomografen bekommen sie erst in zehn Tagen.

Beim Intelligenztest erreicht Eckert einen Quotienten von 109, das liegt deutlich über dem Durchschnitt. Und er bearbeitet die Aufgaben extrem schnell. Im Gespräch beweist er eine gute soziale Kompetenz. Auch Kreativität. Doch sein Einfühlungsvermögen scheint schwach ausgeprägt. Außerdem besitzt er eine leicht abschätzige Haltung gegenüber Frauen, die er aber zu verbergen versucht. Es fällt bei den Tests auch auf, dass er unter hohem emotionalem Druck die Fähigkeit verliert, kontrolliert und vernünftig zu handeln. Andererseits schafft er es aber, ungerührt und kühl über heftige Gewaltdarstellungen zu sprechen. Er erscheint überdurchschnittlich aggressiv.

Es wird ihm die Kopie einer rätselhaften Zeichnung vorgelegt, zu sehen ist darauf eine junge Frau in einem Bett, vielleicht ist sie schwer krank, vielleicht ist sie aber auch tot. Vor dem Bett steht abgewandt ein Mann, der mit dem Arm sein Gesicht verdeckt. Manche Probanden sehen in ihm einen Trauernden, doch Eckert assoziiert einen Auftragsmörder. Er denkt sich eine Geschichte aus. Der Täter, sagt Eckert, »wollte keinen Lärm machen, also konnte er nicht schießen. Er setzte sich auf ihren Oberkörper und legte seine Hände um ihren Hals. Dann drückte er zu. Nach wenigen Minuten war alles vorbei. Er schwitzte und freute sich auf ein kaltes Bier.«

Die Psychologen sind schockiert, wie fantasievoll Eckert seine Idee ausschmückt. Mit welcher Hingabe er sich in den Kopf des würgenden Mörders versetzt.

Ihm gehe es in Haft eigentlich sehr gut, sagt Eckert, als sie sich nach seinem Befinden erkundigen. Er fühle sich seit der Festnahme geradezu befreit.

Das passt zu dem, was Professor Nedopil in der Akte über die Umstände seiner Ergreifung gelesen hatte. Die Polizei fasste Eckert knapp vier Monate zuvor auf einem Speditionsgelände in Wesseling bei Köln. Er wehrte sich nicht. Er sagte nur: »Ich bin froh, dass es endlich vorbei ist!«

Es war eher ein Zufall, dass sie ihn erwischten. Eckert war zwei Wochen vor seiner Festnahme wieder einmal in Spanien unterwegs, er steuerte einen Tanklastzug, dessen Ladung er in einem katalanischen Städtchen löschen sollte. In diesen Tagen war wieder dieses Gefühl in ihm, das, wie er sagte, wohl nur Epileptiker nachempfinden könnten. Die Betroffenen nennen es Aura, sie spüren, dass der Anfall kommt, dass er nicht mehr abzuwenden ist. Bei Eckert war es dieser unstillbare Durst, dieser Durst, sich einer langhaarigen Frau zu bemächtigen.

Aus Eckerts Aufzeichnungen:

»Meine Fantasie hatte tausend verschiedene Versionen, die sich wie ein Film in meinem Kopf abspielten. Oft hatte ich Tagträume, konnte tagelang nichts essen, die Arbeit war hundertmal schwerer, und ich konnte mich nicht auf die einfachste Sache konzentrieren. So hatte ich manchmal Schwierigkeiten, einen Schlüssel für das passende Schloss zu erkennen, oder war nicht in der Lage, meine Schuhe zu binden.«

Eckert fuhr gerade eine Landstraße südwärts Richtung Barcelona, es war gegen elf Uhr am Vormittag, da erblickte er nahe dem Ort Figueres eine junge Prostituierte, die am Straßenrand auf Kunden wartete. Miglena R., gerade zwanzig Jahre alt. Sie fiel ihm wegen der langen dunklen Haare auf.

Sie stieg die Stufen zur Beifahrertür hoch, gemeinsam fuhren sie weiter Richtung Süden bis zu einem verlassenen Parkplatz.

Er zog die Vorhänge zu. Ob er sie gegen Aufpreis auch fesseln dürfe? Sí, sí. Fünfzig Euro.

Danach war sie chancenlos. Er kniete sich auf sie und presste mit seinen beiden Daumen ihre Kehle zu. Dann zog er ein Seil fest um ihren Hals, um wirklich sicherzugehen. Er hatte schon mal eine unangenehme Überraschung erlebt, als eine der Frauen plötzlich wieder zu sich kam und er sie noch mal würgen musste. Er hängte Miglena R. auf, verging sich an ihr. Nebenbei schoss er Fotos für seine Trophäensammlung, benutzte diesmal auch den Selbstauslöser, weil er sich beim Würgen fotografieren wollte. Als er fertig war, ließ er ihre Leiche hinter dem Vorhang der Schlafkabine im Führerhaus liegen. Auch noch, als er siebzig Kilometer weiter pünktlich die Ladung löschte. Er suchte sich eine geeignete Gegend etwas südlicher. Bog ab in ein Gewerbegebiet und wartete dort. Es wurde Abend, die Parkplätze vor den Industriehallen leerten sich. Er verharrte dort, bis es dunkel wurde, erst nach Mitternacht schleifte er die nackte Miglena durch den Sand und ließ sie hinter einem Erdhügel liegen. »Wie Müll lag sie da«, sagte die Spaziergängerin, deren Hund am Tag darauf Miglena R. fand.

An Miglenas Schulter klebten noch Reste von abgeschnittenem Haar.

Ausgerechnet in diesem Gewerbegebiet installierte ein spanischer Sicherheitsmann am Tag des Mordes eine neue Videoanlage. Er wollte testen, wie gut die Kamera Objekte in der Ferne fokussieren konnte. Weit weg entdeckte er diesen weißen Tanklaster, er zoomte ran, die Aufnahme lief.

Tage später erkannte die spanische Polizei darauf das Logo von Eckerts Spedition. Interpol erließ einen internationalen Haftbefehl. Zwei Wochen nach dem Mord hatten sie ihn. Im Führerhaus fanden die Polizisten neben den Polaroids auch das Seil und das Haar. Es war nicht nur Miglenas Haar.

Nedopil hat in der Akte die Liste der Opfer gelesen. 2001, die dunkelhäutige Sandra O. bei Bordeaux. Da hatte Eckert noch kein Seil, sondern nahm einen Damenstrumpf. Im selben Jahr die Spanierin Isabel M., ihr kämmte er, als sie schon tot war, die Haare. Nach ihr legte er zwangsläufig eine Pause ein, denn er fand keine Opfer mehr. Die Frauen standen nur noch in Gruppen am Straßenrand, und keine ging mehr auf sein Angebot ein, sich gegen Aufpreis fesseln zu lassen. Offenbar, so schrieb er einmal, musste es in Europa so viele Prostituiertenmörder geben, dass die Frauen alarmiert waren. Erst 2005 beging er nach eigener Aussage den nächsten Mord, Mariy V. aus Russland, sie war es, die wieder zu sich kam. Bei der nächsten, Angnieszka B., beugte er sich daher noch einmal über sie, horchte nach einem Herzschlag, aber diesmal war da wirklich nichts mehr. Schließlich starb Miglena R.

Bei jeder Einzelnen war es der Höhepunkt für Eckert, »endlich ihr Haar zu durchwühlen«, wie er schrieb. Danach schnitt er den Leichen einige Büschel ab, um sie in Tüten zu verwahren. Neue Trophäen. Später wühlte er in den gesammelten Strähnen. Die Fotos der Aufgehängten lagen dabei vor ihm. Er befriedigte sich selbst, bis ihm das nicht mehr genügte und er die Nächste suchte.

Professor Nedopil staunte beim Lesen, wie nah die Morde an den Prostituierten zeitlich beieinanderlagen, wie machtvoll Eckerts Trieb war. Und dass er so sehr auf diesen einen Teil eines Menschen fixiert war.

Im Chefarztbüro achtet er bei Eckert auf jede Regung. Kein Mensch kann sich über Stunden kontrollieren, seine Stimmlage, Hände, Füße. Bisher wirkte Eckert sehr ruhig. Emotionslos zählte er seine Taten auf, aber nun, da er dem Professor schildert, was er genau mit den Frauen tat, ist es anders. Seine Sprache ändert sich. Keine wohlgewählten Worte mehr. Die Frauen sind nun »Nutten« oder »geile Luder«. Er atmet schneller, sein Gesicht wird rot. Ob er das richtig deute, fragt der Professor, und ihn das Thema errege. Ja, sagt Eckert. Er spricht von der »Vorfreude« vor jedem Überfall, »wie vor Weihnachten«. Das freiwillige Fesseln sei die Lösung gewesen, um einen Kampf zu vermeiden, schließlich sei er nicht mehr der Jüngste gewesen.

Nedopil erfährt, dass Eckert eines der Polaroids sogar manipuliert hatte. Neben dem Hals der Frau hatte er zwei kleine Löcher in das Bild gestochen und eine Kordel hindurchgeführt. Er zog an der Kordel, und vor seinen Augen lief wieder ein Film, die strampelnde Frau, ihr langes Haar. Der Psychiater weiß, dass Triebtäter sich an ihren Erinnerungen berauschen. Aber Eckert ging noch einen Schritt weiter: Er wollte das Würgen mit der Kordel in seinen Fingern wiederholen. Die Haare reichten ihm nicht, auch nach dem Würgen war er süchtig.

Der Professor würde einem Probanden niemals seinen Abscheu zeigen. Es würde nicht helfen bei der Suche nach dem Warum.

An dieser Stelle des Gesprächs freut sich Nedopil sogar. Eckerts Erregung zeigt ihm, dass er auf der richtigen Fährte ist. »Was wäre, wenn ich nun eine Frau wäre?«, fragt er ihn. Eckert stutzt. »Sie wären mir zu alt!« Beide müssen lachen.

Eckert ist nun so offen, dass er von Nedopils Kollegin aus der Radiologie erzählt, die ihn zuvor untersuchte. »Wenn ich alleine mit ihr in einem dunklen Wald gewesen wäre …«, sagt er. »Diese langen Haare.«

Ein derartig mächtiges Verlangen kennt Nedopil nur von manchen Pädophilen. Doch woher rührt es bei Eckert?

Nedopil muss mehr erfahren über den Anfang. Über den jungen Eckert.

»Alles begann, als ich zehn Jahre alt war. Bis dahin habe ich das männliche Geschlechtsteil immer nur als Organ zum Wasserlassen gesehen. Aber eines Tages waren da plötzlich ganz andere Gefühle. Angenehm, aber auch unheimlich. ... In meiner Schulzeit saß ich meistens in der letzten Reihe. Und wir hatten mehrere langhaarige Mädchen in der Klasse, die sich in jeder Pause die Haare kämmten. ... Ich begann, die Geeignete auszusuchen. Sylvia sollte es sein. Sie hatte schulterlange dunkelblonde weiche Haare und schöne Brüste.«

Eckert wuchs in Oelsnitz im Vogtland auf, in der DDR. Eine große, dunkle Wohnung, Altbau. Den »ekligen Mottenkugelgeruch« aus dem Treppenhaus habe er noch heute in der Nase, erzählt er Nedopil. In der Wohnung hatten sie kein eigenes Bad, auch keine Toilette, es gab nur ein Plumpsklo im Treppenhaus. Sein Vater war ein fleißiger, sanftmütiger Mann, der penibel die Hausaufgaben von Eckert und seinen beiden jüngeren Geschwistern kontrollierte. Gelegentlich habe der Vater den Kindern mit einem Hausschuh den Hintern versohlt. Die Mutter sei aggressiver gewesen. Sie habe auch den Teppichklopfer benutzt. Sie war ein Hausfrauentyp, hatte aber das Sagen. Beim Kochen habe sie gern gesungen. Zärtlichkeiten gab es kaum, aber er habe als Kind, wenn er Albträume bekam, zum Kuscheln in das Bett der Eltern steigen dürfen. An die Albträume könne er sich noch erinnern, seine Hände wuchsen darin zu riesengroßen Pranken an. Angsterfüllt wachte er dann auf.

»Wie war das Verhältnis zu den Mitschülern?«, fragt Nedopil.

Er sei eher ein Mitläufer gewesen. »Unter vielen Menschen fühlte ich mich nicht wohl.«

Sein Einzelgängertum ist auffällig, es passt auch zu den psychologischen Tests.

»Wie war das Verhältnis zu den Geschwistern?«, will Nedopil wissen.

Seine kleine Schwester sei sein bester Kumpel gewesen, sagt

Eckert. Er teilte sich ein enges Zimmer mit ihr, bis er zweiundzwanzig wurde. Er habe sie immer beschützt.

»Und der Bruder?«

»Mein Bruder war da, das war alles. Da waren meine Schwester und ich, wir kamen gut aus, was sollte der da noch?«

»Kannte denn die Schwester seine Fantasien?«

Nein, das habe er ihr nicht verraten.

»Gefiel sie ihm?«

Sie habe sich geschmeidig wie eine Katze bewegt, erinnert sich Eckert. Und sie sei hübsch gewesen, die Haare, lang und schwarz, wie die seiner Mutter. Die großen Augen. »Wenn ich das jetzt so erzähle, kommen mir die Tränen«, sagt er. Aber sie sei immer unberührbar für ihn gewesen.

Als er vierzehn war, trennten sich seine Eltern. Der Vater sei aus der Wohnung geflogen und in ein Zimmer unter dem Dach gezogen. Eckert ist aufgebracht, als er dem Professor davon erzählt. »Das wird mir nie passieren«, ruft er und hebt die Hand. »Da schuftet man sein Leben lang, tut alles, kümmert sich, gibt sein Geld ab, und dann wird man einfach so vor die Tür gesetzt. Einfach so. Das passiert mir nie. Das habe ich mir geschworen. Niemals!« Der arme Vater. Von da an hatte er Wut auf seine Mutter. Sie habe ihre Freundinnen als Schlampen bezeichnet. Ausgerechnet sie.

»Zu dieser Zeit etwa fing der Teufel in mir mit ganzer Kraft an zu arbeiten. Immer öfter dachte ich daran, wie ich eine langhaarige Frau würgte. Ich sträubte mich dagegen, aber umso schlimmer wurde es. Ich hatte einfach keine Erklärung, warum das so war. Es machte mich wahnsinnig.«

Im Klassenzimmer sei Sylvia das Mädchen gewesen, das am nächsten zu ihm saß. Sie sei genauso eingebildet gewesen wie die anderen, sagt Eckert, »von oben herab«, und wie sie mit den anderen kicherte, ihn auslachte.

Nedopil lässt Eckert mit seinen Fragen wieder in die Erinnerung springen. Die Erregung kommt zurück.

Der erste Mord eines Probanden ist für den Professor immer der wichtigste. Oft wird er für den Täter zu einer Vorlage, die seine spätere Vorgehensweise prägt. Die Abläufe sind noch nicht so geschliffen wie bei den Taten danach, der Mörder hat noch keinen Erfahrungsschatz, noch keine Masche. Er verlässt sich ein Stück weit auf seine Instinkte. Das verrät viel über ihn und seine Motive. Vor allem wenn der Täter noch so jung ist, wie es Eckert damals war.

Es war der 7. Mai 1974. Sylvia wohnte nur drei Türen weiter, das Dachgeschoss der Mehrfamilienhäuser war verbunden, und so konnte er ungesehen von seinem Treppenhaus hinüber in das von Sylvia schleichen. Es war nach der Schule, er war schnell nach Hause gerannt. Konnte von oben die Straße beobachten. »Als ich sie kommen sah, klopfte mein Herz wie ein riesiger Stahlhammer.« Er hörte, wie sie die Wohnungstür aufschließen musste. Es war wohl keiner zu Hause, der ihr aufmachen konnte.

»Ich war aufgeregt wie noch nie in meinem Leben. Aber ich zögerte nur kurz und klingelte an ihrer Wohnungstür. Sie öffnete, in Jeans und grünem Pullover. Ihre großen Brüste fielen mir sofort auf. Ihre Haare waren frisch gekämmt. Ich entschuldigte mich wegen der Störung und fragte nach der Hausaufgabe in Chemie. Sie ging ins Wohnzimmer, um das Chemiebuch zu holen, und ich betrat die Wohnung und schloss die Tür.«

Als sie wieder mit dem Buch vor ihm stand, zählte er in Gedanken bis drei, dann stürzte er sich auf sie und legte seine Hände um ihren Hals. »Das Würgen war viel schwerer, als ich dachte.« Seine Finger schmerzten bald. Doch dann sackte sie bewusstlos zusammen, lag im Türrahmen, die Beine im Kinderzimmer, der Oberkörper im Flur. Er war wütend auf Sylvia. »Sie spielen mit ihren Haaren, machen dich verrückt, und wenn du in ihre Nähe kommst, dann bleiben sie kalt und lassen dich nicht hin.« Aber nun hatte er sie endlich, konnte mit beiden Händen in ihren Haaren wühlen. Es erregte ihn. Aber er wusste auch, dass er ein Verbrechen begangen hatte und die einzige Zeugin noch atmend vor ihm lag. Also brachte er es mit einer Wäscheleine, die er hinter einem Vorhang fand, zu Ende. Er schlich denselben Weg zurück. Zu Hause sei er endlich ruhig und zufrieden gewesen, er habe auch keine Angst gehabt, im Gegenteil, er habe endlich wieder Appetit verspürt, sogar einen richtigen Heißhunger bekommen. Er dachte: »Ich habe es geschafft, ich bin ganz toll.« Kein schlechtes Gewissen, stattdessen ein gottgleiches Gefühl. Nach dem Essen befriedigte er sich selbst.

Nedopil fällt in dem Gespräch die zeitliche Nähe der Tat zur Trennung der Eltern auf, er erinnert sich an die Wut Eckerts auf die Mutter.

Der Professor erklärt Eckert die Theorie des chiffrierten Matrizids. Der symbolische Muttermord. Bei ihm wird die Wut auf die meist dominante Mutter an einer anderen Frau ausgelassen.

Ja, sagt Eckert, das habe schon was für sich. Doch Nedopil bleibt skeptisch. Es erklärt nicht genug. Da waren zwar Frustration und Wut, aber woher kam die gleichgültige Hemmungslosigkeit, mit der er seine Aggression an Sylvia austoben konnte? Und warum waren ihm die Haare so wichtig, dass er dafür zu töten begann?

Eckert sagt, er habe nach diesem ersten Mord gehofft, dass damit Ruhe einkehren würde. Er habe gedacht, wenn er es einmal in die Tat umsetzt, einmal »die Spitze« erreicht, würde dies sein Verlangen stillen.

In den Tagen nach dem Mord hörte er verwundert das Gerede der Mitschüler und Nachbarn. Sylvia habe sich nach einem

Streit mit ihrer besten Freundin zu Hause selbst erhängt. Das hatte die Volkspolizei so festgestellt. Sylvias Eltern, der Stiefvater war selbst Polizist, blieb nichts anderes, als den schlampigen Ermittlern zu glauben. Die Wahrheit würde die Mutter erst dreißig Jahre später erfahren.

Eckert war damals erleichtert und stolz, dass er »etwas geschafft hat, was niemand kann«. Vor den Klassenkameraden heuchelte er Trauer. Er lebte weiterhin das scheinbar unbeschwerte Leben eines Jungen, der langsam zum Mann wird. Fahrradtouren. Kinoabende. Disco.

Er erzählt Nedopil, dass er einige Monate nach dem Mord mit seiner ersten Freundin zusammenkam. Marlies.

»Haben Sie mit ihr geschlafen?«, fragt Nedopil.

Ja. Marlies habe ihm gezeigt, wie es funktioniert. Sie wollte ständig. Aber der Sex in seinen Fantasien sei ein anderer gewesen, viel befriedigender als der mit Marlies. Er fing an, sich das Würgen vorzustellen, während er mit ihr schlief. Dann klappte es besser. Als sie nach ein oder zwei Jahren Schluss machte, verlor er kurz die Beherrschung, stürzte sich auf sie und legte seine Hände um ihren Hals, ließ aber nach einigen Sekunden ab.

»Damals dachte ich, das Töten von Sylvia würde meinen Qualen ein Ende setzen. Anfangs war das auch so. Aber Ende 1977 war ich wieder an einem Punkt angekommen, an dem ich fast Tag und Nacht nur an eines denken konnte. … Ich brauchte alle Kraft, um für andere Menschen normal zu wirken. Damals wurde mir langsam klar, dass ich ein Leben lang anders sein werde.«

Die Unersättlichkeit ist das typische Merkmal eines perversen Triebtäters, weiß Nedopil. Ein Sadist will sich immer weiter steigern. Das Abflauen des Drucks nach jeder Tat ist charakteristisch, aber die Ruhephase hält im Laufe der Zeit immer kürzer an. Das Gespräch der beiden Männer hangelt sich nun in sachlichem Ton von einem Frauennamen zum nächsten. Hier und da zeigt Eckert Erregung, aber sonst sind seine Mimik und Gestik spärlich.

Die nächste Tat beging er 1978, er war achtzehn und gerade im zweiten Lehrjahr als Maler. Er überfiel eine Frau, die er den Abend über in der Disco beobachtet hatte. Er glaubte, sie erwürgt zu haben, aber sie überlebte und konnte ihn identifizieren. Er wurde lediglich wegen »Nötigung und Missbrauch zu sexuellen Handlungen« verurteilt. Achtzehn Monate saß er in Haft.

Danach folgten Jahre, in denen er tagsüber im Krankenhaus die Böden wischte, um Geld zu verdienen, und nachts durch die Parks und dunklen Straßen seiner Heimatstadt Plauen streifte, auf der Suche nach einer Frau. Es war immer das Gleiche: Er näherte sich von hinten, würgte, bis sie bewusstlos war. Weil er sich sicher war, dass sie ihn nicht erkannte, ließ er von ihr ab, bevor ihr Herz aufhörte zu schlagen. Jahrelang blieb er unerkannt.

»Wie viele waren es?«

»Dreißig vielleicht«, sagt Eckert. Verteilt über etwa fünf Jahre. Nach jeder Tat habe er sich zu Hause befriedigt.

»Welche Frauen?«

Immer mit langen Haaren, sagt er. Die Haarfarbe sei egal gewesen.

Doch ausgerechnet als er Ende der 80er-Jahre seinen Reisepass im Polizeipräsidium abholen wollte, um in die Bundesrepublik ausreisen zu können, erkannte ihn ein Ermittler in der Menschenschlange. Er hatte dieselben Klamotten an wie beim letzten Überfall, das Opfer hatte sie der Polizei beschrieben.

Wieder Gefängnis. Draußen fiel die Republik in sich zusammen, und es interessierte sich kaum noch jemand für die Häftlinge. 1994, als er sechs der zehn Jahre wegen versuchten Mordes abgesessen hatte, kam er frei. Die Therapeuten, die eine

Prognose stellten, fragten nur oberflächlich. Der Drang habe nachgelassen, log Eckert. Er wurde Lkw-Fahrer. Er hatte von den neuen Möglichkeiten der DNA-Analyse gehört und war überzeugt, dass die Polizei in Deutschland seine DNA hatte. Und so kam er Ende der 90er-Jahre auf die Idee mit den Auslandsfahrten.

Zwischen der Haft und dem ersten Prostituiertenmord liegen sieben Jahre. »Was passierte dazwischen?«, will Nedopil wissen.

»Da war nichts«, sagt Eckert. Er zog nach der Haft in den Westen, nach Franken, dort lebte inzwischen seine Schwester mit ihrem Sohn, den Eckert sehr mochte. Und im Westen gab es Beate Uhse. Er habe sich eine lebensgroße Gummipuppe gekauft, der er verschiedene Perücken überzog.

»Wurden Sie eigentlich aufgeklärt, Herr Eckert?«, fragt der Professor irgendwann.

Nein, antwortet Eckert. Er habe gar nicht gewusst, wie Sexualität überhaupt funktioniere. Bis Marlies es ihm zeigte. Er dachte, er müsse sein Glied an ihr reiben. Wie damals am Bettkasten.

»Damals? Was war damals?«

Vielleicht sei er zehn gewesen, vielleicht auch erst neun.

Nedopil ist überrascht, denn so früh kommen Jungen selten in die Pubertät.

Eckert spielte mit der Puppe seiner Schwester. Sie war etwa einen Meter groß, die Arme und Beine waren beweglich. Ihre langen schwarzen Haare hatten ihm schon immer gefallen. So lang und schwarz wie die seiner Mutter und der Schwester.

Die Puppe lag damals bäuchlings neben ihm auf dem Bett, während er sich an der Matratze rieb. Der Orgasmus machte ihm Angst. Er überlegte kurz, ob er mit seiner Mutter darüber sprechen sollte. Aber es gefiel ihm auch, also behielt er es für sich. So würde er es nun wieder machen, in den Haaren der auf dem Bauch liegenden Puppe wühlen und sich dabei befriedigen.

Ob er mit jemandem darüber gesprochen habe, will Nedopil wissen.

Nein. Er sei noch so jung gewesen, sagt Eckert. Es habe damals niemanden in seiner Klasse gegeben, mit dem er das teilen konnte. Er ahnte, dass es vielleicht nicht normal war, aber er hatte auch einmal davon gehört, dass jeder Junge verschiedene Phasen durchmache. Er müsste es nur hinter sich bringen.

Diese Phase der beginnenden Pubertät interessiert Nedopil. Jeder Junge probiert aus, wie er Sexualität für sich als richtig empfindet. Er entwickelt seine eigenen Fantasien, probt in seinen Gedanken das, was er später tatsächlich erleben will. Die meisten orientieren sich an Vorbildern, an Freunden, an Filmen, Pornozeitschriften. Sie küssen, weil andere küssen. Entwickeln auf diese Weise ähnliche, akzeptierte Vorlieben, die sie ein Leben lang behalten.

»Warum die Puppe?«, fragt Nedopil.

Eckert kann sich nicht erinnern. Ob es nur ein Zufall war oder ob sie ihn reizte, weil sie so schöne Haare hatte wie seine Mutter und seine Schwester. Er weiß nur, sagt er dem Professor, dass seine Schwester auch eine Puppe mit kurzen Haaren hatte. Die habe ihn nicht interessiert.

»Haben Sie als Kind mit den Haaren Ihrer Mutter gespielt?«

Ja, er glaube schon, sagt Eckert. Da gab es später auch dieses Haarteil der Mutter, das er auf dem Dachboden gefunden hatte. Es war wohl gefertigt aus den Haaren, die sie sich abgeschnitten hatte, als er noch ein kleiner Junge war. Als sie damals zur Schere griff, sei er sehr schockiert gewesen, weil »ein Stück Mutter verloren ging«. Nun hatte er es wieder. Er habe heimlich damit gespielt, und auch das habe ihn sexuell erregt. Er habe sich daran befriedigt.

Die Haare wurden zu seinem Fetisch. Psychologen definieren damit ein meist lebloses Ersatzobjekt, das der sexuellen Befriedigung dient. Auch Körperteile können zum Fetisch werden, Füße zum Beispiel. Bei Eckert wurden die Haare wichtiger als alles andere, das zu einer Frau gehört. Einen Mund fand Eckert nie anziehend. Er habe auch später nicht gern geküsst, auch nicht seine Freundinnen.

Anders als andere Menschen mit einem Fetisch, die sich an Schuhen oder Unterwäsche befriedigen, hatte er das Problem, dass man sich Haare nicht so einfach beschaffen kann. »Warum blieben Sie nicht bei der Puppe?«, fragt der Professor.

Die sei langweilig geworden. Bei Menschen gebe es eine Geschichte dazu, sagt Eckert.

Er stellte sich vor, in den Haaren seiner Mitschülerinnen zu wühlen. Aber keines der Mädchen würde ihm das gestatten. Er musste sie in seinen Gedanken »ruhigmachen«, ohnmächtig, nur so erschien es ihm realistisch genug. Das Würgen wurde Teil eines Skripts, eines Films, den er sich vorstellte und in dem er die Macht besaß, sein Verlangen zu stillen. Und an dieser Vorstellung befriedigte er sich immer wieder selbst.

Nun erklärte sich vieles für Nedopil. Der Orgasmus ist einer der wichtigsten Verstärker, um ein Verhaltensmuster zu festigen. Mit jedem, den Eckert erlebte, setzte sich ein sadistisches Ritual in seinem Gehirn fest, wie ein Trampelpfad, aus dem irgendwann eine rauschende Autobahn wird. Und der Mord an Sylvia wurde eben nicht, wie er sich das erhoffte, die Tat, die seinen Durst stillen würde. Sie wurde zum Gegenteil, zu der Tat, die sein Verlangen nur noch größer machte. Er wollte immer mehr davon, immer häufiger, immer heftiger.

»Ich weiß, dass ich ein Monster bin. Ich habe diesen Trieb, Frauen zu erwürgen, nicht mehr unter Kontrolle. Es ist, als wäre eine zweite Person in mir.«

Wie ein Puzzle fügt sich das Bild von Eckert. Es passt alles zusammen, denkt Nedopil, auch die Wut, die Eckert beschreibt, als er den Mord an der dunkelhäutigen Frau aus Bordeaux schildert. Er hatte sie schon am Strick, da sah er erst, dass sie eine Perücke trug. Wie er tobte. Voller Zorn über diesen Betrug an ihm warf er die Leiche später aus dem Lkw.

Das Gericht hat den Professor darum gebeten, das Risiko eines Rückfalls zu beziffern. Er schätze es auf 70 bis 80 Prozent, wird Nedopil nach den Gesprächen in sein Gutachten schreiben. Es gibt kaum eine Sucht, die stärker ist als die eines sadistischen Fetischisten. Eckert verliere bei seinen Überfällen auf die Frauen die Kontrolle über sich selbst, der Trieb sei zu stark. Getötet aber habe er wohl nicht wegen seines Triebs, sondern weil er verhindern wollte, dass die Frauen zur Polizei gehen. Das Töten an sich habe ihn nach eigener Aussage weniger gereizt, es ging ihm vor allem um das Würgen, später das Aufhängen.

Eckert leide an einer Paraphilie, einer psychisch bedingten sexuellen Abweichung. Er gehöre nicht ins Gefängnis, sondern in die Psychiatrie, obwohl es wenig Hoffnung gebe, ihn therapieren zu können.

Volker Eckert ahnte, schon bevor er in dieses Zimmer trat, dass er wohl nie mehr freikommen würde.

Sie sind nun fast am Ende ihres Gesprächs.

»Wie fühlen Sie sich nun?«, fragt der Professor.

»Es ist toll, dass ich hier sein durfte«, antwortet er. »Ich habe mich wohlgefühlt, das erste Mal seit langer Zeit konnte ich wieder lachen. Endlich habe ich mit jemandem geredet, vor dem ich mich nicht verstecken musste.«

»Und die Haft?«

Er wünsche sich nur ein paar Dinge, sagt er dem Professor. Eine Einzelzelle, eine halbwegs vernünftige Arbeit, Bücher und einen Fernseher.

Vielleicht sollte er über eine Kastration nachdenken, sagt Nedopil. »Sie werden unter den Qualen Ihrer Sexualität leiden, wenn Sie nichts dagegen unternehmen.«

Eckert reagiert darauf nicht.

Er verlässt das Zimmer des Professors wieder mit trauriger Miene, er wäre gern länger geblieben.

Nedopil ist zufrieden. Er hat verstanden, wie die Haare und das Würgen zu Eckerts wichtigstem Lebensinhalt wurden. Aber eine Frage ist noch offen: Warum wurde Eckerts Verlangen schon so früh so unfassbar stark? Wie konnte er schon als 14-Jähriger seine Mitschülerin so kaltblütig ermorden? Er selbst hatte zuvor keine schwere Gewalt erfahren. Seine Kindheit war zwar nicht unbeschwert, doch was er darüber berichtet hatte, klang vergleichsweise harmlos.

Knapp zwei Wochen später erreicht den Professor das letzte Puzzleteil. Man hatte Eckert inzwischen in den Kernspintomografen geschoben. Im vorderen Bereich seines Gehirns fiel dem Radiologen etwas auf. Helle Flecken in der Hirnregion, in der man die Steuerung der Emotionen und die Impulskontrolle eines Menschen vermutet. Könnten daher die Unkontrollierbarkeit seines Verlangens und auch die Kälte, die fehlende Empathie während seiner Taten kommen? Professor Nedopil konsultiert einen Neurologen. Der vermutet, dass es sich um Narben handelt, die durch Entzündungen der kleinen Blutgefäße entstanden sind. Vielleicht die Folge einer Vaskulitis, einer autoimmunologischen Gefäßerkrankung, die unbemerkt blieb. Eckert selbst konnte sich an keine Erkrankung erinnern, auch nicht an einen Unfall, bei dem er sich am Kopf verletzt hätte.

In einem der Fachaufsätze, die Nedopil später über Eckert publizieren wird, äußert er den Verdacht, dass durch eine Erkrankung im Gehirn eine Persönlichkeitsveränderung stattgefunden habe. Dies war womöglich die Voraussetzung für Eckerts spätere Perversion und seine Brutalität. Bei einem Gesunden hätten das Erleben der ersten Sexualität und die Frustrationen im Elternhaus wohl nicht eine solch heftige Prägung hervorgerufen.

Im Sommer 2007 steht die Gerichtsverhandlung kurz bevor. Eckert hat Angst vor den Zuschauern. Er berät sich mit seinem Verteidiger Alexander Schmidtgall. Der nimmt sich vor, einen Neurologen als Zeugen laden zu lassen. Er will sich dieser fast rechtsphilosophischen Frage nähern: Welche Verantwortung trägt Eckert? Und welche der Teufel in seinem Gehirn?

Die Polizei ermittelt unter Hochdruck weitere ungelöste Mordfälle in Europa. Eckert bereiste mit seinem Lkw auch England, Griechenland, Italien, Polen, Tschechien und Skandinavien. Überall gab es ungeklärte Prostituiertenmorde. Sie prüfen Handydaten, Tankbelege und Mautquittungen. In Frankreich hob er 2002 einmal an einem Automaten Geld ab, in der Nähe wurde in diesen Tagen Benedicta E. ermordet. Die Ermittler finden heraus, dass er in Tschechien und Norditalien war, als dort Frauen starben. Und in Plauen ist seit 1987 der Mord an Heike W. ungelöst, auch sie war erdrosselt worden.

In seinen eigenen Aufzeichnungen erwähnt Eckert zehn Opfer. Einige habe er sich aber nur ausgedacht, um sich daran zu erregen. Sechs habe er tatsächlich getötet. Nedopil hat ihm im Gespräch signalisiert, dass er davon ausgehe, nicht alles zu erfahren, dass es wohl Geheimnisse geben werde, die Eckert für sich behalte. Das macht Nedopil gern, um Vertrauen aufzubauen. Eckert entspannte sich daraufhin sichtlich. Sein Lächeln zeugte von Dankbarkeit.

Am 1. Juli 2007, kurz vor Prozessbeginn, wird Eckert im Gefängnis achtundvierzig Jahre alt. In den acht Monaten seit seiner Festnahme hat ihn seine Schwester nur ein einziges Mal besucht. Ihr Bruder und sie hätten früher eine sehr enge Bindung gehabt, hat die Schwester der Polizei gesagt. Aber das ist vorbei. Sie hat mit ihm gebrochen. Sie kommt nicht mehr wieder, auch nicht an seinem Geburtstag.

In seiner Zelle wartet Eckert, bis es Nacht wird, dann bindet er aus einer Gardine seinen letzten Strick und erhängt sich.

Schneemann

*Ihn lockt die Karibik, die endlose Party unter Palmen. Und
ihn lockt das schnelle Geld. Das Problem ist die Fracht.
Und dass er noch nie gesegelt ist*

von NICOLAS BÜCHSE

Der Starkwind kommt von einer Sekunde auf die andere.
Packt sich die »Blue Star« wie ein übellauniges Kind seine Puppe.
Rüttelt. Zerrt. Nass klebt das Hemd an Kai Scherer*, er hat sich
erst spät, zu spät, darangemacht, die Segel zu reffen. Seine Mus-
keln zittern vor Anstrengung. Er kämpft mit dem Wind, den
Wellen.

Und mit seiner Unerfahrenheit.

Vor ein paar Wochen noch beschränkte sich seine Wasser-
sporterfahrung auf Tretbootfahren. Jetzt, im Frühjahr 2011,
versucht er auf einem Regattaboot, einer Nussschale aus Kunststoff und Karbon, allein über den Atlantik zu segeln. Und der
Starkwind drückt das Boot auf die Seite. Gerade eben kann er
sich an Bord halten.

Ein Anfänger allein auf dem Atlantik. Kai Scherers Plan ist
nicht wagemutig. Sondern irrsinnig. Irrsinnig gefährlich.

Warum bloß hat er sich darauf eingelassen? »Ich wollte das
Abenteuer«, sagt Kai Scherer heute. »Ich wollte das Geld. Ich
war so unglaublich naiv. Es war der Fehler meines Lebens.«

Kai Scherer war so naiv zu glauben, ins Paradies zu kommen,
indem er eine Sünde begeht.

In die Karibik. Strände, blaue Lagunen, und obendrauf: leicht verdientes Geld. Schmutziges Geld, aber darüber macht er sich nicht allzu viele Gedanken. Er denkt an das Abenteuer seines Lebens.

Es ist Herbst 2010, Kai Scherer ist dreißig Jahre alt, als sein Sündenfall beginnt. Sein Kumpel Dennis Kramer ist wieder zurück im Süden Kölns. Kai Scherer kennt den Amateurboxer schon lange, der ein Jahr zuvor zu zwei Jahren auf Bewährung verurteilt worden war, nachdem er versucht hatte, ein Kilogramm Kokain über die niederländisch-deutsche Grenze zu schmuggeln.

Kramer hat nun eine Jacht gechartert und ist in die Karibik gesegelt. Erzählt Scherer von der Weite des Meeres, der endlosen Party unter Palmen und einem Typen aus Bolivien. Der habe ihn angesprochen auf der Isla Margarita vor der Küste Venezuelas. Ob er nicht mal in seinem Segelboot Kokain nach Europa transportieren wolle? Ein Riesengeschäft. Er habe erst einmal abgelehnt, er war ja auf Bewährung wegen Drogenbesitzes. Aber sich eine Telefonnummer von dem Typen geben lassen, für den Fall.

Kai Scherer ist begeistert. Von der Weite des Meeres, der Party unter Palmen. Nicht von der Sache mit dem Kokainschmuggel. Noch nicht. »Du spinnst«, sagt er zu Kramer.

Doch Scherer liebt Abenteuer. Vielleicht zu sehr. Er wächst in einem geordneten bürgerlichen Viertel auf, in dem die Hecken so gepflegt werden wie die nachbarschaftlichen Beziehungen. Er lernt Konstruktionsmechaniker, arbeitet aber nicht lange in diesem Beruf. Er will mehr vom Leben. Besucht die Abendschule, um das Abitur nachzuholen. Doch noch vor den Prüfungen sucht er zum Leidwesen seiner Eltern wieder neue Herausforderungen. Trainiert stundenlang im Fitnessstudio. Selbst die Trainer nennen ihn Fitnessfanatiker. Sein Bizeps scheint die T-Shirt-Ärmel zu sprengen. Sein Körper ist sein Kunstwerk. Er testet Grenzen aus. Verlässt die Enge seiner Heimatstadt, die

53-Quadratmeter-Wohnung, seine Ikea-Furnierwelt, seine beiden Flachbildfernseher in Wohn- und Schlafzimmer. Besteigt zusammen mit Dennis Kramer Alpengipfel. 4000 Meter mindestens. Übernachtet auf Gletschern.

Er verdingt sich als Türsteher, als Fitnesstrainer. Er gleitet in ein Milieu, in dem Fitnesswelt und Halbwelt verschmelzen. Lernt Leute kennen, die Kokain und Amphetamin nehmen oder damit dealen.

Kai Scherer nimmt keine Drogen. Raucht nicht. Alkohol trinkt er an Silvester 1999. Und fünfzehn Jahre später einen Schluck Sekt, als er seiner Freundin einen Heiratsantrag macht. Kai Scherer will sein Kunstwerk nicht ruinieren. Sein Körper ist sein Tempel.

Doch dann überschreitet er Grenzen.

Dennis Kramer fliegt noch einmal auf die Isla Margarita und trifft den Drogenhändler aus Bolivien.

Kramer erzählt Scherer gegen Ende des Jahres 2010, man könne bestimmt 3000 Euro pro Kilo Kokain verdienen. Man müsse es nur in einem europäischen Hafen abliefern. Kein Verkauf, kaum Risiko. Er würde es ja selbst machen, wenn da nicht seine Vorstrafe wäre. Die würde ihn doch bei jeder Kontrolle verdächtig machen.

Nun ist Kai Scherer dabei. Dennis Kramer soll den Deal einfädeln und das Boot chartern, er die Drogen im Segelboot über den Atlantik bringen. Er allein, sie wollen keine Mitwisser. Außerdem bleibt so mehr für jeden, sie wollen das Geld teilen.

Das Problem ist nur, dass Kai Scherer noch nie gesegelt ist.

Doch er ist kein Mensch, der lange grübelt. Anpacken. Machen. Das klappt schon.

Anfang März 2011 sitzt Scherer in den Schulungsräumen der Segelschule Köln. Schon länger lernt er für die Theorie.

Es ist Karnevalszeit, und fast wäre der Kurs deswegen ausgefallen. Doch Scherer bettelt darum, dass er auch mit ihm als einzigem Teilnehmer stattfindet. Denn er muss vor der Hurrikan-Saison zurück sein.

Er lernt zu navigieren, Notsignale zu setzen, einen Kompass zu lesen. Dennis Kramer nimmt ihn mit auf einen Segeltörn vor der spanischen Küste.

Seine praktische Prüfung absolviert er Ende März 2011 im Rheinauhafen in Köln. Danach hält er den Sportbootführerschein See in den Händen.

Und einige Tage später segelt Kai Scherer mit Dennis Kramer von Gran Canaria, wo die gecharterte *Blue Star* wartet, zu den Kapverdischen Inseln. Die liegen vor der Westküste Afrikas und damit sehr günstig für eine Atlantiküberquerung in die Karibik. Dann geht Dennis Kramer von Bord und ruft: »Halt die Ohren steif!«

Kai Scherer ist plötzlich allein in einem Segelboot auf dem Atlantik. Findet sich wieder in dieser Wüste aus Wasser. Der Kölner Rheinauhafen ist noch nicht einmal eine Pfütze dagegen, eher Kinderspucke.

Vor ihm liegen rund 2200 Seemeilen. 4000 Kilometer Ungewissheit.

Einmal den Atlantik zu überqueren, das ist der Traum vieler Segler. Es gibt Ratgeber, in denen steht, man solle in der Vorbereitung alle Eventualitäten durchgehen. Was, wenn die Steuerdrähte brechen? Was, wenn die Fockrolle blockiert? Was, wenn der nächste Helfer Stunden oder gar Tage entfernt ist? Was, wenn ein Crew-Mitglied über Bord geht?

In den Ratgebern steht nichts darüber, wie man allein den Atlantik auf einem Segelboot überquert. Das findet man eher in den dramatischen Erlebnisberichten der Segler-Ikonen. Die schreiben dann zum Beispiel: »Was die meisten als fröhliches

Abenteuer angehen, wird zur großen menschlichen Bewährungs-
probe.«

Bei manchen Seglern dauert die Vorbereitungsphase für
eine Atlantiküberquerung ein Leben lang. Die meisten wagen
es nie.

Scherer hat keine Zeit, mögliche Probleme zu wälzen. Hätte
er es getan, wäre er wohl auch nicht an Bord gegangen. Die
Fahrt ist eine Strapaze.

Er bekommt kaum Schlaf. Alle zwanzig bis dreißig Minuten
klingelt nachts der Wecker. Dann steigt er aus seiner Koje und
kontrolliert, ob er den Kurs ändern muss. Tanker, rechnet er aus,
haben eine Geschwindigkeit von sechzehn bis siebzehn Knoten.
Dazu setzt er seine Geschwindigkeit. Berechnet die Distanzen,
die in dieser Zeit zurückgelegt werden. So kann er bestimmen,
wie lange er sich hinlegen kann, bevor er schlimmstenfalls einen
Kollisionskurs korrigieren muss. Kein Wunder, dass er sich nach
diesen Nächten auf die Cornflakes zum Frühstück freut.

Die *Blue Star* ist eine Segeljacht vom Typ Jumbo 40, zwölf
Meter lang, ein Regattaboot und damit eher ein maritimer
Rennwagen als ein Wohnmobil. Kein Luxus, nur glasfaserver-
stärkter Kunststoff und Karbon. Keine Dusche. Wenn Wolken
aufziehen, stellt er sich mit Duschgel an Deck.

Einmal haut ihn der Starkwind fast von Bord. Er lernt schnell,
die Wolken zu lesen, die Winde einzuschätzen, Gewitterfron-
ten zu erkennen. Doch langsam wird ihm klar, wie machtlos
er hier auf dem Atlantik hin und her geworfen wird. Dass er
eigentlich zum Scheitern verdammt ist.

Am schlimmsten aber ist nicht die Angst. Am schlimmsten
ist die Einsamkeit. Er beginnt, mit den Delfinen zu sprechen.
»Hallo, Freunde, wie geht es euch?«

Er isst Nudeln und Linseneintopf aus der Dose. Trainiert täglich eine Stunde. Liegestütz. Kniebeugen. Schlingt ein Thera-

band um den Baum und baut sich so ein Trainingsgerät. Er liest. »Milliardäre und ihre Erfolgsgeschichten«. Das Buch fesselt ihn, Lebensgeschichten von Menschen, die etwas Besonderes vollbracht haben. Rockefeller, Warren Buffett, Bill Gates. Und er lernt viel aus dem Buch »Lionheart«. Darin beschreibt ein 17-Jähriger seine Weltumseglung.

Scherer kommt gut voran, der Passatwind bläst stetig, er muss kaum kreuzen, es ist, als trage der Wind ihn hinüber. Er segelt zwischen Trinidad und Tobago hindurch, ein Glücksritter inmitten von Seeräuberinseln.

Die Sonne geht gerade auf, als er Anfang Mai 2011 in den Hafen von St. George's einläuft. Er sieht die grünen Hügel Grenadas und denkt: das Paradies.

Er ankert und trifft Dennis Kramer, der hergeflogen ist, um alles in die Wege zu leiten. Als Kramer wieder abgereist ist, ruft er einen Mittelsmann an. Die Nummer hat er von Kramer.

Der Mittelsmann sagt: »Warte.« Und Kai Scherer wartet. Drei Wochen lang.

Mietet sich einen Roller, sieht sich die Strände an, geht ins Fitnessstudio. Genießt karibische Nächte im Club Bananas.

Einmal spricht ihn ein Einheimischer an, Scherer ist hier längst eine kleine Berühmtheit. Der Verrückte, der gerade den Segelschein gemacht hat und sofort über den Atlantik segeln musste.

Ob er das Boot sehen dürfe?

Auf dem Boot fragt der Einheimische: »Willst du Kokain?« »Nein, nix, thank you.« »Nimm was, dann bist du der King bei den Girls im Club Bananas!«

Kai Scherer komplementiert ihn vom Boot.

Endlich kommt der Anruf. Scherer solle sich für die Nacht ein Hotel nehmen. Und am nächsten Morgen losfahren. So erzählt er es heute.

Hatte er keine Angst vor den Leuten vom Drogenkartell?

»Ich hatte ja nicht direkt mit denen zu tun. Ich habe immer gedacht: Wenn ich nichts Böses möchte, dann wollen die auch nichts Böses. Natürlich war das naiv. Die hätten mich doch jederzeit über Bord werfen können. Aber Angst hatte ich eigentlich kaum.«

Er sei dann ins Hotel gegangen. Am nächsten Morgen sind fünfhundert Kilogramm Kokain in Zwischenräumen im Wassertank verstaut. Aber davon, wo das Kokain lagerte, erfährt er erst vor Gericht, sagt Scherer.

Der Mittelsmann nennt ihm per Satellitentelefon sein Ziel: Breskens, Niederlande. Die Hafenstadt liegt gut 80 Kilometer westlich von Antwerpen. Hier soll er das Kokain abliefern. Scherer macht sich auf. Sein Segelabenteuer hat von diesem Moment an die Unschuld verloren. Er will es nur noch hinter sich bringen.

Er darf nun wirklich nicht auffallen. Er darf keine Hilfe rufen, selbst wenn sein Schiff zu zerschellen droht. Er ist im Griff der Elemente. Und des Drogenkartells.

Joseph Conrad schrieb einmal: »Die schlimmste Fracht ist der Mensch.« Er hatte wohl nie Kokain geladen.

Zurück sind die Winde ungünstig. Es geht kaum vorwärts. Da streikt auf einmal die Energieversorgung. Aber er braucht Strom, um mit dem Laptop navigieren zu können.

Er überlegt.

Er sitzt auf einem Boot voller Kokain. Der nächste Hafen liegt auf den Bermudas. Und mit einem voll beladenen Koksschiff da den Hafen anzulaufen, das kommt ihm lebensmüde vor. Die Kontrollen dort sollen scharf sein, auch auf Druck der USA. Das hat er auf Grenada von anderen Seglern gehört. Doch ihm bleibt nichts anderes übrig.

Der Hafen der Inselhauptstadt St. George's ist ein Nadelöhr. Überall Korallenriffe. Noch dazu hat sein Schiff drei Meter

Tiefgang. Mitte Juni kreist er auf der Suche nach einem Ankerplatz durch den Hafen. Wieder und wieder.

Da winkt ihn ein Zöllner zu sich. Er solle einfach direkt vor dem Zollhaus anlegen. Das tut Scherer. Er denkt sich: Wenn die wüssten, was da vor ihrer Nase liegt.

Und ihm ist so mulmig zumute, dass er sich so lange wie möglich auf der Insel herumtreibt. Sich von Jacht zu Jacht herumreichen lässt, seine Geschichte vom Grünschnabel auf dem Atlantik kommt gut an. Insgeheim hofft er: Wenn ich nicht auf meinem Boot bin, kommt der Zoll vielleicht auch nicht, um es genauer zu kontrollieren.

Endlich, als die Elektrik repariert ist, macht er sich auf. Windstille in den Rossbreiten. »Hallo, Freunde«, er redet wieder mit Delfinen. Und mit sich selbst.

Er sagt zu sich in den wenigen schwachen Momenten: Du schaffst das nie. Die kriegen dich. Die meiste Zeit aber: Du schaffst das. Hör auf zu grübeln. Just do it.

Sein Kurs führt ihn nach Norden. Mit kaltem Sturm, Regen und Wellengang kommt die Panik. Er funkt die Küstenwache an: Ab welchen Breitengraden muss ich mit Eisbergen rechnen? Erst die Antwort beruhigt ihn ein wenig.

Er denkt an seine Eltern. Nur diese eine Tour, dann würde er mit dem Geld sein Leben in geordnete Bahnen lenken.

Er geht im Kopf seine Legenden durch. Nie würde er seine wahre Route preisgeben. Wenn die Polizei ihn vor Europa aufspüren würde, wollte er behaupten, er komme von den Kanaren und wolle nach Kiel. Er hat alle Lebensmittelverpackungen, die auf einen Aufenthalt in der Karibik hindeuten, schon auf den Bermudas entsorgt. Und zwei Pässe dabei. Er würde in europäischen Gewässern den Pass ohne Einreisestempel aus der Karibik vorzeigen.

Stündlich befreit er die Ruder vom Müllstrudel des Meeres,

den Plastiktüten und Verpackungen. Dann der Ärmelkanal. Endlich Land in Sicht. Und für Scherer neue Sorgen: englisches oder französisches Recht? Die französische Seite ist einfacher zu segeln. Die englische Seite verfolgt jemanden mit fünfhundert Kilo Kokain aber weniger drakonisch, hat er gehört.

Scherer ist am Ende seiner Kräfte. Befiehlt sich: nicht einschlafen. Kein Stopp in einem französischen Hafen!

Die Wellen schlagen höher. Der Bug bohrt sich in die entgegenkommenden Seen. Er denkt: Achterbahnfahren ist gegen diese Höllentour ein Scheißdreck. Er ist so nah am Ziel. Und ist sich noch nie so weit entfernt vorgekommen.

Ich bin am Ende. Ich schaffe es nicht.

Doch, du schaffst es, du musst es schaffen.

Hinter ihm tuten bald die Containerschiffe, als wollten sie ihn mit Schallwellen aus der Fahrrinne drängen. Der Wind tobt, er fühlt sich wie auf einem Hackbrett, so stark hauen die Wellen gegen die Bordwand. Seine Schuhe hängen wie nasse Lumpen an seinen Füßen. Im Hafen von Breskens tanzen die Fender in der Luft, so stürmisch ist es. Nach drei Wochen Rückfahrt. Er braucht zwei Versuche, um anzulegen. Das Schiff ist ein Wrack. Den Motor bekommt er erst abgestellt, als er die Benzinzufuhr kappt. Der Hafenmeister sagt: »Was bist du für ein krasser Typ, dass du bei so einem Wetter hier anlegst.«

Doch Scherer hört kaum hin. Ruft Kramer an, der benachrichtigt den Mittelsmann. Scherer selbst kauft sich erst einmal Schuhe. Isst Pommes frites mit Frikandel und trinkt eine kalte Cola.

Er geht in ein Hotel. Seine Nerven sind angespannt. Werden die Drogenbosse wirklich bezahlen? Und was, wenn nicht? Dann war alles umsonst. Wer ist er denn, dass er sich mit einem Drogenkartell anlegt? Immerhin: Er hat sein Abenteuer überstanden.

Als er mit Kramer am nächsten Morgen zur Jacht geht, erzählt er, finden sie eine schwarze Sporttasche voller Geld.

Hammer.

Jackpot.

Eine Million Euro. Das ist zumindest die Summe, die später vor Gericht verhandelt wird.

Scherer kauft eine Corvette für 44 000 Euro. Eine Rolex für 5000. Zu Hause trainiert er an manchen Tagen drei Stunden im Studio. Dort erzählt man sich, Scherer habe geerbt. Er fliegt mit seiner neuen Freundin nach Thailand, New York und Bali.

Doch wohin mit dem schmutzigen Geld? Im Februar 2013 gründet er eine Firma. Scherer Est. 1980 Ltd., Geschäftszweck: Webdesign.

Hier zahlt er ein paar Zehntausend Euro ein. Im Frühjahr will er für sich und seine Freundin ein Einfamilienhaus kaufen. Dem Makler bietet er 280 000 Euro.

Er hat abgeschlossen mit seinem Sündenfall. Mit Drogen will er nichts mehr zu tun haben. Er hat sich mit seiner Freundin auf Bali kleine Werkstätten angeguckt, die Silberschmuck und Möbel produzieren. Könnte man damit nicht in Deutschland handeln?

Scherers Vertreibung aus dem Paradies beginnt im Juni 2013 um sechs Uhr morgens.

Eine Sondereinheit stürmt seine Wohnung, Beamte zerren Scherer aus dem Bett und fesseln ihn, als hätten sie es mit einem kleinen Pablo Escobar zu tun. Auch seine Freundin wird hart angefasst. Sie zittert, ist kaum fähig zu sprechen. Scherer sagt: »Sie hätten doch einfach klingeln können. Ich hätte doch aufgemacht.«

Scherer ist aufgeflogen, weil Dennis Kramer zu gierig war. Ein Jahr später, 2012, wollte er genau die gleiche Tour durchziehen. Aber davon wusste Scherer nichts.

Wieder fädelte Kramer den Deal ein. Diesmal segelte der Vater von Scherers bestem Freund, von dem alle glaubten, er mache

Urlaub in Australien. Doch der stellte sich ungeschickt an. Schon auf der Hinfahrt entdeckte der Zoll einen präparierten Hohlraum im vorderen Laderaum.

Das hinderte den 59-Jährigen nicht, auf der Isla Margarita die Fracht zu laden. Nachdem er den Hafen verlassen hatte, wunderte er sich noch, dass ein Flugzeug über ihm kreiste. Kurz darauf wurde die *Blue Star* von der Polizei durchsucht. Die fand 437 Päckchen Kokain mit einem Gesamtgewicht von 500 Kilogramm.

Der Fall zieht umfangreiche Untersuchungen nach sich. Fragen werden gestellt. Wer hat dieses Boot bisher gefahren? Wann und wohin? Antworten werden gefunden. Kai Scherer. Ein Jahr zuvor. Auf der gleichen Route.

Ist Kai Scherer Mitglied eines Drogenrings? Die Ermittler mieten die Nachbarwohnung. Verwanzen sein Auto. Hören sein Telefon ab. Durchleuchten seine Finanzen.

Sie durchsuchen nach seiner Festnahme auch das Haus seiner Eltern und werden hinterm Öltank im Heizungskeller fündig. Als sie die Lappen aus einer Tonne nehmen, entdecken sie einen blauen Sack. Darin: 384 000 Euro. Und einen schwarzen Rucksack mit 131 950 Euro, das meiste in 50-Euro-Scheinen. Dazu kommt das Geld in seiner Wohnung und auf Konten. Insgesamt stellen sie 862 290 Euro sicher.

Beim Prozess vor dem Kölner Landgericht starren Richter, Anwälte und Staatsanwälte gebannt auf die Weltkarte, als Kai Scherers Segelroute rekonstruiert wird. Sein ehemaliger Kumpel Dennis Kramer wird im August 2014 zu achteinhalb Jahren Haft verurteilt. Kai Scherer bekommt fünf Jahre und bald Freigang.

Noch anderthalb Jahre, dann ist er draußen.

»Ich habe gelernt«, sagt er. »Nachdenken. Dann handeln.« Und das Segeln? »Vielleicht mache ich noch mal einen Nachmittagstörn, mehr aber auch wirklich nicht.«

* Namen der Täter und der Jacht von der Redaktion geändert

»Komm doch wieder«

»Das geht nicht. Ich lebe noch.«
Ein Sommerabend 2006. Während die Deutschen die Fuß-
ballweltmeisterschaft feiern, verschwindet in Paderborn
eine junge Frau. Sieben Tage lang sendet sie verstörende
Lebenszeichen. Dann herrscht Stille. Was geschah mit
Frauke Liebs?

von DOMINIK STAWSKI

Das Verschwinden

Ingrid Liebs, Fraukes Mutter: Die Ferien standen vor der Tür. Es
war der 20. Juni. Ich besuchte Frauke in Paderborn. Sie wollte
an dem Abend Fußball schauen. Vorher sind wir essen gegangen, Frauke, Chris und ich. Die beiden waren schon über ein
Jahr nicht mehr zusammen, aber immer noch gute Freunde.
Sie lebten in einer Zweier-WG.

Isabella Cameron, Fraukes Freundin: Während sie mit ihrer Mutter
und Chris essen war, schrieb ich Frauke eine SMS: »Wir sitzen
jetzt im Pub. Gute Sicht auf die Leinwand. Komm gerne vorbei.«

Chris Karaoulis, Fraukes Mitbewohner: Um kurz vor neun setzten
wir sie am Pub ab. Ich hatte keine Lust aufs Spiel, wollte lieber
mit meiner neuen Freundin telefonieren. Weil ich meinen
Wohnungsschlüssel vergessen hatte, lieh mir Frauke ihren. Und
ich versprach ihr, dass ich aufbleibe und ihr aufmachen werde.

Freundin Isabella: Alle waren im Fußballfieber. Wir hatten noch
verabredet, dass wir Rot und Weiß tragen an diesem Abend,

England spielte gegen Schweden. Wir saßen wie im Kino in einer Reihe. Sie schrieb die ganze Zeit SMS mit Niels, einem meiner besten Freunde, den sie gerade kennengelernt hatte. Plötzlich piepste ihr Handy, ging aus. Akku leer. Wir hatten das gleiche, ich lieh ihr meinen, bekam ihn später zurück. Sie fragte: »Ach, wie soll ich das formulieren?« Wir haben viel gelacht.

Niels, Fraukes neuer Bekannter: Ich kannte Frauke seit ein paar Wochen. Sie war total nett. An dem Abend hatte ich Spätschicht. In den Pub bin ich danach nicht mehr, obwohl sie gefragt hatte.

Freundin Isabella: Frauke sah müde aus. Gähnte oft. Gleich nach dem Spiel ist sie abgehauen: »Chris wartet, ich geh nach Hause, sonst muss er die halbe Nacht aufbleiben.« Ich habe sie noch zur Tür gebracht. »Bis morgen, Frauke!« Keine Ahnung, welchen Weg sie nahm.

Mitbewohner Chris: Ich lag in meinem Zimmer, schaute Fernsehen. Sie kam nicht. Aber nichts für ungut, dachte ich, sie war im Pub, hatte ihren Spaß. Ich gehe ohnehin nicht so früh ins Bett. Nach Mitternacht kam eine SMS von ihr.

Mittwoch, 21. Juni 2006, 0.49 Uhr: **»Komme später. Das Spiel war lustig nicht gegen England Hdgdl bis später«**

Mitbewohner Chris: Wir hatten vorher noch gescherzt: Hauptsache, kein Achtelfinale gegen England. Und auch das Hdgdl, dieses Hab-dich-ganz-doll-lieb, der Smiley, alles normal. Als ich dann fast eingepennt bin, rief ich sie an. Handy aus. Klar, Akku leer, dachte ich. Habe also die Zimmertür offen gelassen, damit ich das Klingeln höre. Dann bin ich eingeschlafen.

Freundin Isabella: Am nächsten Morgen saß ich pünktlich um acht Uhr in der Krankenpflegeschule. Frauke hatte den Platz genau gegenüber, aber der war leer. Ich bin zur Lehrerin.

Hat sich Frauke krankgemeldet? Nach der ersten Stunde habe ich Chris in der WG angerufen: Hat Frauke verpennt?

Mitbewohner Chris: Isabella hat mich mit dem Anruf geweckt. Ich bin in Fraukes Zimmer. Das Bett war gemacht, sie war nicht nach Hause gekommen. Aber das ist nicht Frauke, die bleibt nachts nicht weg. Ich habe sofort die Krankenhäuser abtelefoniert.

Mutter Liebs: Ich wollte bei der Polizei bei mir im Ort Vermisstenanzeige stellen. Der Beamte sagte, Frauke sei eine erwachsene Person, die ihren Aufenthaltsort selbst wählen könne. Mag sein, aber sie ist tausendprozentig zuverlässig. Er hat wenigstens die Kollegen in Paderborn informiert. Die schauten, ob es einen Unfall gegeben hat. Nichts.

Mutter Liebs: Frauke war erst ein Dreivierteljahr in Paderborn. Hatte vorher Abitur in Bielefeld an einem Berufskolleg gemacht, verbunden mit einer Ausbildung zur Erzieherin. Sie wollte in einer Behinderteneinrichtung arbeiten, hat dort auch ihr Anerkennungsjahr als Erzieherin gemacht. Da sie dann keine Stelle fand, ist sie nach Paderborn, um eine Krankenpflegeausbildung zu machen. Ich hatte eine WG mit Chris skeptisch gesehen. »Ob das gut geht, Frauke? Ihr wart vier Jahre zusammen. Jetzt, wo es ein Jahr vorbei ist, wollt ihr zusammenziehen?« Aber sie mochte nicht ins Schwesternwohnheim. Frauke ist einundzwanzig Jahre alt geworden, sie steckte in einer Lebensphase, in der man neugierig ist, auf alles, auch auf andere. Sie war ein selbstbewusster, offener Mensch. So sahen sie auch ihre Freunde.

Aus dem Abiturbuch:
Patient: Frauke Liebs
Diagnose: Redefreude und Lästeritis
Krankheitsbild: Wirbelwindiges Verhalten

Libido: wenn sie am WE genug Party hat, wenn sie Auto fahren darf, sie Shopping macht, und wenn sie Brote teilen darf
Identifiziert sich mit: ihrem Handy

Mitbewohner Chris: Frauke war mit meinem jüngeren Bruder in der Kindergartengruppe. Jahre später schleppte sie jemand auf die Party eines Bekannten mit. Und plötzlich war sie bei mir im Arm. Ich war 18, sie 16. Aber in Paderborn war das lange vorbei. Frauke hatte eine andere Beziehung in der Zwischenzeit, die war gerade vorbei. Wir kamen gut miteinander aus. Haben einmal in der Woche gemeinsam die Lebensmittel eingekauft und ab und zu gekocht. Sonst lebte jeder seinen Alltag. Frauke war ein sehr hilfsbereiter Mensch, das war fast ein Helfersyndrom, vielleicht ist ihr das zum Verhängnis geworden.

Mutter Liebs: Sie kam gut mit allen aus, selbst mit schrägen Vögeln. Wenn ich wissen wollte, was ihre Bekannten beruflich machen, sagte sie: »Du fragst immer! Das interessiert doch gar nicht.« Und ich dachte, nicht zu viel bohren, sonst verlierst du den Draht.

Karen Liebs, Fraukes Schwester: Meine Schwester feierte gern. Aber sie war nicht der Typ, der sich einfach so von Männern anquatschen lässt. Bei ihr ist nie ein One-Night-Stand gelaufen. Nie. Sie war null so.

Die Anrufe

Mutter Liebs: Ich fand die erste SMS auch authentisch. Wir wussten, dass ihr Akku leer war. Nachdem sie den Pub verlassen hatte, muss es also jemanden gegeben haben, der ein Ladegerät oder einen passenden Akku für sie hatte. Vielleicht war jemand bei ihr, den sie kannte. Die Paderborner Innenstadt war an dem Abend voll. Irgendwer musste sie doch gesehen haben. Wir haben am Donnerstagabend überall in der Stadt Flugblätter verteilt, die komplette Krankenpflegeschule war dabei, bestimmt vierzig Leute.

Ralf Östermann, der Ermittler: Der Pub Auld Triangle liegt am Innenstadtring. Weit war der Heimweg zur Borchener Straße nicht, eine Viertelstunde vielleicht. Die Frauke hatte etwa drei Euro im Portemonnaie. Sie war also gezwungen, zu Fuß zu gehen. Als Schülerin hätte sie aber sowieso kein Geld für ein Taxi ausgegeben. Es gab drei mögliche Wege. Wir wissen nicht, welchen sie genommen hat. Nur, dass sie schon bald außerhalb der Stadt war. Die erste SMS kam aus der Funkzelle Nieheim-Entrup, vierzig Kilometer von Paderborn. In den Mast dort hatte sich das Handy eingewählt. Da zwischen Verlassen des Pubs und der SMS nur knapp zwei Stunden lagen, unterstellen wir, dass die Frauke irgendwo in ein Fahrzeug gestiegen ist. Anders ist das nicht machbar. Zwei Indizien sprechen dafür, dass es freiwillig war: Die SMS klang völlig normal. Und: Wäre sie unter Zwang ins Auto gezerrt worden, hätte das eher jemand wahrgenommen. Obwohl es natürlich eine Restunwahrscheinlichkeit gibt.

Mitbewohner Chris: Am Donnerstag nach ihrem Verschwinden war ich bei meinem Vater, als das Handy klingelte. Auf dem Display: Frauke. Ich zitterte. Bin sofort rangegangen.

Donnerstag, 22. Juni 2006, 22.25 Uhr,
Gedächtnisprotokoll von Mitbewohner Chris:

»Hallo, Christos, ich wollte sagen, dass es mir gut geht und dass ich bald nach Hause komme. Sage Mama und Papa und den anderen Bescheid.«

Mitbewohner Chris: Christos? Das sagte sie nur zu mir, wenn sie sauer war. Wenn ich genau zuhören sollte. Das war wie ein Text, den sie langsam und monoton vorgetragen hat. Total benommen, wie auf Drogen, gar nicht sie selbst. Ich glaube, sie war in einem Raum, aber sicher bin ich mir nicht. Sie legte direkt wieder auf. Ich konnte keine Frage stellen. Ich war so erleichtert, dass sie sich gemeldet hatte. Ein Lebenszeichen.

Schwester Karen: Ich hatte nicht damit gerechnet, dass sie sich noch meldet. Ich hatte das Schlimmste befürchtet, auch wenn ich mich nicht getraut habe, das vor den anderen auszusprechen.

Mutter Liebs: Dass sie Chris anrief, war logisch. Sie vertraute ihm. Und sie wusste, dass ich damals nicht immer mein Handy in der Tasche hatte. Ihr Vater nutzte das Handy damals gar nicht. Nach dem Anruf haben wir in der WG gewartet. Gewartet und gewartet. Auf dem Handy konnten wir sie nicht erreichen.

Freundin Isabella: Ich saß an dem Abend mit ein paar Freunden im Auto, gleich in der Straße gegenüber. Wir beobachteten den Eingang zu Fraukes Wohnung, um da zu sein, wenn sie kommt. Doch sie kam nicht.

Der Ermittler: Es war seltsam. Die Kollegen leiteten ein Verfahren wegen des Verdachts einer Geiselnahme ein. So konnte man Fraukes Telefonverbindungen überwachen. Ist aber leider nicht so wie im Fernsehen, wir können nicht mithören. Wir kriegen nur Orte und Verbindungsdaten. Parallel wurde beim Public Viewing auf den Leinwänden ihr Foto gezeigt. Die Kollegen haben Kontaktpersonen abgeklappert, gefragt, ob sie irgendwo Unterschlupf gefunden hat.

Niels, Fraukes neuer Bekannter: Die waren auch bei mir. Fragten mich nach den SMS, die sie mir aus dem Pub schrieb. Aber ich konnte ihnen nicht helfen. Ich wusste nicht, wo sie war. Wir hatten uns für den Abend auch nicht mehr verabredet.

Freitag, 23. Juni 2006, 23.04 Uhr, SMS an Mitbewohner Chris: »Ich komme heute zurück nach Hause. Bin in Paderborn Hdgdl«

Mitbewohner Chris: Ich habe sofort ihre Mutter Ingrid informiert. Frauke kommt heute. Was für eine Erleichterung.

Der Ermittler: In dem Moment, als Chris diese SMS bekam, ging bei Fraukes Bruder eine automatische Nachricht ein, dass Fraukes Handy wieder erreichbar sei. Er rief sie gleich an.

Freitag, 23. Juni 2006, 23.06 Uhr,
Gedächtnisprotokoll von Bruder Frank:

»Frauke, was machst du, wann kommst du nach Hause?«

»Ich komme heute nach Hause, auch nicht zu spät. Ich bin in Paderborn, frag nicht, ich komme nach Hause.«

»Wo bist du denn?«

»Kann ich nicht sagen.«

Mutter Liebs: Was heißt nun »Kann ich nicht sagen«? Heißt das, sie weiß es nicht, oder sie darf es nicht sagen? Frank fand, dass ihre Stimme bei dem Anruf klar geklungen habe. Ihr Vater und ich warteten in der Wohnung. Die ganze Nacht, aber es passierte nichts. Ich war fertig.

Freundin Isabella: Die Polizei sagte uns, dass Frauke vielleicht Lust auf eine Auszeit hatte. So ein Quatsch, so war sie nicht. Wir haben uns total über die Polizei geärgert. Die hätten intensiver ermitteln müssen.

Der Ermittler: Sie meldete sich regelmäßig. Da sagten die Kollegen zu Recht: Verdammt noch mal, kann ja jeder selbst entscheiden, was er wo macht. Es gab auch keine Lösegeldforderung. Über die Medien wurde dann noch der Appell an die Frauke verbreitet, sich bei ihrer Familie zu melden. Und das zeigte ja auch Wirkung.

»Ich komme nicht so spät zurück. Komme heute Abend nach Hause.«

»Bist du verletzt?«

»Nein. Ich bin in Paderborn. Ich bin in Paderborn. Ich bin in Paderborn.«

Mitbewohner Chris: Warum betonte sie Paderborn so sehr? Und wieso kündigt sie an, sie komme, und kommt nicht? Wir haben gerätselt, ob etwas mir ihr nicht stimmen könnte. Ob sie Mist gebaut hatte und deswegen nicht zurückwollte.

Der Ermittler: Wenn es bei der Polizei vielleicht noch den Verdacht gab, die Frauke werde festgehalten, dann wurde er durch diesen Anruf tagsüber weiter abgeschwächt.

Mutter Liebs: Die Polizei sagte mir: »Was wollen Sie denn? Sie hat doch angerufen, sie lebt, und damit ist das für uns keine Aufgabe mehr.« Ich war außer mir. Mich hat das Ganze erst recht alarmiert. Das ständige Ankündigen, dass sie nach Hause komme, ihre verschwommene Stimme, das Handy ausgestellt. Die Polizei wusste nicht einmal, woher die Anrufe stammten. Nur die Herkunft der ersten SMS war ermittelt worden. Es dauerte Tage, bis der Netzbetreiber weitere Informationen lieferte. Später musste ich erfahren, dass die Polizei die Daten nur für die ersten Anrufe bis Freitagnacht beantragt hatte. Auf die anderen warteten wir Wochen, weil der richterliche Beschluss fehlte.

»Komme heute nach Hause.«

»Bist du in Gefahr?«

»Nein.«

»Warum bist du gestern nicht nach Hause gekommen?«

»Kann ich dir erklären.«

»Wo bist du?«

»Erkläre ich dir, wenn ich zu Hause bin.«

Mitbewohner Chris: Sie gab Antworten, aber es waren Rätsel. Deswegen habe ich mir mit den anderen eine Strategie für das nächste Gespräch zurechtgelegt: erst einmal herausfinden, in welcher Situation sie sich befindet. Keinen Druck ausüben. Nicht sagen: Was machst du für Sachen? Nicht bohren. Sondern langsam einkreisen. Wie geht es? Wo bist du? Und ich wollte mitfühlend und deprimiert klingen, damit sie endlich sagt, wo sie ist. Doch am Montag kam kein Anruf. Dabei hatte sie jeden Abend angerufen.

Mutter Liebs: Am Dienstagabend waren Karen, Fraukes Vater und ich wieder bei Chris. Wieder warten. Vorher hatten wir noch vergeblich probiert, ein Diktiergerät zu kaufen. Sie meldete sich nicht, also sind Fraukes Vater und ich gegen 23 Uhr gefahren.

Mitbewohner Chris: Ich hockte noch bis nachts am Schreibtisch und versuchte, für die Uni zu lernen, es war Prüfungszeit. Karen war bei Frauke im Zimmer am Computer, sie übernachtete in der Zeit häufig in der WG. Plötzlich klingelte das Handy. Ich schrie: »Frauke ruft an!« Und stellte den Lautsprecher an.

»Hallo, Chrissy. Mir geht es gut.«

»Wo bist du?«

»Kann ich nicht sagen.«

»Komm doch nach Hause.«

»Nein, das geht nicht.«

»Warum denn nicht?«

»Kann ich dir nicht sagen.«

»Wirst du festgehalten?«

»Ja … Nein! Nein!«

»Hast du Angst?«

»Nein.«

»Wer ist bei dir?«

»Kann ich dir nicht sagen.«

»Bist du müde?«

»Ja, sehr müde.«

»Weißt du, dass die Polizei nach dir sucht?«

»Ja, ich weiß.«

»Woher weißt du das?«

»Ich bin ja fast eine Woche weg.«

»Warum bist du denn weg?«

»Das weißt du doch, Chris.«

»Nein. Hast du einen anderen Typen kennengelernt?«

»Du weißt doch, dass ich nicht wegen ’nem Typen eine Woche wegbleibe. Du kennst mich doch.«

»Karen ist bei mir. Wir machen uns alle Sorgen.«

»Sind Mama und Papa auch da?«

»Die waren hier.«

»Sag ihnen, dass ich sie ganz doll liebe.«

»Wann kommst du zurück?«

»Ich weiß nicht.«

»Warum bist du nicht gekommen, obwohl du gesagt hast, dass du heute zurückkommst?«

»Erklär ich dir später.«

»Soll ich dich abholen?«

»Nein, das geht nicht.«

»Können wir uns irgendwo treffen?«

»Das geht nicht.«

»Wo bist du?«

»Mama.«

»Wo bist du?«

»Mama.«

»Wo bist du?«

»Mama.«

»Wann meldest du dich?«

»Weiß ich noch nicht.«

»Melde dich doch wenigstens einmal am Tag.«

»Hab ich die anderen Tage doch auch gemacht.«

»Ich war sehr traurig, dass du dich gestern nicht gemeldet hast.«

»Ja, ich weiß, dass du sehr traurig warst ... Gib mir Karen, bitte.«

Zweiter Teil, Gespräch zwischen Frauke und Karen:

»Bitte frag mich nicht aus!«

»Hast du Angst, nach Hause zu kommen?«

»Nein.«

»Wir räumen auch die Wohnung, und keiner fragt dich, was passiert ist. Komm doch wieder.«

»Das geht nicht, ich lebe noch!«

»Bist du mit einer oder mehreren Personen zusammen?«

»Bitte frag mich nicht. Ich würde gerne bei euch sein. Ich würde gerne nach Hause.«

(Chris nimmt das Handy.)

Chris: »Melde dich wenigstens einmal am Tag.«

Frauke: »Ja, mache ich. Ciao. Bis bald.«

Schwester Karen: Mir schossen die Tränen hoch. Sie klang wie in Trance. Das war nicht nur Erschöpfung. Die Sprache total verwaschen. Mir sind mal K.-o.-Tropfen ins Glas gekippt worden, danach klang ich so wie sie. Ich glaube, sie hat auch geweint.

Mutter Liebs: Sie ist in diesem Gespräch viel weiter gegangen, hat die Frage, ob sie festgehalten werde, zunächst bejaht, aber trotzdem hatten wir keinen konkreten Ansatzpunkt. Keinen Ort, keinen Menschen. Aber spätestens danach war uns klar, dass es eine Entführung war.

Mitbewohner Chris: Ganz ehrlich: Ich habe diesen Anruf als einen Fortschritt erachtet. Weil sich ein richtiges Gespräch entwickelte, so lang, knapp fünf Minuten. Aber Karen dachte, eben weil es so lang war, dass es ein Abschied sein könnte.

Stille

Mutter Liebs: Es kam kein Lebenszeichen mehr. In mir stieg die Angst weiter auf. Und jeder war mit dieser Angst allein. Wir haben das zweite Mal Flugblätter verteilt. Die Leute feierten die WM, und wir suchten meine Tochter. Ich dachte über ihre Antworten nach. Warum hatte sie auf die Frage, wo sie sei, geantwortet: »Mama. Mama.« Erst ging ich davon aus, dass sie weggetreten war. Aber vielleicht war das ein versteckter

Hinweis. Ich bin Direktorin an einem Gymnasium in Bad Driburg, östlich von Paderborn. Dort lebe ich unter der Woche in einer Zweitwohnung. Wollte sie in diese Richtung lenken?

Mitbewohner Chris: Aber war sie noch klar genug, so eine versteckte Botschaft zu senden? Ich zweifle daran.

Der Ermittler: Ich sehe darin heute einen Hilferuf, da sie ahnte oder wusste, was auf sie zukommt.

Mutter Liebs: Ich bin wieder zur Polizei in Paderborn. Der Beamte sagte nur: Was ich mir einbilden würde, ob ich glaube, dass da ein abnormer Sexualtäter sein Unwesen treibe. Der brüllte fast. Frauke sei von zu Hause weggelaufen.

Der Ermittler: Ob die Kollegen zu dem Zeitpunkt schon zwingend von einem Kapitaldelikt ausgehen mussten, will ich heute offenlassen. Sie haben es versucht, haben Leute abgeklappert. Das zog sich über Wochen. Und dann ebbte es immer weiter ab. Es gab keine Anrufe mehr, keine SMS, alle Befragungen liefen ins Leere, sodass man irgendwann keine Ansätze mehr hatte. Man war am Ende der Fahnenstange. Schluss.

Mutter Liebs: Die Funkdaten waren das Wichtigste. Wir wussten, dass die erste SMS aus Nieheim weit außerhalb von Paderborn abgeschickt wurde, eine ländliche Gegend, lauter verstreute Ortschaften. Die Anrufe danach kamen aber alle aus unterschiedlichen Ecken Paderborns. Aus Sennelager im Norden, dort leben viele englische Soldaten. Dann gleich mehrere Anrufe aus dem Gewerbegebiet Auf dem Dören im Osten der Stadt. Und ein Anruf aus der Nähe des Industriegebiets Mönkeloh, am südlichen Ende der Borchener Straße. Der Entführer musste mit Frauke durch die Gegend gefahren sein.

Der Ermittler: Die Identifizierung der Funkzellen reicht leider nicht, um dort alle Häuser durchsuchen zu lassen.

Mutter Liebs: Weil wir die Polizei nicht angeschoben bekamen, haben wir einen Privatdetektiv engagiert. Der Mann zog mit

Fraukes Freunden durch die Discos. Im Nachhinein muss man leider sagen, dass er nicht geeignet, aber teuer war. Ich habe mich später selbst auf die Suche gemacht. Habe mit Sektenbeauftragten gesprochen, mit Drogenberatungsstellen.

Schwester Karen: Mein Bruder und ich haben uns ihren Computer angeschaut. Sie chattete gerne. 2006 war das alles neu, man freute sich damals noch über eine Flatrate.

Der Ermittler: Sie chattete mit Gott und der Welt. Wir reisten Monate später sogar nach Nürnberg, weil sie dort Chatpartner hatte. Aber alles junge Leute, so wie Frauke, die Spaß am Austausch hatten. Niemand, der sie belästigte.

Mitbewohner Chris: Was ich mich am meisten fragte: Warum hat der Täter Frauke eine Woche lang anrufen lassen? Wollte er die Polizei beruhigen? Damit er das mit ihr machen konnte, was er wollte? War es ein Spiel für ihn? Vielleicht hat er sie vertröstet. Du darfst nach Hause, wenn du dich an die Regeln hältst. Vielleicht lebte sie noch.

Mutter Liebs: Ich konnte nicht mehr schlafen. Ich habe so oft ihre Worte gewendet und gedreht. Immer wieder. Aber egal, wie sehr ich es in diesen Wochen versuchte, ich habe sie einfach nicht eindeutig dekodieren können.

Totengrund

Der Ermittler: Ich hatte am 4. Oktober in der Mordkommission Bereitschaft. Der Anruf kam so um 19, 20 Uhr. Ein Jäger habe einen Leichnam gefunden. Verdacht auf Tötungsdelikt, ein Fall für uns. Es könnte die Frauke Liebs sein, hieß es, die Kleidung passte. Die Leiche lag an der Landstraße 817, nur etwa zehn Meter von der Straße entfernt, in einer Mulde unter einem Baum. Weit und breit kein Haus, keine Fußgänger.

Mutter Liebs: Spät abends gegen 23 Uhr rief die Leiterin der Kreispolizeibehörde an: »Wir haben eine Leiche, wahrscheinlich Ihre Tochter.« Wahrscheinlich? Es war eine Qual. Ich konnte erst am nächsten Morgen wieder einen Gedanken fassen. Ich rief die Frau zurück und fragte: »Glauben Sie wirklich, dass Frauke diese fünfzehn bis zwanzig Kilometer freiwillig in den Wald gelaufen ist, um sich dort hinzulegen und zu sterben?« Das kann doch nicht sein! Sie gab mir recht un ᵗ meinte, dass man jetzt wohl von einem Tötungsdelikt ausgehen müsse.

Der Ermittler: Mir war gleich klar, dass es kompliziert wird. Die Leiche war skelettiert. Der warme Sommer, die Feuchtigkeit, dazu die Tiere. Es war keine Gewalteinwirkung auf die Bekleidung sichtbar. Keine Risse. Die Sprengstoffhunde haben keine Hinweise auf Schüsse gefunden. Es schien mir kein Tatort zu sein, sondern nur ein Ablageort. Die Witterung hatte alle Fuß- und Reifenspuren verwischt.

Mutter Liebs: Kommissar Östermann stand zwei Tage später vor unserer Tür. Da wussten sie sicher, dass es Frauke war. Er erzählte mir von dem Fundort. Meine Schule ist in der Nähe, aber dort war ich nie. Der Mörder muss sich ausgekannt haben. Die Bäume sind hoch, die Straße ist eng. Merkwürdig, dass dieser Ort Totengrund heißt. War das Absicht?

Der Ermittler: Ich glaube, dass er bewusst dorthin fuhr, um zu verhindern, dass man den Körper zeitnah findet. Es wurde schwierig für die Rechtsmedizin. Die Frauke war höchstens ein paar Tage nach dem letzten Anruf gestorben. Ursache ungeklärt. Keine mechanische Gewalt gegen die Knochen. Keine Hinweise auf Stich- oder Schussverletzungen. Das Zungenbein war nicht gebrochen, das passiert häufig beim Erdrosseln. Vorstellbar ist, dass sie erstickt wurde. Wir hatten kein Anzeichen für einen Missbrauch, aber wir konnten ihn auch nicht ausschließen. Socken fehlten, aber es ist nicht sicher, ob sie welche getragen hat, am Tag ihres Verschwindens war es sehr heiß. Definitiv fehlten Handy, Uhr und Handtasche. In Knochen und Haaren keine Spuren von Drogen. K.-o.-Tropfen wären aber schnell abgebaut gewesen.

Schwester Karen: Wenigstens Gewissheit. Die Ungewissheit ist das Schlimmste. Wir hätten unser Leben lang nach ihr gesucht.

Mitbewohner Chris: Wurde sie einfach nur da hingeschmissen, oder wurde sie sorgsam abgelegt? Lag der Person etwas an ihr?

Der Ermittler: Der Täter hat sich nicht viel Zeit genommen. Sie war nur abgedeckt mit ein bisschen Reisig und Laub. Unter sorgsam verstehe ich etwas anderes.

Der Ermittler: Der erste Verdächtige ist immer die letzte Kontaktperson.

Mitbewohner Chris: Ist doch klar, dass sie mich verdächtigten. Wenn man meinen Namen googelt, liest man noch heute: Chris, der Mitbewohner, war es. Logo, der Ex-Freund, der alle Anrufe entgegennimmt. Ich hätte auch dasitzen und mit dem einen Handy das andere anrufen können. Ich habe Glück gehabt, dass Karen bei dem letzten Anruf dabei war.

Der Ermittler: Chris hatte zweifelsfreie Alibis. Auch die letzten Begleiter aus dem Pub ließen sich schnell ausschließen. Die Frauke hatte aber noch während des Spiels mit einer Person gesimst, das war ein neuer Bekannter.

Mutter Liebs: Während des Abendessens sprach sie viel über ihn. Ein junger Mann, der schwer getroffen war, weil sein bester Freund sich vor ein paar Wochen das Leben genommen hatte. Frauke beschäftigte das. Wie kann man sich nur umbringen? Einfach so. Für sie war das ein schrecklicher Gedanke, nicht verständlich. Später habe ich erfahren, dass der tote Freund auf dem Friedhof Auf dem Dören begraben liegt. Die Ecke, aus der die meisten Anrufe kamen.

Niels, der Bekannte: Auf mich traf praktisch alles zu: kennt sie nicht lange. Hat gerade einen traumatischen Vorfall hinter sich. Ist vielleicht ein bisschen durchgeknallt. Hat ihr Nachrichten geschrieben. War zwei Tage vorher mit ihr picknicken. Lebt in Hövelhof, das ist bei der Funkzelle Sennelager. Geht nachts auf den Dörener Friedhof. Ich hätte mich auch verdächtigt.

Freundin Isabella: Ich kenne Niels seit der Kindheit. »Sie verschwenden Ihre Zeit«, habe ich der Polizei gesagt. Niels war einfach nur ein neuer Bekannter. Frauke schrieb mir mal in einem Brief, dass er ein Kumpel für sie sei, mehr nicht.

Niels, der Bekannte: Frauke wollte mich damals aufpäppeln. Normalerweise lasse ich niemanden an mich ran, aber sie konnte das. Ich habe bis heute nicht verstanden, wie sie das geschafft hat. Wir waren zweimal in der Disco. Ich wusste zu dem Zeitpunkt nicht, was das zwischen uns ist. Ich hatte bis dahin keine Freundin. Ich gebe zu, sie hat mir gefallen. Sie war ein tolles Mädchen.

Der Ermittler: Wir haben sehr intensiv die Alibis von Niels überprüft.

Niels, der Bekannte: Meine Spätschicht ging bis 22.15 Uhr. Danach bin ich mit meinem Arbeitskollegen Billard spielen gefahren. Und währenddessen simste ich mit Frauke. Sie schrieb, sie würde mit Isabella für mich kochen. Ich habe geantwortet: Gerne, aber dann müsst ihr auch was Vernünftiges anhaben. Diese Bemerkung wurde mir später zum Verhängnis. Ich wurde häufig vernommen. Die haben spekuliert, ich hätte einen Knacks. Mein Kumpel hatte bis zu seinem Selbstmord keine Freundin. Ob er sich deswegen umgebracht habe? Ob ich nun einen Hass auf die Frauenwelt hätte? Ob ich mich rächen wollte? Ob wir beide schwul gewesen seien?

Der Ermittler: Niels hat mit dem Tod von der Frauke nichts zu tun, das wissen wir heute. Wenn jemand zu den Anrufzeiten auf der Arbeitsstelle war oder das Zeitfenster zwischen Feierabend und Anruf so klein war, dann geht das einfach nicht. Wir haben trotzdem in seinem Auto nach Faserspuren gesucht und Leichenspürhunde eingesetzt, aber da war nichts. Mit Niels waren wir eindeutig bei dem Falschen.

Mutter Liebs: Die englischen Soldaten? Die besuchen häufig den Pub, gerade bei einem England-Spiel. Und sie leben in Sennelager, wo ein Anruf herkam.

Der Ermittler: Wir haben die SIB, die Special Investigation Branch, eingebunden. Das ist die englische Kriminalpolizei für Militärangehörige. Die haben uns unterstützt, haben Soldaten überprüft und befragt. Ohne Ergebnis.

Mutter Liebs: Ende Oktober wurde Frauke beerdigt. Es war eine öffentliche Trauerfeier, es gab so viele Leute, die uns beistanden, die hatten auch ein Recht, Abschied zu nehmen. Die Polizei sagte uns, sie würde bei der Beerdigung gerne filmen, um zu sehen, ob da vielleicht jemand ist, den wir nicht kennen.

Freundin Isabella: Ich weiß noch, wie ich von der Kirchenbank aufschaute und auf einem Podest einige Kripoleute wiedererkannte. Plötzlich haben die auf jemanden in der Menge gezeigt. Ich konnte nicht sehen, auf wen, alle Bänke waren so voll. Aber ich bekam Angst: Was, wenn er unter uns ist? Das war krass.

Mutter Liebs: Wir werteten die Videos aus. Ich habe mich geärgert. Die Polizei hatte vergessen, den zweiten Eingang zu filmen. Auf den Aufnahmen fehlten Leute, die ich gesehen hatte. Ich weiß, dass alle ehemaligen Freunde von Frauke zur Beerdigung gekommen waren.

Der Ermittler: Kurz nach der Beerdigung, als wir merkten, dass unsere Ermittlungen ins Leere liefen, haben wir die Operative Fallanalyse des Landeskriminalamts hinzugezogen. Die Kollegen waren sich sicher, dass noch in der ersten Nacht, kurz nach der SMS, etwas passiert war, das die Stimmung umschlagen ließ. Und sie legten sich fest, dass Nieheim der Festhalteort war. Warum? Weil die erste SMS in Nieheim geortet wurde und man den Ort auch in den Vermisstenmeldungen genannt hatte. Darauf musste der Täter reagieren. Deshalb die Fahrten in andere Funkzellen. Und deshalb hatte Frauke womöglich immer Paderborn genannt.

Mutter Liebs: Warum Nieheim? Warum legten sich die Profiler fest? Sie hatte keinen Bezug dorthin. Und so wie sie Paderborn betonte, hieß das für mich, dass sie es irgendwie wieder nach Paderborn geschafft hatte.

Der Ermittler: Der Funkmast in Nieheim steht sehr hoch, die Zelle reicht deswegen fünfzehn Kilometer weit. Es kam also ein großer Bereich infrage. Wir warfen Flugblätter in alle Briefkästen. Daraufhin bekamen wir etwa achtzig Hinweise auf mögliche Festhalteorte. Häuser, die abseits stehen, Scheunen, Autos, Lkws, Wohnwagen, die ganze Palette. Wir haben wirklich alles abgearbeitet, aber …

Mutter Liebs: Frauke konnte gut mit Menschen umgehen. Ich glaube, sie hatte die Hoffnung, dass sie ihn, wenn sie sich an die Anweisungen hält, noch gedreht kriegt. Und diese Hoffnung hat sie irgendwann aufgegeben. Dieses »Ja … Nein! Nein!« im letzten Gespräch – vielleicht war das ihr Todesurteil.

Mitbewohner Chris: Aber warum hat er sie danach weiterreden lassen? Warum ist er nicht dazwischengegangen? Hatte er Mitleid? War es eine emotionale Bindung zu ihr?

Mutter Liebs: Ich weiß nicht, ob ich die Kraft hätte, aber ich würde ihn gerne fragen, warum es keine andere Lösung gab, als Frauke das Leben zu nehmen. Normalerweise gibt es immer eine andere Lösung.

Schwester Karen: Es gibt gläubige Leute, die sagen: Irgendwann steht jeder vor dem Herrgott und wird seine gerechte Strafe bekommen. Ich bin nicht gläubig. Ich wünschte, ich wäre es.

Hoffnung und Grauen

Mutter Liebs: Nach der letzten Trauerfeier brach ich zusammen. Seitdem versuche ich die Gedanken, was Frauke in dieser Woche angetan worden sein könnte, nicht mehr zuzulassen.

Schwester Karen: Wir reden nicht viel darüber. Vor einigen Jahren haben sich meine Eltern getrennt. Wir sind bestimmt nicht die erste Familie, die an so etwas zerbricht.

Mitbewohner Chris: Ich will Ruhe finden können. Ich frage mich ständig: Ob sie wusste, dass sie das nicht überleben wird? Und wenn ja, was fühlte sie dann? Sich das vorzustellen, ist das Schlimmste. Wenn der Täter Frauke kannte, dann muss er doch ein schlechtes Gewissen haben. Ich hoffe, er bricht irgendwann unter der Last zusammen.

Der Ermittler: Es gibt Fälle, die sind auf gut Deutsch einfach beschissen. Wir haben jetzt 900 Leute überprüft. Es gab etwa vierzig Durchsuchungen. Vor ein paar Wochen die letzte. Wir bekamen den Hinweis, dass jemand Fraukes Handy hat. Aber leider – nein. Wieder mal zerplatzt wie eine Blase. Jeder, der etwas weiß, der soll sich bitte bei uns melden, gerne anonym.

Mutter Liebs: Vielleicht ist die Realität schlimmer als die Fantasie. Aber ich möchte wissen, was geschehen ist. Ob es mir helfen wird? Ich weiß es nicht.

Hinweise an die Kriminalpolizei Bielefeld,
Telefon 0521/54 50

Es berichten:

Ingrid Liebs, Fraukes Mutter. Zweiundsechzig Jahre alt. Lebt
im ostwestfälischen Lübbecke und ist Direktorin eines Gymnasiums in Bad Driburg nahe Paderborn. Ihre Kinder: Frank,
Frauke und Karen

Isabella Cameron, Fraukes Freundin. Dreißig Jahre alt. Krankenschwester. Lebt in Paderborn. Besuchte die gleiche Krankenpflegeschule wie Frauke

Chris Karaoulis, Fraukes Mitbewohner. Dreiunddreißig Jahre
alt. Angehender Lehrer. Lebt in Lübbecke. War vier Jahre mit
Frauke zusammen, danach blieben sie Freunde. Wohnte gemeinsam mit ihr in einer Zweier-WG

Niels, Bekannter von Frauke. Zweiunddreißig Jahre alt. Lebt in
Paderborn. Einer der besten Freunde von Isabella. Über sie lernte
er Frauke einige Wochen vor ihrem Verschwinden kennen

Karen Liebs, Fraukes jüngere Schwester. Achtundzwanzig Jahre
alt. Zahnärztin. Lebt in Lübbecke. Im Juni 2006 hatte sie gerade
ihr Abitur gemacht

Ralf Östermann, Kriminalhauptkommissar. Achtundfünfzig
Jahre alt. Leiter der Bielefelder Mordkommission. Kennt die
Vorgänge so gut wie niemand sonst, obwohl er erst einstieg, als
der Fall zur Mordsache wurde. Zuvor ermittelten seine Kollegen von der Kripo in Paderborn

Danke!

Eine Zeitschrift ist immer Teamarbeit, das gilt gerade für stern Crime. Ohne unseren Art Director Felix Bringmann und Bernd Volland, Blattmacher und Autor, wäre stern Crime nicht das, was es ist: die renommierteste True-Crime-Zeitschrift im deutschsprachigen Raum. Ich danke beiden sehr für ihre Leidenschaft und die nie versiegende Inspiration, stern Crime stets noch besser zu machen.

Ich danke Arne Daniels, Dagmar Gassen und Thomas Schumann sowie Cornelia Fuchs, Franziska Reich und Nicol Ljubic – ohne sie würden die Geschichten nicht so funkeln und hätte das Heft nicht diesen besonderen Sound.

Ich danke Dominik Stawski und Nicolas Büchse – ohne sie hätten wir dieses Magazin vermutlich nie gegründet.

Und ich danke den vielen Autorinnen und Autoren, die uns mit Geschichten und Fällen versorgen, ohne sie hätten wir nicht mittlerweile mehr als vierzig Hefte herausbringen können – und dieses Buch. Ich danke auch den Kolleginnen und Kollegen bei Penguin Random House, die die Idee zu dieses Buch hatten und diese wunderbar umgesetzt haben.